本研究受 2019 年度司法部国家法治与法学理论研究项目课题"第三人履行与债务承担之认定研究"（项目编号：19SFB3036）和"青岛大学学术专著出版基金"资助

原因理论在民法典中的体系价值研究

李伟平 著

中国社会科学出版社

图书在版编目（CIP）数据

原因理论在民法典中的体系价值研究／李伟平著 .—北京：中国社会科学出版社，2022.5
ISBN 978－7－5227－0117－2

Ⅰ.①原… Ⅱ.①李… Ⅲ.①民法—法典—研究—中国 Ⅳ.①D923.04

中国版本图书馆 CIP 数据核字（2022）第 072048 号

出 版 人	赵剑英
责任编辑	许 琳
责任校对	韩天炜
责任印制	郝美娜

出　　版	中国社会科学出版社
社　　址	北京鼓楼西大街甲 158 号
邮　　编	100720
网　　址	http://www.csspw.cn
发 行 部	010－84083685
门 市 部	010－84029450
经　　销	新华书店及其他书店

印刷装订	北京市十月印刷有限公司
版　　次	2022 年 5 月第 1 版
印　　次	2022 年 5 月第 1 次印刷

开　　本	710×1000　1/16
印　　张	18
字　　数	277 千字
定　　价	108.00 元

凡购买中国社会科学出版社图书，如有质量问题请与本社营销中心联系调换
电话：010－84083683
版权所有　侵权必究

目　录

导　论 ·· 1
  一　问题源起 ·· 1
  二　研究综述 ·· 5
  三　研究方法 ··· 19
  四　本书结构 ··· 21
  五　创新之处 ··· 25
  六　说明与限定 ·· 26

第一章　原因理论在大陆法系中的历史发展及其成因 ············· 28
  第一节　原因理论在罗马法的起源与发展 ······················· 28
    一　罗马法中的契约原因 ·· 29
    二　罗马法中赋予交付转移所有权效力的原因 ················ 40
    三　罗马法中的返还诉及其原因 ··································· 51
    四　小结 ·· 58
  第二节　原因理论在近现代大陆法的发展及其成因分析 ····· 60
    一　法国模式 ··· 60
    二　德国模式 ··· 73
    三　意大利模式 ··· 86
  第三节　三种原因理论应用模式评析 ······························ 91

· 1 ·

一　三种原因理论应用模式产生的原因分析 …………… 91
　　二　三种原因理论应用模式的优劣性分析 …………… 93

第二章　原因理论在民法体系中的必要性与理论基础 …………… 96
　第一节　原因理论与意思自治：弊端纠正与价值维护 …… 96
　　一　私法自治原则与法律行为的效力根源 …………… 96
　　二　"意志决定论"在法律行为效力赋予方面的
　　　　局限性与弊端 ……………………………………… 98
　　三　"原因"是意思自治理念的真正维护 ……………… 102
　第二节　原因理论与法律正义：道德因素在法律行为中的
　　　　　不可或缺性 …………………………………………… 108
　　一　法律行为中道德因素的重要性：民法
　　　　内在体系构建的需要 …………………………… 108
　　二　"原因"作为法律行为的道德基础 ………………… 111
　　三　"原因"是哲学思想在民法中的反映 ……………… 118
　第三节　原因理论与公共利益：原因理论对
　　　　　法律行为效力的否定功能 ……………………… 119
　　一　现行法在处理不法原因给付问题上的不足 …… 119
　　二　原因：法律行为效力的一种评价机制 …………… 121
　第四节　原因理论与财产归属矫正：在不当得利制度中
　　　　　发挥矫正作用 ………………………………………… 123
　　一　不当得利中"原因"：学说检讨 …………………… 123
　　二　给付型不当得利中"原因"：给付目的之证成 …… 128
　　三　非给付型不当得利无原因理论之适用 ………… 133
　第五节　总结 ………………………………………………… 134

第三章　原因理论的内涵解说 ………………………………… 137
　第一节　原因理论之概念理解 ……………………………… 137
　　一　比较法上的两种原因理论 ……………………… 137

二　应为的选择：二元论的原因理论 ……………………… 140
第二节　"原因"概念与其他概念的辨正 …………………………… 153
　　一　原因理论的内部区分：目的与动机 …………………… 153
　　二　原因理论的外部区分 …………………………………… 156
第三节　无因性理论的理解与适用 ………………………………… 169
　　一　无因性理论的理解 ……………………………………… 169
　　二　无因行为的适用范围 …………………………………… 172
　　三　无因行为与不当得利 …………………………………… 174

第四章　原因客观方面对负担行为的影响与适用 ……………………… 177
第一节　原因客观方面对合同性质的影响 ………………………… 177
　　一　原因合意的成立与实现之一般理论 …………………… 177
　　二　负担行为原因的查明与负担行为类型的认定 ………… 182
第二节　原因客观方面的虚假对合同效力的影响 ………………… 188
　　一　负担合同客观原因（给付目的）虚假 ………………… 189
　　二　"恶意串通"之概念内涵驳正 ………………………… 193
　　三　通谋虚伪行为之定性与适用 …………………………… 196
第三节　原因客观方面与合同解除 ………………………………… 201
　　一　问题的提出 ……………………………………………… 201
　　二　以客观原因理论对合同法定解除事由进行解释 ……… 202
　　三　因合同目的不能实现而解除合同之司法适用 ………… 210

第五章　原因的主观方面之民法适用 …………………………………… 217
第一节　原因主观方面的错误对合同效力的影响 ………………… 217
　　一　问题的提出 ……………………………………………… 217
　　二　动机错误在各国民法上的地位与调整：
　　　　比较法的视角 …………………………………………… 218
　　三　动机错误的制度构造：原因理论的解释模式 ………… 227
　　四　表示错误与动机错误的区分构造 ……………………… 229

		第二节　主观原因的不法性：不法原因给付制度的解释适用 …… 232
			一　我国处理不法原因给付问题的规定及其不足 ………… 232
			二　不法原因给付制度的设计理念与基础 ………………… 233
			三　路径构建：以"以合法形式掩盖非法目的"
				作为不法原因给付无效的制度依据 ……………………… 236
			四　不法原因给付的制度设计 ……………………………… 245

第六章　原因的客观方面在物权行为与不当得利制度中的应用 ……… 250
	第一节　原因理论与非债清偿 ………………………………………… 250
		一　非债清偿的性质定位 ………………………………………… 250
		二　非债清偿的立法模式——兼与不当得利之间的关系 …… 252
		三　以原因理论解释非债清偿 …………………………………… 254
	第二节　原因理论与不当得利返还关系的确定 …………………… 254
		一　以给付目的作为不当得利返还当事人的认定依据 ……… 254
		二　以给付目的作为不当得利返还当事人认定依据的
			具体展开 ……………………………………………………… 255

结论：原因理论之于《民法典》的意义与价值 ……………………… 262
	一　确立二元主义的原因理论 ………………………………… 262
	二　原因客观方面的缺失与错误对负担行为的影响 ………… 263
	三　原因主观方面的错误与不法对给与行为的影响 ………… 264
	四　原因客观方面对不当得利制度的影响 …………………… 266

参考文献 ……………………………………………………………… 268

导　论

一　问题源起

（一）问题的提出

包括合同在内的法律行为为何在当事人之间可得产生法律上的拘束力？居于通说地位的"意志决定论"[1]越来越受到国内外学者的质疑，它被认为是近现代学者基于一种先验的假设而作出的解释，但这种解释并不等于历史的真实。[2] 根据对古罗马法原始文献的考察，单纯靠意志并不能产生债的效果，一个人之所以对另一人负担财产性义务，是因为客观性目的的存在，仅仅"我愿意"不能说明法律赋予"你"对"我"主张义务的正当依据。[3] 法律行为的效力必须寻求其他效力的根源与正当化支撑。由此原因理论在大陆法系国家成为担此重任的一项重要制度。

自罗马法诞生以来，原因理论便在大陆法系民法中有着深远的影响。但正如《法国民法典》在颁布施行的二百多年里"原因"一直是一个最不

---

[1] 该理论认为：人既然能以自己的意志创造社会，当然也能以自己的意志在特定当事人之间制定对自己有拘束力的规范，当事人的意志是合同或法律行为获得法律效力的唯一根据。参见徐涤宇《原因理论研究》，中国政法大学出版社 2005 年版，第 1—2 页。

[2] 徐涤宇：《原因理论研究》，中国政法大学出版社 2005 年版，第 2 页。

[3] 参见沈建峰《罗马法上的原因理论及其对近现代法的启示——无因理论的罗马法视角》，《比较法研究》2006 年第 4 期。

确定的法律概念一样，即使在现代民法中，我们也很难对其进行清晰的界定。它可以指称包括根据、理由、目的、原因在内的多个含义。罗马法中"原因"一词也没有统一的定义，在现代民法学者看来，其至少存在根据或渊源、近因（当事人订立合同的"理由"）、远因（法律行为的驱动原因或动机）等多种含义。由于对罗马法文献的解读方式不同，大陆法系国家在近现代立法中形成了三种截然不同的原因理论模式。其中，《法国民法典》将"原因"上升为债和合同的一般理论层面，规定了合同原因的存在与不法，并作为有效债的一个构成要件加以规定，强调通过原因判定是否应赋予私人行为以法律效力，实现了原因对法律行为效力的赋予功能；而德国法模式则通过构造具有抽象性的法律行为制度体系，使得原因理论在所有涉及财产变动的给与行为中皆可适用，并且在不当得利部分规定了原因，原因作为给付不当得利的矫正因素出现，是为"原因"的矫正功能模式；而以《意大利民法典》为代表的立法例同时注重"原因"的赋予与矫正功能，一并规定了合同的原因与不当得利制度。此外，还有少数立法例仅在意思错误范畴才使用这一概念[①]（如《葡萄牙（澳门）民法典》）。

　　反观我国民事立法，采取上述何种模式并不明确，也没有明确规定何为债法上的"原因"。《民法典》中也没有明确提及"原因"或"原因理论"这一概念。从既有法律规定上看，似乎采取的是一种混合继受的模式，即不但在法律行为方面要考察法律行为的原因，同时还规定了不当得利制度并采取了德国法的解释路径。此种对原因理论若即若离的态度引发了很多法律适用上的问题。其实原因理论不仅关涉到法律行为与不当得利制度，还在民法体系中的其他方面扮演着重要的角色。笔者认为，至少下列方面与原因理论存在制度关联。

　　第一，如《民法典》合同编频仍出现的"目的"一词该如何理解？[②]

---

① 唐晓晴：《原因理论在葡萄牙（澳门）民法中的应用》，《苏州大学学报》（法学版）2016年第1期。

② 我国《民法典》合同编在7个法条中共出现过11次"合同目的"，分别在第511条、第563条、第580条、第587条、第610条、第633条、第729条。在之前的《合同法》总论部分的5个法条中7次出现"目的"一词，在分论部分的第166条、第231条、第244条共4次出现"目的"的身影。

是否有一致的内涵？摆在理论与实务工作者最面前的问题是：目的与动机的关系是什么，两者在意思表示错误制度中扮演怎样的角色？诸如学者指出的那样，"原因是什么，原因和目的的关系等问题我国理论界到目前为止都没有充分的认识"[①]。因而这一问题需要通过原因理论的释明找寻答案。

第二，不当得利一般条款中"没有法律根据"（《民法典》第985条）中的"根据"如何理解？"根据"与"原因""目的"等概念是否同义？这涉及不当得利制度的准确定位问题。笔者认为，此问题的解决应在找到其与法律行为两者之间的妥善关系的前提下，构建体系完备的不当得利制度并明确其构成要件，也是不容忽视的一个重大问题。

第三，我国现有民法体系无"不法原因给付"制度，比较法上不法原因给付所涉的内容，主要通过无效民事法律行为制度来调整。由于不法原因给付调整范畴不同于合同无效与恶意串通制度，因此造成现有规定有一些调整不到的"不法原因给付"情形，实务上的混乱在所难免。相关问题如何在民法典中予以完善？

第四，民法典的构建（特别是债法制度的构建），前有法、德、意确立的三种不同模式，以及代表了不同立法模式的三部民法典草案学者建议稿（分别指梁慧星、王利明、徐国栋三位学者的学者建议稿），民法典该选取何种模式为妥？是对"原因"明确予以规定还是将其"内化"为法律行为或合同成立要件之中？这都是当代民法学者需要思考的问题。

笔者认为，我国民法典不应是现有民事法律制度的简单汇总与集合，而是应在充分发挥立法者理性的基础上，对现行的规定进行充分的反思与检视，将不与时代相适应的规定剔除，将之前规定不完备的制度进行完善。原因理论之于民法典有怎样的体系价值？是否可以用原因理论对合同目的、不当得利、不法原因给付等问题给予妥适的定位与解释？本书即围绕以上问题，借助比较法经验，参酌我国实际，提出笔者关于我国民法典中构建妥适的原因理论的想法，以求教于方家。

---

① 沈建峰：《罗马法上的原因理论及其对近现代法的启示——无因理论的罗马法视角》，《比较法研究》2006年第4期。

(二) 问题研究的意义

1. 理论意义

原因理论涉及负担行为、处分行为、不法原因给付等诸多方面，是民法体系中暗含的一个体系主线，涉及诸多制度的理论基础。对原因理论的研究，能在理论上为包括负担行为、物权行为在内的法律行为的效力正当性提供理论说明，在此基础上理清交付的性质、明确物权变动几种模式的立法依据与法制背景，才能为我国民法典要不要采纳原因理论、如何解释适用原因理论、原因理论如何在民法典中与其他制度协调与自洽等问题作出恰当的说明，这是民事立法科学性与体系性统一的应有之义。围绕原因理论这一问题，对于我国坚持怎样的物权行为理论、要不要采取物权行为无因性的做法、不当得利（尤其是给付型不当得利）应该如何规定与理解等问题都将有清晰明确的认识。本书将采取历史实证与价值分析方法，重视对罗马法原因理论的制度还原，不仅参照德国法学理探讨我国法上的问题，同时还应兼顾拉丁法系的法国法模式和意大利法模式，从不同的角度观察我国民法典中的解决方案，以求所构建的原因理论与我国现有规定能协调共存，原因理论能在相关制度中发挥其应有的作用，采用解释的方法避免制度间的矛盾与冲突。①

2. 实践意义

"对原因理论的忽略，已经造成了司法实践上的混乱。"② 尽管本书偏向于对理论的研究，但同样具有不可忽视的实践意义。本书不同于以往学者从应然层面上对原因理论的研究范式，兼顾实然层面上原因理论的价值与实践，主要侧重于二元原因理论在实然层面与现有的制度之间的调适与

---

① 正如娄爱华指出的那样，我国学界对于现代法的研究（当然也是对原因理论研究存在的问题），总体上呈现"两个侧重、两个忽视"的特点——侧重德国法族而忽视拉丁法族、重视现代法忽略罗马法。在现代民法运用原因理论的三大模式中，法国模式和意大利模式均属拉丁法系，德国模式在某种意义上是一个例外而不是主流。参照德国法学理探讨我国法上的问题固然没有问题，但如果能参照法国模式或意大利模式考察这些问题，就可以从不同的角度观察德国法上的解决方案，未尝没有助益。参见娄爱华《大陆法系民法中原因理论的应用模式研究》，中国政法大学出版社2012年版，第24—25页。

② 谭启平：《不法原因给付及其制度构建》，《现代法学》2004年第3期。

解释适用问题。笔者认为，本书的实践意义主要体现在如下几个方面：（1）运用主观原因理论，使法律行为效力评判不再局限于标的物不法、内容不法等客观不法，将法律行为的目的与动机纳入法律行为效力的考量中来，从主、客观两方面对法律行为的效力进行评判，赋予法律行为的目的与动机以实践中的可辨识性与操作性；（2）客观原因理论的运用，能为错债清偿的司法裁判的解释提供说明力；（3）主观原因理论的运用还将对动机错误的制度定位与司法适用给出一定的解决路径；（4）在实践中运用原因理论指导情势变更、合同法定解除在司法实践中的运用与实施；（5）采用统一的抽象概念——原因将包括负担行为、处分行为在内的给与行为的效力产生、物权变动、不当得利的返还等制度建立起有机的内在联系，原因恰如一条主线，将给与行为的产生、履行、矫正等过程有机地连接起来。

二 研究综述

（一）国内外研究概况

在大陆法系，很多国家都有关于原因理论的专著，如法国有 Jean Dabin 的 *La théorie de la cause*：*art. 1131-1133 du code civil étuded histoire et de jurisprudence*（1919）和 Henri Capitant 的 *De la cause des obligations*（*contrats, engagements unilatéraux, legs*）（1923），[①] 学者们主要围绕对罗马法原因理论的解读、法国法族在现代民法关于原因理论应用的阐释上做文章。《法国民法典》的原因理论综合了多马（Domat）和波蒂埃（Pothier）两位法国学者的观点，采取了"原因"对法律行为效力赋予的构建模式，将无原因、原因错误（错误涉及作为契约之标的物的实质本身，第 1110 条）、原因不法确定为不生债之效力。《法国民法典》颁行之后，法学学界依次出现了传统原因理论、反原因理论、一元论、二元论等不同"原因"理论。这种理论发展的路径，反映了法国学界对于原因徘徊于抽象界定还是

[①] 参见唐晓晴《原因理论在葡萄牙（澳门）民法中的应用》，《苏州大学学报》（法学版）2016 年第 1 期。

具体界定的矛盾心态。《法国民法典》采取合意主义的物权变动模式,且未有一般不当得利条款之规定,只是在准契约部分规定了无因管理返还诉和非债清偿返还诉,此外在合同法和财产法中规定一些特殊的不当得利救济措施。但是这些规定不能涵盖不当得利的全部情形。尽管实务中法院通过扩大无因管理之诉的适用范围来实现对一般不当得利的救济,但仍显得力不从心。为解决这些问题,21世纪之初法国立法者决定全面推进民法的现代化,这其中就包括原因理论的改革问题。

2003年以巴黎第二大学的Catala为首的团队启动的"债法与时效法的改革计划"(Avant-projet de réforme du droit des obligations et la prescription,简称"Catala计划")对民法典中的不当得利制度进行了修改,增加了一般不当得利条款,作为无因管理、非债清偿返还诉的补充性规定。草案增设了不当得利之一般条款,用"原因"来统领合同法与不当得利法,突出了"原因"核心要素的功能与作用。可以说,近些年来法国法对原因理论矫正功能的重视得到进一步加强。而2008年11月通过的"泰雷草案"则删除了《法国民法典》中规定的原因理论,对其不再进行规定与体现;与此不同,2008年9月通过的"司法部草案"则采取了"骑墙式"的设计方案,即将"原因"吸收在"合同的内容"标题之下,但不再沿用之前的"原因"概念,而是用"合同利益"这一概念对其进行替代。对此三种不同的做法,理论界和实务界都是褒贬不一,各有相当的理由作支撑。[1]

而德国法受构建起的法律行为体系以及物权行为无因性的影响,原因理论的应用方面较之罗马法、法国法发生了巨大的变化、产生了巨大的差异,"原因"并未以一般现象而被论述,仅作为不当得利之构成要件[2]规定于第812条及以下的条文中。但学者对原因理论的研究兴趣也不落于法国学者之后,更有甚者称曰:原因乃私法之基本支柱。[3] 意大利、葡萄牙等

---

[1] 参见李世刚《法国合同法改革——三部草案的比较研究》,法律出版社2014年版,第117—128页。

[2] "法律上之原因"(Rechtlicher Grund)。

[3] 德国与之相关的专著有Harm Peter Westermann的 *Die Causa imfranzösischen unddeutschen Recht* (1967) 和Yorick M. Ruland的 *Die Causa der Obligation; rechtshistorische und rechtsvergleichend Perspektivenach Einführung des Nieuw Burgerlijk Wetboek in der Niederlanden* (2004)。

国亦有 Emilio Bett、Elio Osilia、Taborda Ferreira 等的专著与论文。

国内以原因理论为主线的专著方面主要是徐涤宇的《原因理论研究》、娄爱华的《大陆法系民法中原因理论的应用模式研究》。在徐涤宇的专著中，主要以历史实证的态度回溯罗马合同法，论证了罗马契约法契约效力的真正根源；并分析了原因理论在法国法、德国法中的发展和蜕变，尝试在我国现行法的具体语境下，借鉴原因理论，为合同效力的正当性及相关制度的逻辑构建提供建议；徐涤宇主张借鉴德国法原因理论应用模式解释我国相关制度。而娄爱华则主要从功能论的视角对大陆法系的三种原因理论的应用模式进行介绍，主张我国民法原因理论的应用模式应当采取兼顾赋予功能与矫正功能的原因理论模式，在法律行为、不当得利等制度中对原因理论进行全面的规定。

其他学者在其著或其文章中也有涉及原因理论的讨论，多为对原因理论的某个方面进行有侧重的论述。自民国开始，就有很多学者探讨罗马法的原因理论，试图恢复其制度原貌（如陈朝璧、丘汉平、黄右昌等），但这些学者多是套用现代法的理论框架来理解罗马法，难以让人信服罗马法的真实原貌即是如此。及至近些年，大陆的学者（如徐涤宇、娄爱华、徐国栋、刘家安等）均开始立足于对原始文献的分析，试图依据罗马法的原始文献，采用历史实证主义的方法还原罗马法的制度原貌，在研究方法上出现了不同以往的转型。

在有关近现代原因理论的解读和研究方面，如尹田、娄爱华、徐涤宇对于法国法中合同原因有详细的介绍，包括《法国民法典》颁布施行之前，中世纪法学对于法国法的影响以及在近现代以来的发展。而对于德国法中涉及原因理论的介绍，我国学者关注得更为紧密，成果颇丰。由于德国法在契约和债之上，抽象出了法律行为的概念，并采取了物权行为无因性的制度设计，故学者对于德国法的原因理论研究则不能限于合同原因的层次上，而主要涉及以下三个方面的研究：第一，是对物权行为抽象性的研究，以及与之相应的要因行为的要因性的研究；[1] 第二，涉及如何界定

---

[1] 代表作品有：田士永：《物权行为理论研究》，中国政法大学出版社 2002 年版；徐涤宇：《原因理论研究》，中国政法大学出版社 2005 年版。

不当得利一般条款中"无法律上的原因",并关涉不当得利的本质理解问题;① 第三,涉及给付不当得利中的给付原因的理解;② 而在论文方面,近年来有学者③关注从德国法的视角来探讨原因理论在给付关系中的功能,并对我国不当得利法的构建给出自己的见解。此外,还有学者对于原因理论在葡萄牙等国家的发展情况亦有比较深入的研究。④ 原因理论的研究从以往学者对于罗马法、传统大陆法国家向多国家渗透的发展趋势,可以说,原因理论的活力与价值并没有因为意志决定论、物权行为无因性等理论而偃旗息鼓,相反,学者们对其研究的热情、广度与深度正在持续地走向深入。

在三部民法典学者建议稿中,都有原因理论存在的身影。《绿色民法典草案》专设一节规定"法律行为的原因"⑤详细规定原因的一般理论与制度架构理论在合同、不当得利制度中的应用,其他两部民法典学者建议稿仅在不当得利章节下规定不法原因给付制度,没有对原因理论的一般理论与制度架构进行规定。对于其中规定的"不法原因给付""无法律上的原因"⑥"没有合法根据"⑦ 该如何理解,更是没有作出解释。

---

① 参见洪学军《不当得利制度研究》,中国检察出版社 2004 年版。
② 参见田士永《物权行为理论研究》,中国政法大学出版社 2002 年版;芮沐《民法法律行为理论之全部》,中国政法大学出版社 2003 年版。
③ 如冯洁语:《论原因理论在给付关系中的功能——以德国民法学说为蓝本》,《华东政法大学学报》2014 年第 3 期;赵文杰:《给付不当得利返还之客观原因说批判——以德国的理论与实践为借鉴》,《私法研究》2016 年第 2 期。
④ 如唐晓晴:《原因理论在葡萄牙(澳门)民法中的应用》,《苏州大学学报》(法学版)2016 年第 1 期。
⑤ 参见徐国栋《绿色民法典草案》,社会科学文献出版社 2004 年版,第 11—12 页,第四题第二章下的第三节"法律行为的原因"。
⑥ 参见梁慧星主编《中国民法典草案建议稿附理由:债权总则编》,法律出版社 2013 年版,第 22 页。在梁老师主持的版本中,"不法原因给付""无法律上的原因"分别出现在第 686 条、第 677 条。
⑦ 参见王利明主编《中国民法典学者建议稿及立法理由:债权总则编·合同编》,法律出版社 2005 年版,第 34 页。在王利明主持的版本中,除第 1174 条使用"不法原因"外,第 1165 条对于不当得利一般条款使用的是"没有合法根据"字眼,但在条文理由说明中却使用了"无法律上原因"来说明第 1165 条"没有合法根据"。这种对原因理论不明确而又暧昧的态度,从这些规定上是可见端倪的。

（二）国内外分类研究综述

关于原因理论的研究意义与价值，不外乎以下几个方面：(1) 历史的考察。对罗马法原因理论的解读，即作为原因理论起源的罗马法上究竟原因理论是何内涵、发挥了怎样的作用、在哪些制度方面有其功用。(2) 后世大陆法国家原因理论应用的考察。即考察法国法族、德国法族、意大利法族如何在继受罗马法原因理论的基础上，实现对罗马法上的"原因"进行改造，以使其与本国民法典、民法制度相配套，以及这当中对于我国民法的借鉴价值。(3) 在此基础上探讨原因理论在我国民法上的可行性与模式构建问题。包括原因理论应发挥怎样的作用、其与不当得利、物权行为、合同制度的关系应该如何处理的问题。因此，主要涉及根据原因理论的不同功能对原因理论的不同概念进行解读以及模式选择问题，下面笔者将结合上述问题对现有参考文献进行梳理。

1. 关于罗马法上"原因"概念理解的综述

(1) 罗马法中的契约原因

关于罗马法中契约原因的理解，不同学者的理解是不同的。主要有以下几种学说：①主观目的说，支持者如陈朝璧、江平、米健、曲可伸，认为原因即当事人交易目的，[①] 如龙卫球认为原因为"当事人为法律行为时追求的法律上的目的"。②客观依据说。如丘汉平认为"所谓要因……就罗马法而言，可释为'法律认许成立债之原因'"。[②] ③多重含义说。即认为可以包括债的发生依据或主观目的，赞成者如徐涤宇。[③] 冯洁语认为，罗马法上原因实际上发挥着两种功能：当行为有因时，原因为其构成要件，当行为无因时，原因为其保有要件；并认为债因乃"引起债之关系的依据"。刘家安认为，罗马法视"原因"为具有特定经济内涵的交易关系，

[①] 陈朝璧：《罗马法原理》，台北商务印书馆1978年版；江平、米健：《罗马法基础》，中国政法大学出版社2004年版，第312页；曲可伸：《罗马法原理》，南开大学出版社1998年版，第314页。

[②] 丘汉平：《罗马法》，方正出版社2004年版，第320页；孙林、黄俊编译：《罗马法》，北平震东印书馆1932年版，第244页。

[③] 徐涤宇：《原因理论研究》，中国政法大学出版社2005年版，第161—163页。

当事人的主观意愿被内含在这种原因关系之中而未被抽离出来。① 在李永军看来，①罗马法上契约的原因是罗马法承认的契约所反映的客观交易的外在表现形式，它可能与目的（近因）重合，但这是一种巧合，概念上两者是可分离的，且有区别。②原因即是为那些不为法律认可的私人行为寻找合法突破。③通过"原因"来判断是否对个人行为赋予法律效力以及已赋予的法律效力是否"不当"，进而通过债法手段予以矫正，均源自罗马法。② 沈建峰亦认为，罗马法上的原因不是主观目的，而是一种"实质性的利益变动关系"。③ 笔者认为，上述不同认识是国内学者从个人的角度对罗马法中契约原因进行解读的结果，这些认识本身就掺杂了个人的主观价值判断在内。

对于古罗马法的契约原因，就连古罗马法学家也难有统一的认识。在对 D.2,14,7,2 这一罗马文献的解读中，乌尔比安认为"有原因的无名协议产生债"。乌尔比安认为原因就是给出某物或为某事的目的；④ 保罗则持模糊的态度：他认为原因既可以解释为乌尔比安的"目的"，也可以解释为"交易的客观关系类型"。对于这里所说的"原因"，桑东洛（Santoro）认为是"交易的目的"；伽罗（Gallo）认为即"在先的履行，也就是给（datio）"；马萨拉（Dallla Massara）则认为原因是"协议实现的社会经济功能"。但总体来看，认为古罗马法的契约原因即是交付之目的的学者自罗马法（如阿里斯托、乌尔比安）以来，都是一支不可忽视的庞大力量。

在谈到罗马法中契约效力的发生时，沈建峰指出罗马法中原因在无名契约中发生影响，在无名契约中，不是当事人的合意产生了债，而是法律规定的条件、原因产生了债，此种"实质性利益变动关系"才是契约的效

---

① 刘家安：《交付的法律性质——兼论原因理论的发展》，《法学研究》2004 年第 1 期。

② 李永军：《论自然之债在我国民法典债法体系中的地位》，《比较法研究》2017 年第 1 期。

③ 沈建峰：《罗马法上的原因理论及其对近现代法的启示——无因理论的罗马法视角》，《比较法研究》2006 年第 4 期。

④ 娄爱华：《大陆法系民法中原因理论的应用模式研究》，中国政法大学出版社 2012 年版，第 51 页。

力基础、原因;①娄爱华亦指出罗马法上看重合同的要式性,仅对有特定形式的私人行为予以保护,而随着社会的发展以及现实的需求,法律需要认可在特定形式之外的私人行为,而原因即是被用来决定赋予私人行为以债法或物法上的效果的工具。②两位学者都肯定了罗马法中原因在契约效力赋予上的功用。沈建峰还进一步指出契约原因有两个功能:第一,它是国家通过原因控制合意的效力的工具;第二,原因还表达了这样一个观念,即在没有考虑允诺人做允诺的理由和目的之前……则不应认为允诺具有约束力。③

冯洁语亦与以上两位学者的观念相同,罗马法上"合意+其他"是合同之两大生效要件,不同的合同中"其他"是不同的,"原因"不但是区分合同与协议(无拘束力)的条件,还通过"原因"实现了合同的类型强制。④

(2) 罗马法中交付的原因

学界对这一问题的争论,首先源于罗马法物权变动的方式。关于罗马法由让渡移转所有权发展出来的以交付的方式移转物权的抽象性问题,刘家安认为罗马法中交付的要因或抽象问题是一个文献选择的问题。罗马法中既有支持交付要因的文献,也有支持交付抽象的文献,究竟罗马法中的交付是要因的还是抽象的,完全是不同法学家基于不同原始文献予以论证的结果。罗马法总体上认为交付是要因的。⑤沈建峰持相反的看法,其认为"……罗马法上的给付最终还是走上了无因化的道路"⑥。

在对 I.2,1,41"有原因的交付就可以转移所有权"的解读中,萨维

---

① 沈建峰:《罗马法上的原因理论及其对近现代法的启示——无因理论的罗马法视角》,《比较法研究》2006年第4期。
② 娄爱华:《大陆法系民法中原因理论的应用模式研究》,中国政法大学出版社2012年版,第53页。
③ 沈建峰:《罗马法上的原因理论及其对近现代法的启示——无因理论的罗马法视角》,《比较法研究》2006年第4期。
④ 冯洁语:《论原因在合同效力中的功能》,《华东政法大学学报》2016年第2期。
⑤ 刘家安:《交付的法律性质——兼论原因理论的发展》,《法学研究》2004年第1期。
⑥ 沈建峰:《罗马法上的原因理论及其对近现代法的启示——无因理论的罗马法视角》,《比较法研究》2006年第4期。

尼的物权行为理论认为，单凭交付及移转所有权的意思就可以达成所有权的移转。贝蒂（Betti）认为这一观点极大地扭曲了罗马法的原貌，在古典罗马法中，所有权的移转应该是"交付"加上"就'正当原因'达成的协议"。娄爱华认为，罗马法中交付的原因应作以下区分：在自然法层面，交付变动所有权无须原因，即所有权的移转＝交付＋移转所有权的意思；在市民法层面，通过交付变动所有权需要原因。即所有权的移转＝交付＋同时就交付的原因达成了协议（且包括盖尤斯、优士丁尼在内的古罗马法学家认为原因为"为何转让所有权"的问题的回答)①。

2. 关于法国民法中的原因理论综述

由于法国法物权变动采取债权意思主义，债权合同导致物权变动的发生，不存在独立的物权行为，故法国法仅在合同范畴讨论原因问题，物权变动的原因即是债权合同的结果。

《法国民法典》将罗马法对 D. 2，14，7，2 规定的无名协议予以扩展，将原因作为合同的一般构成要件。对于法国法中债之原因的理解，各国学界亦持不同的看法。让·多马认为原因在双务合同中是"纯粹客观的相互给付"，在无偿合同中是"债务人合理和公正的动机"，"通过原因判断合同是否真实"②。但也有学者不同意这样的认识，并指出若将原因视为是对方的对待给付，将使得原因与债之标的混为一谈，原因规则与债之标的相混同，无法发挥原因理论应有的、独立的价值。③

雅克·牟西将原因定位为"缔约人期待的经济平等"，提出二元性的原因概念，即债的原因是客观的，用于衡量原因存在与否；而合同的原因是主观的，即缔约人实施相关行为的主观动机，用于检测原因的合法性和道德性。④ 卡皮当（Capitant）认为，原因＝目的，其认为表意行为由两个

---

① 娄爱华：《大陆法系民法中原因理论的应用模式研究》，中国政法大学出版社 2012 年版，第 53—64 页。
② 冯洁语：《论原因在合同效力中的功能》，《华东政法大学学报》2016 年第 2 期。
③ 秦立崴：《〈法国民法典〉合同制度改革之争》，《环球法律评论》2011 年第 2 期。
④ H. L. J. Mazeaud et F. Chabas, Obligations: théorie générale, 10e éd. Montchrestien, 2000, p. 255, 转引自秦立崴《〈法国民法典〉合同制度改革之争》，《环球法律评论》2011 年第 2 期。

要素构成：同意与合同所要达成的目的。动机合同目的在合同订立、合同履行期间应一直存在。动机存在于意思合致之前，不同于目的，仅构成当事人一方之内心意思的一部分。①

3. 关于德法民法中的原因理论综述

在娄爱华看来，由于德国民法采取了抽象性的物权行为，与有因性的债权行为遥相呼应且平分秋色，物权行为理论的诞生改变了法律行为正当性论证的基本结构。这就意味着法律行为制度不能规定一般性的原因理论。但契约原因在德国法上并非没有探讨的余地，如温德沙伊德（Windschied）在《学说汇纂法学教科书》中曾言"……契约要想有效……仅仅有可接受的允诺是不够的……还需要一个允诺的原因（grund/causa）"。威廉·默尼希（Wilhelm Monich）明确将契约原因界定为"法律上确定的目的（Zweck）"，并且认为有因的行为为包含有目的的行为，而无因行为就成为不以目地为构成要件的行为。②

在冯洁语看来，德国法上原因不再是所有合同生效均需具备的要件（如第780条最终确认了无因债务允诺有效），加之可能"原因"已经内化于"合意"之中，故法典没法也没必要规定一般的"原因"。③ 另外，德国法之所以不规定原因，另一个重要的原因是德国合同法采取的合意模式下其他制度能够实现对原因功能的替代。如法国法用"无原因"判断当事人意思的真实性，德国法借助于当事人意思表示中的法律拘束意思（Rechtsbindungswille）作为判断标准。但德国模式在适用范围上存在的不足是明显的。④

另外，关于物权行为无因性的"因"指的是什么？通说认为是相对于物权行为的债权行为。而有德国学者认为无因行为的"因"指的是"法律上确定的目的（Zweck）"，无因行为为不以目的为构成要件的行为（如默

---

① 徐涤宇：《法国法系原因理论的形成、发展及其意义》，《环球法律评论》2004年冬季号。

② 参见沈建峰《论罗马法上的原因理论及其在德国法上的变迁》，硕士学位论文，中国政法大学，2006年。

③ 冯洁语：《论原因在合同效力中的功能》，《华东政法大学学报》2016年第2期。

④ 冯洁语：《论原因在合同效力中的功能》，《华东政法大学学报》2016年第2期。

尼希)。以上观点似有不同的认识。按照"一切法律行为都是有目的的行为",无目的的行为只会是"疯子的行为"的认识,物权行为应该是有目的性的。

4. 关于我国原因理论模式选择的综述

正如学者所言,近现代大陆法系国家对于罗马法中原因理论问题的切入点不同,解读的方式不同,并加以不同程度的改造,从而形成了现代法的三种原因理论模式。《法国民法典》规定了合同原因的存在与不法,并作为有效债的一个构成要件加以规定,强调通过原因判定是否应赋予私人行为的法律效力,乃原因赋予效力功能的模式;《德国民法典》的模式强调通过原因判定已赋予的法律效力是否符合更高层次正义的要求,在不当得利部分规定了原因,是原因矫正功能模式的体现;《意大利民法典》兼顾原因的赋予功能和矫正功能,在合同及不当得利部分均规定了原因。面对近代大陆法系三种不同的原因理论模式,我国该如何选择也是摆在我们面前的一个问题。对此,学界均不否认所有的法律行为中存在"原因",因为"没有原因的行为只会是疯子的行为",即使在德国的合意模式下,没有人会否认买卖合同等负担行为是有因行为。但是问题是在现有具体规定下,是否有必要在意思表示、合意等制度的基础上再抽象出一个上位的原因体系呢?

对此,冯洁语认为我国《合同法》应采《德国民法典》的合意模式,从理性的角度讲,与德国法一样仅在有因行为与无因行为部分及不当得利法部分讨论原因问题就足够了,没有必要再抽象出一个更为上位的原因理论。但是冯洁语同时指出,在现有债法体系不完备的我国民法框架下,讨论原因理论有特殊意义,如在履行不能时对待给付何以灭失的问题上,现有制度是无法解释的,而若有原因理论,则可以交换原因进行解释。[①]

国内对于原因理论有深入研究的学者如娄爱华,在其博士论文中主张应当借鉴法国民法关于原因行为的规定,以《绿色民法典草案》为基础构

---

① 冯洁语:《论原因在合同效力中的功能》,《华东政法大学学报》2016年第2期。

建我国的原因理论。① 崔建远亦认为应借鉴法国民法对合同原因规定的路径及方法……重在典型交易目的及某些情况下的动机。② 而徐涤宇在其博士论文中则认为"既然我国现行法中已有关于处分行为之独立性和无因性之规定，并且相关制度为此留有空间。那么，中国未来关于法律行为制度、不当得利制度的立法，不妨借鉴德国法上以原因理论为意义脉络的制度模式"③。

由上以观，三种模式在我国学界均有支持者，难有统一的认识。之前的三部民法典学者建议稿中，除《绿色民法典草案》专设一节规定"法律行为的原因"④ 外，其他两部民法典学者建议稿仅在不当得利章节下规定不法原因给付制度，没有对原因理论作一般性规定，对于其中规定的"不法原因给付""无法律上的原因"⑤"没有合法根据"⑥ 该如何理解，更是没有作出解释。从形式上看，王、梁两个版本的草案是对德国立法的继受。

对此问题，笔者认为，一方面原因理论在效力赋予与矫正方面具有不可替代的功能，另一方面不法原因给付制度的确立需要有清晰明确的"原因"内涵作为前提与理论支撑。故民法中应有原因理论的位置，且需要明确原因理论的内涵，避免像意大利民法那种过分抽象与不确定的模式，明确化、具体化是必要的。但我国究竟采取何种模式，则还要取决于对我国物权行为理论、不当得利等制度在民法典中的定位及关系明确后再做

---

① 娄爱华：《大陆法系民法中原因理论的应用模式研究》，中国政法大学出版社2012年版，第156页。

② 崔建远：《论合同目的及其不能实现》，《吉林大学社会科学学报》2015年第3期。

③ 徐涤宇：《原因理论研究》，中国政法大学出版社2005年版，第320页。

④ 参见徐国栋《绿色民法典草案》，社会科学文献出版社2004年版，第11—12页。

⑤ 参见梁慧星主编《中国民法典草案建议稿附理由：债权总则编》，法律出版社2013年版，第22页。在梁老师主持的版本中，"不法原因给付""无法律上的原因"分别出现在第686条、第677条。

⑥ 参见王利明主编《中国民法典学者建议稿及立法理由：债权总则编·合同编》，法律出版社2005年版，第34页。在王老师主持的版本中，除第1174条使用"不法原因"外，第1165条对于不当得利一般款使用的是"没有合法根据"字眼，但在条文理由说明中却使用了"无法律上原因"来说明第1165条"没有合法根据"。这种对原因理论不明确而又暧昧的态度，从这些规定上是可见端倪的。

决断。

5. 原因理论与物权行为理论及不当得利制度

我国是否存在物权行为理论以及我国物权行为理论是否采取抽象性的构造方式，是决定我国是否必然采取德国法模式的一个重要前提。德国民法之所以仅在规定不当得利部分规定给付原因，是因其采用物权行为抽象性理论，如果规定法律行为的原因则会与抽象性产生矛盾。我国学界对于我国目前民事立法是否已经及是否应该采纳物权行为理论尚难盖棺定论；在赞成采纳物权行为理论的学者中，虽主流观点认为物权行为的抽象性乃物权行为理论的逻辑必然，只要按照物权行为理论构建法律行为制度，那么物权行为必然是抽象的和无因的。但学界亦有不同的声音，如吴一鸣经研究认为物权行为是法律行为理论的逻辑产物，物权行为是与法律行为理论共生共存的。[①] 而物权行为之无因，是立法者基于政策之考虑，有意将原因从特定的法律行为中抽离的结果。[②] 既然是立法者的价值判断，那么就意味着可以采纳也可不采纳。这个将留待立法者作出取舍……在制度上构造有因的物权行为不是异想天开。[③] 娄爱华亦指出，物权行为发展至今，物权行为的抽象性已经不具备必然性，[④] 因此即便民法典要采用物权行为理论，也不必然一定要确立物权行为的抽象性，因此德国现有的原因理论模式并非是唯一的必由之路。综上所述，似乎可得出如下结论：承认并采纳物权行为理论不必然接纳物权行为的无因性，德国法模式并非唯一选择；在规定物权行为理论的同时，规定给付障碍制度、双务性制度、履行行为理论之上的抽象的"原因"概念是可行的。

[①] 吴一鸣：《物权行为无因性：逻辑的必然还是价值的衡量》，《政治与法律》2009年第4期。

[②] 吴一鸣：《物权行为无因性：逻辑的必然还是价值的衡量》，《政治与法律》2009年第4期；王泽鉴：《民法学说与判例研究》（第一册），中国政法大学出版社1998年版，第260页。

[③] 如瑞士、奥地利、荷兰等国均承认有因的物权行为。参见苏永钦《私法自治中的经济理性》，中国人民大学出版社2004年版，第141页；宁红丽《建立物权变动的新模式的思考——以有因的物权行为制度为中心》，《政治与法律》2006年第5期。

[④] 娄爱华：《大陆法系民法中原因理论的应用模式研究》，中国政法大学出版社2012年版，第156页。

导 论

关于不当得利的制度构成要件中"无法律上原因"当中"原因"的理解，亦牵扯到原因理论的定位与概念理解问题。首先，关于不当得利，赞同"非同一说"的学者越来越多，给付型不当得利与非给付型不当得利的区分渐成主流观点。而在给付型不当得利制度中，在因法律行为性质的给与行为发生的给付中，即有原因理论的适用空间。娄爱华指出，给与行为包括负担行为和处分行为，后两者都是导致自己财产利益减损的财产性法律行为。探求其原因的基本逻辑在于，该意思表示必须具有某种原因，才可以证明给与行为人损害自己的利益是正当的，相应的行为可以获得法律的强制力。于是，给与行为实际上涵盖了要因行为和抽象行为两大类型，经过德国法学家的改造，给与行为的原因与不当得利制度中的给与原因具有相通性。[①] 即给与行为的原因包括信用的原因、取得的原因、赠与的原因。而关于给与行为的原因，学界存有不同的认识。[②] 冯洁语赞同"有目的的给付实现说"，认为清偿是给付人关于给付目的的单方决定，内容是清偿特定债务。该表示只是赋予一定行为清偿债务的目的，属于准法律行为。赵文杰赞同"确定清偿目的的单方法律行为说"。该说与冯洁语的观点基本一致，只是将给付人指定清偿目的的行为认定为（单方）法律行为。此外，"契约说"也有很大的市场，并被认为双方当事人合意约定给付之目的是最理想的状态，但也被指出在要求当事人作出债权合意甚至是物权合意之后，再要求作出关于清偿等原因的合意未免太过苛责。德国赞同"契约说"的学者认为，在给与行为中，给与人与受领人之间达成的合意，至少可以分解为两个方面：一是给与本身法律效果的合意，即对给与发生债法效果还是物权法效果的合意；二是给与原因的合意，根据三种原因的类型，这种合意具体决定给与行为是发生清偿的法律效果、取得的法

[①] 田士永：《物权行为理论研究》，中国政法大学出版社2002年版，第407—408页。
[②] 主要有合同说（Vertragstheorie）、单方清偿行为说（Theorien des einseitigen Erfüllungsgeschäfts）、要物合同说（Theorie des Realvertrages）、有目的实现清偿说（Theorie der finalen Leistungsbewirkung）、确定清偿目的的单方法律行为说等。参见赵文杰《给付概念和不当得利返还》，《政治与法律》2012年第6期。

律效果抑或是赠与的法律效果?[①] 缺乏此二者的，给与行为不发生法律效力。

6. 原因理论与不法原因给付制度

不法原因给付制度也与原因理论相关联。娄爱华指出，从《法国民法典》第1131条的规定来看，不同的功能决定了原因的不同含义：在作为债的存在时，原因是作为客观、抽象的存在；而在债的不法性的影响方面，则体现的是原因的主观、具体的特点。冯洁语也有同样的认识，指出无原因是通过判断是否存在原因，来决定是否赋予当事人的行为以法律上的效力。而不法原因在于维护社会秩序。不论是主张全面规定原因理论的《绿色民法典草案》还是王、梁的民法典草案版本，都无一例外地规定了不法原因给付制度，都肯定了不法原因在法律行为效力评价中的作用。

对于不法原因给付制度中"不法原因"的理解，有"客观说"和"主观说"两种认识，主要在于是否在考察客观原因的同时，对于给付行为的主观动机进行考察上的差别。此外，关于不法原因给付的法律后果，也有现有法律的"返还+收缴""不得返还为原则、例外允许返还"的不同主张，也存在可探讨的空间。

7. 原因理论与错误制度

关于原因理论中"错误原因"（《法国民法典》第1131条）要不要规定、"错误原因"相较"无原因"有无独立的价值也是一个有争议的问题。在法国民法上关于"错误原因"是否具有独立性一直存在争议，甚至有学者（如Ferid）就认为《法国民法典》第1131条规定是对波蒂埃原因理论误读的结果，在波蒂埃的原本理论中，"错误原因"应是"无原因"的一种情况而已。在徐国栋的《绿色民法典草案》及娄爱华对原因理论的构建来看，都独立规定了"虚假的原因"。法国法上"错误原因"的主要功能，在德国法上主要表现为以下两种情况：其一，虚假行为（Scheingeschäft）。虚伪行为，又称通谋虚伪表示（Scheingeschäft），它是立足于意思与表示是否一致的观念，来决定法律行为效力之有无的一项制度，在《德国民法

[①] 参见田士永《物权行为理论研究》，中国政法大学出版社2002年版，第297—298页。

典》第117条进行了规定。基于意思主义的考虑，虚伪的意思表示由于本身没有真正的内在效果意思（属于故意的意思与表示不一致），故视其于当事人间自始不存在；而被虚伪表示掩盖下的被隐藏的法律行为，则被称为"隐蔽行为"（Verdecktes Geschäft），根据第117条第2款的要求，其是否有效则需要根据法律行为之有效性的一般规则及法律关于该隐匿行为的独特规定予以判定。① 笔者认为，对于"隐蔽行为"为何生效，德国法缺乏应有的解释力，而原因理论可为此提供强有力的说明。

其二，动机错误。"错误原因"可被归入法国民法的错误体系中，法国法是将原因错误从错误体系中分离了出来，作为一种特别的错误加以规定。对于动机错误，金锦萍在《论法律行为的动机》一文中认为尽管各国民法典中，动机对意思表示及法律行为效力的影响未加特别考虑，将动机排除在民法的事业之外，但法律没有完全割断对动机探询的目光，对动机的探求是必需的、可行的。② 尹田认为在下列情况下动机错误可影响合同之效力：一是动机作为合同之条件存在；二是动机特别重要，可视为订立合同的原因。③ 梅仲协也赞同此观点，并举了两个例子加以证明。④ 关于动机与目的的转换方式及条件，在芮沐的《民事法律行为理论之全部》、娄爱华的《大陆法系民法中原因理论的应用模式研究》与田士永的《物权行为理论研究》中均有谈及。此外金锦萍还认为明知表意人动机错误而保持沉默，构成欺诈。

三 研究方法

（一）语义分析方法

语义是分析事物的基础，而概念分析是语义分析的一种重要方法。对原因理论的研究更加离不开对"原因"概念的分析，对大陆法上一直界定

---

① 朱广新：《论"以合法形式掩盖非法目的"的法律行为》，《比较法研究》2016年第4期。
② 金锦萍：《论法律行为的动机》，《华东政法学院学报》2005年第4期。
③ 尹田：《法国现代合同法》，法律出版社1995年版，第80页。
④ 梅仲协：《民法要义》，中国政法大学出版社1998年版，第116页。

不清的"原因"概念也是本书分析的基础,有必要对这一概念的内涵和外延进行界定。大陆法上"原因"与英美法中"约因"的区别与联系,也需要澄清。只有将"原因"理论中"原因"的内涵加以明确,才是正确理解"原因"的发展脉络以及在当今扮演的重要角色的前提。

(二) 历史分析方法

列宁曾说"在社会科学问题上有一种最可靠的方法……那就是不要忘记基本的历史联系,考察每个问题……的产生、发展……并去考察这一事物现在是怎样的"[1]。也即是说,只有对某项制度的发展历史有了一个大致的了解后,我们才能理解这种制度为什么是这样规定的,当初为了解决什么问题,以及在当前的条件下,如何做才是合适的。只有把握了历史,才能让现在的制度有其可行性。这点对于原因理论的研究甚为重要。我们都知道,自然法学派确立的近现代合同观念并非是历史的自然演进,意志决定论也只是解释者基于先验假设并反置于罗马法中,以试图获得恰当的说明。这种将现代合同观念反置于古代法律制度当中的错误倾向,非一种科学的态度,与历史实证主义不符。相反,只会踏入浪漫主义和唯心主义的陷阱。因此,历史分析方法亦是本书的重要方法,它能帮助我们正确理解"原因"在罗马法上的产生、原型以及在历史演进中的不同表现形式。把原因理论的分析限定在剖析各历史阶段各国的实在法律制度的范围内,并主要运用逻辑分析的方法,从经验事实方面认识原因理论在各种实在法律制度中的具体构造。

(三) 比较分析方法

外国立法例(判例学说),有助于提供解决特定问题之各种可能类型,故各国修订法律之际,常引以为参考。[2] 本书的出发点是论证原因理论对

---

[1] 中共中央马恩列斯著作编译局编:《列宁选集》(第4卷),人民出版社1995年版,第26页。

[2] 参见王泽鉴《比较法与法律之解释适用》,载王泽鉴《民法学说与判例研究》(第2册),中国政法大学出版社2003年版,第2页。

民法体系的影响，在明确原因理论是什么、对制度的影响与价值的基础上，探讨原因理论在我国民法上取舍的问题。故世界各国尤其是大陆法系国家的原因理论与相关配套的制度都可以提供可直接吸取的经验借鉴，降低制度创新的失误成本。

（四）价值分析方法

价值分析方法，是一种从价值入手，分析、评价法律的方法。价值分析方法运用到司法中，可填补实在法的空白以及纠正实在法的失误。同样，价值分析在制度设计当中也是不可或缺的。人们认识世界是为了改造世界，使世界符合人们的理想和愿望。研究者应以特定社会的价值判断为基础，探寻该价值的社会基础和功能。[①] 对原因理论的研究同样离不开价值分析方法。在考察某一国特定时期原因理论的发展变化时，应把握住原因理论的价值基础以及引起变化的原因、变化的方向。在我国原因理论的构建的论证上，更是需要基于价值理念，对制度构建的合法性和可行性进行论证与说明。

（五）系统分析方法

体系化与系统化是民法的内在要求。体系化的思维可以充分贯彻民法的价值理念，并减少规定间的重复与抵牾。在《民法典》中重构我国的原因理论，需要对总则、合同法、物权法中与之相关的制度进行调适与解释，就现有的法律来说，采用系统分析方法可以减少与避免这当中不和谐一致的规定，为使原因理论发挥其应有的作用和功能奠定基础。

四 本书结构

本书立足于民法中原因理论的研究，共分为八部分，除导论与结论外，另辟六章，以下分述此八部分之内容。

导论部分提出问题、划定研究范围并指出当下研究原因理论的意义与

[①] 郑戈：《韦伯论西方法律的独特性》，载《韦伯：法律与价值》，上海人民出版社2001年版，第49页。

价值，尤其是对于我国民法典解释适用中的现实意义。研究综述表明了本论题的研究起点和材料借鉴，研究思路与文章结构则确定文章的总体框架，论证方法则为本书的研究提供方法论支撑。

第一章是关于原因理论在大陆法系中的历史发展及其成因。古罗马法作为原因理论的起源，其存在的原因三大功能（赋予无名协议债之效力、赋予交付移转所有权的效力、通过原因来判定已赋予的法律效力"不当"并通过债法手段予以矫正），经由近现代大陆法学家的改造，在现代法中呈现三种不同的模式。要了解近现代立法如何改造罗马法，必须首先明确罗马法的制度原貌。本章分为三节，第一节用以明确罗马法上"原因"是何指，并且如何发挥其功用；第二节是原因理论在近代大陆法的发展及其成因分析，在这一节中将探讨大陆法上关于原因理论的三种应用模式，掌握其对罗马法改造的动因以及改造的方向与利弊，以期在原因理论应用模式上梳理出一条主线，并能作为我国原因理论模式选择的材料基础。

第二章是关于原因理论在民法体系中的必要性与理论基础的分析。该章将从原因理论的理论基础与功能价值入手进行分析，来论证其为什么对于民法体系是不可或缺的。本章主体部分有四节，分别从原因理论对意思自治真正内涵的维护、原因理论为法律行为提供道德基础并赋予法律行为以哲学基础、原因理论对社会公共利益的保护、原因理论对财产归属的矫正功能四个方面来论证原因理论对于法律行为、不当得利等制度的重要性，并说明不法原因作为原因理论的重要方面在对于法律行为效力否定方面同样是不可或缺的。第一节在分析了"意志决定论"在法律行为效力赋予方面的局限性后，进而论证原因理论通过其对法律行为作出的警示和谨慎功能、指引法律行为实施的引导功能、证据功能可以实现个人意思自治理念的真正维护，实现对公民个人利益的维护。第二节指出，仅靠民法外在体系不能满足立法统一、司法适用的需要，民法内在价值对于民法体系同样十分重要，而民法内在体系也确需道德因素的支撑方能充分发挥其功用，经过中世纪改造并借助亚里士多德德性理论的构造的原因理论则可扮演好这一"角色"，为民法内在体系提供道德支撑，并为法律行为（主要是合同）的效力提供产生依据。负载交换正义和慷慨德性的原因理论则是建构合同实质伦理价值的重要依据。第三节则认为在维护公共利益方面，"原因"亦对于民法典有重大的意义。不法原因给付制度对于当下我国法律行为制度的完善是必不可少的，而在不明确原因理论的法典建构下，不法原因给付制度的规定必定是不完备并且是突兀的。故为实现公共利益的妥善维护，应建立不法原因给付制度，而走在制度前面的，则需要确立与明确作为不法原因给付制度前提的"原因"理论。第四节主要论证原因理论在给付型不当得利制度中的价值，本节在主张区分给付与非给付两种类型不当得利的基础上，认为给付型不当得利"法律上的原因"的判断基准应以客观原因理论为依据，将其解释为"给付目的"，并将"给付行为"构建为一种法律行为、物权行为，一旦给付行为的给付目的不存在、落空或无法实现，给付行为的正当性即告丧失，直接引发的法律后果是给付受领人不能保有给付，从而引发不当得利请求权。此外，在多人给付关系中，"给付目的说"还可用来判定不当得利返还关系当事人的依据。

第三章是原因理论的内涵解说。本章通过对近现代大陆法上主要的两种原因理论——客观原因理论与主观原因理论的利弊分析，发现以上学说之不足，进而主张应以"二元论"来理解现代法制上的原因理论。在第一节中，笔者将对"二元论"的概念内涵进行阐释，明确原因的客观方面、主观方面的适用范围，其中认为原因理论的客观方面在负担行为与处分行为中的原因内涵虽具同源性但具体有别；而在原因理论主观方面的内涵探讨中，在论证不法动机的可责难性、动机不法在法律行为效力否定的近代发展等方面的基础上，指出动机作为原因理论之主观方面，在不法原因方面的存在意义及适用条件。对原因客观方面的确定、其在法律行为中的位置以及与意思表示的关系也是本节阐述的重点。而第二节将通过"原因"与其他相关概念进行区分比较，进一步明确其内涵与外延。第三节是无因性理论的理解与适用。该节将厘清无因行为之"因"的内涵，纠正现有观点对物权行为分离原则与抽象原则所言的客体是什么的认识，认为分离原则与抽象原则应指与物权行为相分离的两方面内容：负担行为之效力（外部无因性）、原因性目的合意（内在无因性），而原因理论即在后者存在适用的空间。决定给付型不当得利请求权产生的，是作出物权行为时的原因合意未达成或未实现，而不应该是负担行为被撤销或宣告无效。无因性理论与给付型不当得利有着密切的联系，二者互为补充，不可偏废。

第四章是关于原因客观方面对负担行为的影响与适用。该章主要分三节，分别是：原因客观方面对合同性质的影响、原因客观方面的虚假对合同效力的影响、原因客观方面与合同法定解除。分别讨论原因理论在负担行为性质与类型的认定、原因客观方面的虚假对负担行为法律效力的影响、原因客观方面的不能实现还是合同法定解除几种情形的核心要素三个方面，从理论与实践的角度来阐述原因理论之于负担行为的重要价值与意义，并展现原因理论在上述几个方面实践中的适用情形与司法适用标准。

第五章是原因主观方面之民法适用。由于原因主观方面（动机）统一适用于有因行为与无因行为，故本章讨论的内容将适用于包括负担行为与处分行为的所有给与行为。首先第一节是关于原因的主观方面对合同效力的影响。该节主要以原因理论的错误制度来解决动机错误的问题，即采用动机错误与表示错误区分构造的立法模式，表示错误为意思表示错误制度所解释，而动机错误为原因理论的错误制度给予正当性说明，这是基于对交易安全的侧重程度的不同而作出的分别的制度安排。在动机（远因）错误中，纳入法律调整的范围的动机错误将是应被严格限制的，至少应具备"为对方当事人所知晓""属于法律所规定的有意义的动机错误的类型"、后果要求等几个方面的限制。在类型上，应借鉴大陆法的做法，采取严格解释，将具有法律意义的单方动机错误仅限于对人或物的性质的认识错误。本章第二节则主要探讨主观原因不法的问题。主观原因的不法可使给与行为无效，这是对公共利益周全保护、正确裁判、比较法发展趋势等多方面的必然要求。从三部民法典学者建议稿来看，学界对于不法原因给付制度的设立是持肯定态度的，而《民法通则》《合同法》确立的"返还+追缴"处理模式存在明显的理论体系上的漏洞以及实际操作上的难题。本节将试图证明，在原因理论制度框架下，如何运用原因理论的主观方面的解释，将行为人的动机与目的纳入考量的范围，确立违反"强反社会性"不法原因给付无效与违反"弱反社会性"借助自然之债处理模式，以求在实现私人自治的基础上又可兼顾公共利益的保护。

第六章是探讨原因的客观方面在物权行为与不当得利制度中的应用问题。本章共分两节，第一节是讨论非债清偿的性质定位，主张利用原因的客观方面增强对非债清偿制度的解释力。它能明晰非债清偿制度的性质定位，明确非债清偿应具体适用何种规范。非债清偿的制度定位应该是物权行为的给付目的错误，即错误地认为存在债务而基于清偿目的进行清偿，尽管清偿这一物权行为的效力不受影响，但由于给与目的的缺失，使得受领人欠缺保有效力，从而引发给付型不当得利的请求权。在适用中，非债清偿的不当得利返还需同时满足"无债务存在""须为清偿（目的）而给付""错误地认为存在债务""相对人善意受领给付"四个要件。第二节是论证通过客观原因理论来确定多人给付关系中给付型不当得利的返还关系与当事人的确定，探讨如何利用原因理论下的"给付目的说"更好地解决多方给付中返还义务人确定的问题。

结论部分将对各章主要观点进行总结。

五 创新之处

（一）主张在民法典中确立原因理论，作为民法典中体系主线，整合民法典的外部体系与内部体系。作为民法典的内部体系串联的原因理论，既要规定原因的赋予功能，在考察负担行为、处分行为效力时考察原因，规定不法原因给付制度，同时也要采用原因的矫正功能，对缺乏原因的给付结果进行矫正。即采取居于当代法国主流观点的"二元论"的原因理论构建我国的原因理论制度。

（二）规定不法原因给付制度，以主观原因进行解释其中的不法"原因"，给予不法动机在法律行为效力的现实可操作性，借以实现对公共利益的保护。将主观目的、动机的不法与标的物违法、行为方式不法等客观违法事由一并规定，从主、客观两方面对法律行为无效类型进行完善。

（三）运用客观原因，为错债清偿的司法裁判的解释提供说明力。

（四）运用主观原因，对于动机错误的问题给出一定的解决路径。

（五）运用原因理论指导实践中情势变更、合同法定解除、合同类型的认定在司法实践中的运用与实施。

（六）采用统一的抽象概念——原因将包括负担行为、处分行为在内的给与行为的效力产生、物权变动、不当得利的返还等制度建立起有机的内在联系，原因恰如一条主线，将给与行为的产生、履行、矫正等过程有机地连接起来。

第（一）项创新是原因理论在民法典内部体系维护中的价值和功能，第（二）—（六）项创新是原因理论在民法典外部体系串联中的价值和功能。通过原因理论，很好地串联与维护了民法典内部体系与外部体系的完整性。

六 说明与限定

本书研究的原因理论，是讨论给与行为及其相关领域范畴内的原因理论问题。所谓给与行为，是德国法上关于法律行为概念下的一个分类。德国民法理论中有"Zuwendung"与"Zuwendungsgeshäfte"两个概念，不同的翻译习惯下不同学者对此的翻译不同，有少数学者习惯上将其翻译为"加利"与"加利行为"[①]，而我国大陆地区多数学者则倾向于将其译为"给与"与"给与行为"[②]。译法的不同不影响学者们对其的认识，本书采用后一种译法。

所谓"给与"（Zuwendung），强调某人以其财产使另一人获得利益的过程，它以一方基于自己意愿的财产之减少而使他人财产之增加。手段上包括各种具有给与性质之事实行为（如加工、混合等）与法律行为。而"给与行为"（Zuwendungsgeshäfte）则是本书研究范畴的具有给与性质之法律行为。给与行为，作为一种法律行为，其特点是财产由一人到另一人变动，该变动使给与受领人财产增加，同时给与人财产减少。根据给与产生的法律效果之不同，给与行为可分为负担行为与处分行为。给与既可以是

[①] 参见芮沐《民法法律行为理论之全部（民总债合编）》，中国政法大学出版社2003年版，第218页；沈达明、梁仁洁《德意志法上的法律行为》，对外贸易教育出版社1992年版，第57页。

[②] 参见徐涤宇《原因理论研究》，中国政法大学出版社2005年版，第197—198页；田士永《物权行为理论研究——以中国法和德国法中所有权变动的比较为中心》，中国政法大学出版社2002年版，第272—274页。

实际进行给付，也可以是仅形成给付请求权。① 正如弗卢梅所言，"所有法律行为的给与都应具备法律上的原因，该原因作为法律行为当事人之间关系的给与具有正当性……原因是使给与行为中的给与具有正当性的理由"②。凡是给与行为都要有原因作为其正当性基础。原因理论承载着为给与行为效力正当性问题进行说明，并且在给与行为因原因欠缺正当性说明时，借助不当得利制度予以矫正的意义与价值。因此，具有给与性质的债权行为、物权行为以及与之有关的不当得利等制度，都是本书研究的范围。

申言之，本书研究范围仅限于给与行为及其相关制度。那些不具有财产性质而反具有人身性质的法律行为（如收养契约），当然被排除在外；其次，财产所有权的抛弃等单方法律行为则因不涉及他方当事人间财产关系变动问题，因而不具有"给与"的因素，也被排除在外；最后，混合、加工等尽管具有财产给与性质，但因其是事实行为而非法律行为，故也被排除在"给与行为"之外。

---

① ［德］维尔纳·弗卢梅：《法律行为论》，迟颖译，法律出版社2013年版，第179页。
② ［德］维尔纳·弗卢梅：《法律行为论》，迟颖译，法律出版社2013年版，第179页。需要说明的是：迟颖老师的译本中将"给与"译为"给予"，与陈自强老师的译法似乎一致。参见陈自强《无因债务契约论》，中国政法大学出版社2002年版，第169页。根据《辞海》的释义来看，"予"与"与"互为通假（参见夏征农主编《辞海》，上海辞书出版社1990年版，第540页），故应被看作仅汉语写法的不同。

第一章 原因理论在大陆法系中的历史发展及其成因

第一节 原因理论在罗马法的起源与发展

研究罗马法的原因理论具有重要的价值与意义。这是因为：第一，原因理论首先是一个罗马法问题，契约原因学说、契约效力与物权变动的效力赋予功能、行为效力的矫正功能都是起源于罗马法，是罗马法的创造。探究罗马法原貌、了解罗马法原因制度的基本含义是把握现代法如何改造罗马法的前提。第二，后世产生的要因主义、不要因主义的法律行为不同的制度构造，都是在对罗马法的相关制度进行分析的基础上构建起来的制度大厦，因此欲厘清法律行为有因抑或无因的问题，离不开对制度源头——罗马法的探究。

"原因"自罗马法诞生以来，即具有法律行为效力的赋予功能与矫正功能。前者是通过原因理论决定赋予哪些法律行为以法律效力，具体可分为赋予无名协议债的效力以及赋予交付转移所有权的效力[1]，矫正功能则主要体现为返还之诉中。通过"原因"矫正已发生的财货变动，在现代看

---

[1] 参见娄爱华《大陆法系民法中原因理论的应用模式研究》，中国政法大学出版社2012年版，第3页。

来即涉及不当得利一般条款中"原因"的界定。国内外学者们多是从其中的某一方面进行比较考察研究，鲜有将三部分原因制度放在一起考察的。实际上，从现代法改造罗马法的角度来看，罗马法中的三个原因恰恰应该放在一起讨论，因为现代法上原因理论的三种应用模式就是对罗马法原因之三功能的取舍不同造成的。因此，本章的分析将以对罗马法上原因的三方面功能的分析为开端。但三个方面的"原因"是否具有相通性，则需要从历史的角度探寻才能得出结论。

一 罗马法中的契约原因

（一）罗马法的契约制度

罗马法上契约是"得到法律承认的债的协议"[①]，据此可以得知，罗马法上"协议"与"契约"非同一概念，"契约"是"协议"基础上增加了另一个要件——原因或客观事实（negotium contractum）。凡债的协议受市民法[②]保护的，称为"契约"；不受市民法保护的，称为"简约"。[③]

罗马法没有形成统一的契约理论，只是产生了几种典型的契约。依照对形式的要求之不同，这些契约被分为要式与非要式两类。前者包括口头契约和文字契约；后者包括实物契约和合意契约。

1. 要式契约

要式契约分为口头契约和文字契约，前者分为债务口约、誓言、嫁资口约、要式口约；后者包括债权誊账、约据和亲笔字据。

（1）口头契约

债务口约（nexum）是最先出现于罗马法中的一种契约形式，形式上

[①] ［意］彼得罗·彭梵得：《罗马法教科书》，黄风译，中国政法大学出版社2005年版，第232页。

[②] 按照适用范围的不同，罗马法将法律分为自然法、万民法、市民法。根据乌尔比安的见解，自然法是同时适用人类和动物的法，是自然教导一切动物的法律，是一切人为法的终极目标与价值归宿。万民法普遍适用于所有民族。市民法只在罗马人中有效，不适用其他民族。参见［德］萨维尼《当代罗马法体系》，朱虎译，中国法制出版社2010年版，第319页。

[③] 周枏：《罗马法原论》，商务印书馆1994年版，第654页。

同"要式买卖"（mancipatio，一种转移要式物所有权的典型罗马法方式）类似。与后者相似，它也要求采用铜和秤、5名见证人、司秤和秤铜块的仪式加以缔结（这种仪式我们在下面还要提到）。不过准确地说，"债务口约"只不过是对债务人的人身或者他的隶属人实行要式买卖以为借贷担保。债务口约的效力是极其严厉的，只要债务人没有清偿债务，或者其他人未出面替他清偿并采取相应的"秤铜清偿仪式"（如同缔结口约时的仪式）使他摆脱债务，已取得对债务人或者其隶属人的人身支配权的债权人就可以把他们当作债务奴隶，给他们带上锁链，用暴力强迫他们为自己劳动。

誓言（promissio iurata）是负债人的一种宣誓，它只适用于解放自由人向自己的庇主就劳作或者一般赠品所作的允诺。① 更确切地说，是由被解放的奴隶作出的庄严允诺，允诺的内容是：被解放的奴隶在获得自由后为解放他的主人完成某项工作。至于作出允诺的时间，罗马法没有规定，可以是获得自由的同时，也可以是之后。实际上，这种允诺是被解放的奴隶对其在奴隶状态时为获得解放所做宣誓的确认。因为，按照罗马法，奴隶是权利的客体，不能为获得解放而对主人作出任何具有法律效力的允诺。然而，在宗教层面上是没有自由人和奴隶的分别的，奴隶同样可以按照教义宣誓并承担义务。因此，奴隶在获得解放后作出的允诺只是使先前的誓言获得法律效力。这种誓言（允诺）在优士丁尼法中仍然适用。②

嫁资口约（dotis diocio）是一种专门用于嫁资的古典允诺形式，它是一种口头允诺，形式庄严，词句固定。允诺人一般是待嫁女子的父亲、祖父等长辈或者该女子的债务人。当待嫁女子为自权人时，允诺人为该女子本人，受诺人是未婚夫。嫁资口约的标的可以是动产或者不动产。未婚夫对口约中确定的嫁资享有债权。后古典法时，嫁资口约日趋衰落，至优士丁尼时废止，以"嫁资简约"取而代之。③

---

① ［意］彼得罗·彭梵得：《罗马法教科书》，黄风译，中国政法大学出版社2005年版，第271页。
② 费安玲主编：《罗马私法学》，中国政法大学出版社2009年版，第318页。
③ 费安玲主编：《罗马私法学》，中国政法大学出版社2009年版，第317—318页。

第一章　原因理论在大陆法系中的历史发展及其成因

要式口约（stipulatio）是罗马人在贸易往来中为设立债的关系而采用的要式契约形式。它要求人们在采用此形式设立债之关系时，须采取完全一样的提问与答复，不能有任何条件与标的上的差异。要式口约的庄严性完全表现为未来债权人的问话和未来债务人的对应回答。如问者曰"你答应给我 100 元吗？"答者仅能回答"我答应"方可缔结债。① 在罗马法的发展进行中，该形式要件的严格性不断降低。在万民法的影响下，当事人也可以进行一些简单的回答，只要是采用口头形式。甚至对于问答之间的吻合，也放弃了早期的严格性，如果债权人问"你答应给 30 元吗？"债务人回答"我愿意给 10 元"，那么 10 元的允诺也是有效的。故这一时期的要式口约与早期的要式口约是存在很大差别的。及至优士丁尼法，要式口约已是名存实亡。②

（2）文字契约

主要是"债权誊账"（nomen transcripticium），它是适用家庭关系中的一种契约形式。"家父"拥有一个专门记录收支的账本——"收支簿"（Codex accepi et espensi），经过债务人的认许，债权人将债权抄写到"收支簿"中，债务人作出收到钱款的声明。此种契约之效力也有赖于特定的书面形式，因而也属于要式契约。及至罗马—希腊时代，这一契约形式也消失了。③

2. 不要式契约

（1）实物契约

实物契约共有四种：消费借贷、使用借贷、寄托、质押。在这些契约中，债的发生是因某物已被交付的事实所致，并非协议本身产生债。"物被借出后，应当原物返还。"④ 笔者认为，在今天看来，这四种实物契约其

---

① 徐涤宇：《合同概念的历史变迁及其解释》，《法学研究》2004 年第 2 期。
② ［意］彼得罗·彭梵得：《罗马法教科书》，黄风译，中国政法大学出版社 2005 年版，第 272—274 页。
③ ［意］彼得罗·彭梵得：《罗马法教科书》，黄风译，中国政法大学出版社 2005 年版，第 275 页。
④ ［英］巴里·尼古拉斯著：《罗马法概论》，黄风译，法律出版社 2004 年版，第 181 页。

实反映了罗马人的一种错误认识——将本应与协议无关的事实称为"契约"①。这种认识在优士丁尼法中得到纠正,并将其从"契约"中分出,将其放入"准契约"中,将其与契约制度分离,这才是一个正确的态度与认识。

(2) 合意契约

产生于公元前 1 世纪的合意契约②,以合意 (nudo consensu) 为构成要件,不需要任何形式或行为。③ 虽然合意契约在现代法上可以以诺成契约理解之,但在意思自治原则未得以确立的古典罗马法时代,却是契约制度的一种例外存在。在此时,"合意"并非是一般化的概念,况且合意契约的类型强制、内容强制也告诉我们合意契约的效力根源并不仅仅来自合意,或者说,当事人的合意仅仅是诱发债务关系的前提,引发效力的根源在于这些特定类型、法律规定的条件。

(3) 无名契约

无名契约 (Innominat kontrakte) 产生的时间晚于上述契约类型。由于上述契约分类无法涵盖一些常见的交易类型,市民法对这些交易活动的保护有限。出于对已有契约类型补充的考虑,于是才有了无名契约这一类契约类型。④ 在这些无名合同中,必须要一方对待给付完成后,才得诉请对待给付,故其实质上是实物契约的类型扩张,属于广义的实物契约范畴。⑤ 不同的是,实物契约的标的为已交付的原物,而无名契约无此要求,并且要求是不同种给付的交换,因而所返还的与所交付的注定不同。

3. 简约

在罗马法上,简约是指那些不具有市民法形式而又不符合上述不要式

---

① 参见徐涤宇《合同概念的历史变迁及其解释》,《法学研究》2004 年第 2 期。
② 包括买卖 (emptio venditio)、租赁 (locatio conductio)、合伙 (societas)、委托 (mandatum) 四种。
③ I.3, 22, 1, 参见 [古罗马] 优士丁尼《法学阶梯》,徐国栋译,中国政法大学出版社 1999 年版,第 379 页。
④ 无名契约包括"以物换物"(do ut des, 俗称"互易")、"以物换做"(do ut facias, 给付某物是为了对方做某事)、"以做换物"(facias ut des, 做某事是为了对方给付某物)、"以做换做"(facias ut facias, 做某事是为了对方给自己做某事)。
⑤ Kaser/Knütel, Römische Privatrecht, C. H. Beck, 20. Aufl., 2014, S. 279.

契约类型的协议，又称"无形式简约"（nudum pactum）或"裸体简约"。由于不具备上述契约类型的形式或其他产生债的效力根源，简约不产生市民法债（obligationes civiles），而仅可产生"抗辩"。它不转移权利，不产生市民法之债，也不产生诉权，当事人仅可用来对抗诉权。简约仅产生自然法债，这些债不能得到市民法的承认和保护，受领人不能请求给付，法律也不能强制给付人给付，但在债务人清偿后，债权人有权根据简约保有给付并得对抗基于非债清偿的请求给付之诉。简约产生于单纯的合意，由于其不具有市民法上的形式，也不属于无名协议的四种类型，故其既不属于上述要式、非要式契约，也不属于无名契约。

（二）罗马法上契约与原因的关系

1. 罗马法上契约效力的几种根源

从上述对罗马法契约制度的介绍来看，罗马法上合意从来不是契约效力的来源。虽然合意也存在于上述契约中，但其并非导致债之效力的因素。相反，法定合同的内容与形式才使"协议"得以成为具有法律拘束力的"合同"。这附加于合意之上的法定合同的内容与形式在不同的契约中并不相同。①

罗马法区分"协议"与"契约"，按照罗马法学家的见解，契约是将"债"附加到"协议"之上的产物。当一个"协议"还没有附带着"债"时，它就是空虚的"协议"。② 而"债"在不同的契约类型中的体现形式是不同的。要式口约，它是罗马法中严格按照固定的提问和回答的程式进行的一种协议。要式口约与约据（singrafe）和亲笔字据（chirografi）两种文书契约，其契约的效力均来源于其形式，而非该形式体现的合意，是否存在原因上的瑕疵法律是不予考虑的。故在要式契约中，所有类型的要式契约都与特定的契约形式相关。这体现了早期罗马人"对形式的特别追

---

① 冯洁语：《论原因在合同效力中的功能》，《华东政法大学学报》2016年第2期。
② ［英］亨利·梅因：《古代法》，沈景一译，商务印书馆1959年版，第182页。

求"①。契约形式构成罗马法上契约的实质性要素,其他协议要成为契约则必须要找寻符合非要式契约类型中的法定契约条件。罗马法上要式契约的效力根源,正是来源于形式本身。

要式契约被认为是基于社会物质资源极度贫乏的情况下,为维护财富的稳定和交易的安全而采取的严格形式要求。及至罗马裁判官法时代,手工业、商业的发展带来财富的极大积累,市民法严格的形式主义已经不能适应社会的发展,于是以合意为基础的合意契约逐渐产生。这类契约无须履行任何形式手续,以当事人的"合意"为生效要件,将当事人的"意思"纳入法律的考察范围,体现了罗马法对当事人契约交易合理诉求的尊重以及法律对人文关怀的进步。此时虽然"合意"的重要性有所提升,但单纯的合意仍仅可产生自然法债,而要使协议产生市民法债(即诉权),则需要为其"穿衣"。② 而在不同的契约中,"衣服"的表现是不同的。实物契约、无名契约中主要表现为已经完成的给付或已做成的某事,文字合同、口头合同等则主要表现为法律要求的特定的形式。后世合同理论中的原因,即为阿库修斯所说的"衣服"之一种。也就是说在罗马法中,要式契约的效力来源于特定类型的形式,而非要式契约则只有具备法律规定的"原因"才能产生债。

2. 罗马法中"原因"存在的契约类型范围

在罗马法上,合意仅在特定类型的契约中是有意义的。在要式契约中,"形式"是契约的单一构成要素。③ 用梅因的话说,是将"债"附加到"协议"之上的媒介。"合意"不是契约的构成要素,而是可有可无的东西。因而可以说,要式契约=形式或要式契约=形式+合意(合意是否具备并不重要)。

---

① [意]朱塞佩·格罗索:《罗马法史》,黄风译,中国政法大学出版社 2009 年版,第 88 页。

② See James Gordley, *The Philosophical Origins of Modern Contract Doctrine*, Oxford: clarendon Press, 1991, pp. 42-44.

③ See W. W. Buckland and Arnold D. McNair, *Roman Law & Common Law: A Comparison in Outline*, Cambridge: Cambridge University Press, 2008, p. 228. 参见徐涤宇《合同概念的历史变迁及其解释》,《法学研究》2004 年第 2 期。

第一章 原因理论在大陆法系中的历史发展及其成因

而对于非要式契约而言,其数量是封闭的,实物契约债之效力取决于某物已被给付的事实,而非出于合意之故;即使在各种合意契约中,也需要法定契约类型的条件。[1] 甚至可以说,罗马法上非要式契约不过是形式主义的例外。[2] 没有了形式要件作为效力基础,非要式契约需要找寻其他的效力依据。"原因"即是扮演者给予这些非要式契约以债的效力的根本要素。

有学者认为,罗马法上原因仅适用于无名契约。[3] 而很多学者认为,原因不仅存在于无名契约,在所有非要式契约甚至是要式契约中也同样适用。那么,到底应该坚持怎样的认识呢?

根据意大利学者彼得罗所言,罗马法要求非要式契约的债权人应当像证明意思表示那样证明债因的存在。如果债务人否认,则债务人应当提供债因不存在的证据。[4] 因而可以说,合意契约要产生债的效力,必须是以"当事人合意+原因"作为合同的生效要件。

而在实物合同中,原因同样是存在的。对此,彼得罗指出,物的交付,同时发生所有权的移转,使债务人负担义务,始产生消费借贷。但是,当事人的协议应当以设立消费借贷为目的。如果其中一方打算赠与,另一方打算以消费借贷的名义接受,则既不产生赠与,也不产生消费借贷,因为该协议缺乏一项足以使所有权转移成立的"正当原因"。[5] 在论述利息简约与消费借贷的区别时,彼得罗指出,利息简约同消费借贷是不相容的,因为它不符合后者典型的债因,这种债因只允许按照交付数量实行返还,或者如果达成协议,可以按照低于交付数量的标准返还,但决不能

---

[1] [英] 巴里·尼古拉斯:《罗马法概论》(第2版),黄风译,法律出版社2004年版,第176页。
[2] 徐涤宇:《原因理论研究》,中国政法大学出版社2005年版,第49页。
[3] 梅因:《古代法》,沈景一译,商务印书馆1959年版,第183页;娄爱华:《大陆法系民法中原因理论的应用模式研究》,中国政法大学出版社2012年版,第28页。
[4] [意] 彼得罗·彭梵得:《罗马法教科书》,黄风译,中国政法大学出版社2005年版,第295页。
[5] [意] 彼得罗·彭梵得:《罗马法教科书》,黄风译,中国政法大学出版社2005年版,第278页。

超过交付数量，而且消费借贷的债因还导致严格诉讼。① 因此，实物契约之所以要求必须把交付某物作为契约产生债的条件，原因在于：如果不交付，债务人的返还义务是没有办法完成的。

无名契约正如前面所说，其应属于实物合同的范畴，只不过其标的不同于后者而无法实际归入实物合同。罗马法学家还发现似乎其与某些受到承认的有名契约相似但也有不同，难以归入哪一类，故"无名契约"的称呼得以保持。通过无名契约，仅是使契约类型有一定数量的增加，但并未改变罗马法对契约类型的强制、不得由当事人任意创设的状况。② "原因"主要在无名契约中适用。③

罗马法上的合同（contractus）与简约（Pactum）均以合意为基础，单纯的合意仅可构成不可诉的简约，简约之所以不产生债，是因为缺乏法律承认的"原因"。非要式契约与简约之所以一个产生市民法债、一个不产生市民法债，当中的关键就是"原因"是否存在。《学说汇纂》中 D. 2, 14, 7, 2 和 D. 2, 14, 7, 4 被认为是优士丁尼时期原因理论发展的历史根据。④ 从中我们可以印证此结论。

D. 2, 14, 7, 2 乌尔比安：《告示评注》第 4 卷。

> 那些没有被成就其他合同而完成的协议，但存在原因……（则）存在债，例如，我已给你一些物是为了你也会给我一些物；或者我已给你一些物是为了你会为某种行为……由此产生市民法的债。

D. 2, 14, 7, 4. 乌尔比安：《告示评注》第 4 卷。

---

① [意]彼得罗·彭梵得：《罗马法教科书》，黄风译，中国政法大学出版社 2005 年版，第 279 页。

② 徐涤宇：《合同概念的历史变迁及其解释》，《法学研究》2004 年第 2 期。

③ Vittoria/Wolfgang, "Europa sine causa?", Zeitschrift für europäisches Privatrecht, 1997, S. 549-551. 转引自冯洁语《论原因在合同效力中的功能》，《华东政法大学学报》2016 年第 2 期。

④ Vgl. Götz Schulze, Die Naturalobligation, Mohr, 2008, S. 316.

第一章　原因理论在大陆法系中的历史发展及其成因

一个裸体简约（nuda pactio）不能产生债，仅能产生抗辩。

D.2, 14, 7, 2 描述了因为原因的存在，协议得以越过法（ius）的门槛，具有了合同的身份，或者说，因为原因的存在，非典型协议产生了债法上的约束力。原因为一种法律上标记，通过它，协议得以成为合同，从而在法的层面上具有意义。[1] 从上述论述我们可以看出，罗马法存在的这样一种倾向：只要存在原因，一个未获得合同之名的事务也能产生债。故，我们可以说，罗马法上"原因"其实就是支撑非要式协议或者说合意获得债之地位根源或依据，即（具有债的效力的）非要式契约=合意+原因。[2] 而这里被罗马人称为"原因"（causa）或"正当原因"（iusta causa）的，应是"罗马市民法适法行为的构成要件中包含当事人所期待的法律效果"[3]。

非要式契约中，合意仅具有自然法债之效果，而要具有市民法债的效果，则需要加入市民法因素给其披上市民法债的"外衣"。[4] 而按照中世纪法学家阿库修斯的观点，这种"衣服"有很多，包括"原因"（causa）、形式等。毫无疑问，要式契约即是用"形式"为这种协议进行"穿衣"，即要式性替代了原因。出于对神明力量的尊重，罗马人依靠神意对要式契约进行正当性说明，而这神意就体现在形式之中。换言之，形式使得这部分契约具有抽象（无因）行为的意义，其原因是无足轻重的。[5] 例如当某人为促使债权人向其提供贷款而以要式口约的方式允诺支付一定数额的金钱，要式口约的法律原因是贷款金额的取得；故要式口约作为抽象债务的约定而产生效力。在债权人没有提供贷款的情况下，也可以基于要式口约起诉借款的债务人。然而，这时由于要式口约欠缺法律原因，所以裁判官允许要式口约的债务人针对债权人的起诉进行抗辩。这样一来，尽管债权

---

[1] [意]托马索·达拉·马萨拉:《一个理念的诞生:合同原因》，娄爱华、徐铁英译，《私法研究》2016 年第 2 期，第 222 页。

[2] 当然，实物契约是否有合意的存在，可能存在争议。

[3] 冯洁语:《论原因理论在给付关系中的功能——以德国民法学说为蓝本》，《华东政法大学学报》2014 年第 3 期。

[4] James Gordley, *The Philosophical Origins of Modern Contract Doctrine*, Oxford: Clarendon Press, 1991, p.41.

[5] 徐涤宇:《原因理论研究》，中国政法大学出版社 2005 年版，第 62 页。

人依据市民法享有诉权,但却无法胜诉。①

但是,这是否意味着"原因"在罗马法上的要式口约中不起任何作用呢?当然不是!缺乏原因,会构成债务人的有效抗辩,正如德国学者所指出的,罗马法上要式口约抽象性的特殊实践意义在于,一方面使抽象债务约定可以将本身不能存在的债务关系作为抽象债务关系产生法律效力;另一方面,同时又使抽象债务约定与赠与区分开来。② 原因其实就是区分其与赠与的标志。原因在要式口约中的作用就是使债务人(允诺人)通过提出抗辩来主张原因的欠缺进而免除债务。在罗马法上,裁判官在要式口约之诉中允许在债务约定不具备法律原因的情况下提出恶意抗辩。要式口约的抽象性,使得诉讼已经基于允诺本身而成立,有鉴于此,人们只能通过原因缺欠的恶意抗辩来应诉。③

(三) 罗马法上契约原因的概念内涵

关于罗马法中契约原因的理解,主要有以下几种学说:(1)主观目的说。支持者如陈朝璧、江平、米健、曲可伸,认为原因即当事人交易目的;④ 如龙卫球认为原因为"当事人为法律行为时追求的法律上的目的"。⑤ (2)客观依据说。如丘汉平将其解释为"法律认许成立债之原因";⑥ 冯洁语认为原因是"引起债之关系的依据"。⑦ (3)多重含义说。如徐涤宇,认为罗马法上的原因包含债的发生原因或依据、近因或目的

---

① [德]维尔纳·弗卢梅:《法律行为论》,迟颖译,法律出版社2013年版,第187页。
② [德]维尔纳·弗卢梅:《法律行为论》,迟颖译,法律出版社2013年版,第193页。
③ [德]维尔纳·弗卢梅:《法律行为论》,迟颖译,法律出版社2013年版,第191—192页。
④ 陈朝璧:《罗马法原理》,台北商务印书馆1978年版;江平、米健:《罗马法基础》,中国政法大学出版社2004年版,第312页;曲可伸:《罗马法原理》,南开大学出版社1998年版,第314页。
⑤ 龙卫球:《民法总论》(第二版),中国法制出版社2002年版,第439页。
⑥ 丘汉平:《罗马法》,方正出版社2004年版,第320页;孙林、黄俊编译:《罗马法》,北平震东印书馆1932年版,第244页。
⑦ 冯洁语:《论原因理论在给付关系中的功能——以德国民法学说为蓝本》,《法学论坛》2014年第3期。

因、驱动原因或动机三方面的含义。[1]

刘家安在论及罗马法上"原因"的范畴时，指出罗马法仅将"原因"视为一种具有特定经济内涵的交易关系，当事人的主观意愿（包括移转所有权的意思）隐含在这种原因关系之中，并未从原因关系中被抽象出来。[2] 在李永军看来，（1）罗马法上契约的原因是罗马法承认的契约所反映的客观的交易的外在表现形式，它可能与目的（近因）重合，但这是一种巧合，概念上两者是可分离的，且有区别；（2）原因即是为那些不为法律认可的私人的行为寻找合法突破；（3）通过"原因"来判断是否对个人行为赋予法律效力，以及通过原因来判定已赋予的法律效力"不当"，进而通过债法手段予以矫正，均源自罗马法。[3] 但上述不同认识是国内学者从个人的角度和认识对罗马法中契约原因进行解读的结果，本身就掺杂了个人的主观价值判断在内。

对于古罗马法的契约原因，就连古罗马法学家也难有统一的认识。在对 D. 2, 14, 7, 2 这一罗马文献的解读中，乌尔比安认为原因就是给出某物或为某事的目的；[4] 保罗则持模糊的态度：他指的原因既可以解释为乌尔比安的"目的"也可以解释为"交易的客观关系类型"。对于这里所说的"原因"，桑东洛（Santoro）认为是"交易的目的"；伽罗（Gallo）认为是"在先的履行，也就是给（datio）"；马萨拉（Dallla Massara）则认为原因是"协议实现的社会经济功能"。但总体来看，认为古罗马法的契约原因即是交付之目的的学者自罗马法（如阿里斯托、乌尔比安）以来都是一支不可忽视的庞大力量。

根据前面的分析，我们可以知道：在罗马法的非要式契约中，不是当事人的合意产生了债，而是法律规定的条件、原因产生了债。罗马法的契约"原因"实际上扮演的是控制"合意"效力的工具，有法律认可的原因产生市民法债，反之则仅产生简约与自然法债。但应该注意，正如罗马法

---

[1] 徐涤宇：《原因理论研究》，中国政法大学出版社2005年版，第161—163页。
[2] 刘家安：《交付的法律性质——兼论原因理论的发展》，《法学研究》2004年第1期。
[3] 李永军：《自然之债在债法体系中的地位》，《比较法研究》2017年第1期。
[4] 娄爱华：《大陆法系民法中原因理论的应用模式研究》，中国政法大学出版社2012年版，第51页。

上没有发展出一般性的债、合同观念，契约只不过是被类型化地分别看待，抽象的、一般性的合意概念尚未形成一样，罗马法上的"原因"也是具体的、分别的，不具有统一性的。实际上，统一的原因理论是中世纪罗马法学者的创造，准确地说是到了中世纪评注法学家那里，法学家们在参考了亚里士多德道德哲学后才得以创造了"原因"这一一般性术语，给所有的简约"穿衣"。也只有在这个时候，统一的契约"原因"概念得以产生。而在此之前，原因也只不过是表现为不同类型的非要式契约效力依据。而对罗马法上各个分散的"原因"进行的整理工作，则由中世纪罗马法注释法学派完成。他们尊重罗马法文本，没有以原因概念为所有的简约"穿衣"。依据注释法学家阿佐（Azo）的见解，罗马法的"原因"可以变为以下几种"衣服"：实物契约中的"物"（res）、要式口约中的"言词"（verba）、书面契约中的"文字"（litterae）、无名契约中的"已给付之物或已做某事"（rei interventus）等。因此笔者认为李永军的以"罗马法承认的契约所反映的客观的交易的外在表现形式"，或者以沈建峰的"一种实质性的利益变动关系"来理解古罗马法契约"原因"是比较接近客观事实的。换句话说，在未受到中世纪道德伦理哲学理论改造之前，罗马法上的契约制度不具有主观伦理性，将此阶段的"原因"认为是一种主观目的是违背历史事实的、不切实际的，犯得是一种"浪漫主义的错误"。这一历史阶段的非要式契约是主流的要式契约的种种例外（所谓"形式主义的例外"），因此只能具体的、逐个地认识这些非要式契约的具有客观性的、物质化的"原因"。而对于后世如何改造罗马法契约制度，从而形成统一的原因概念，将在后文进行探讨。在这里我们必须尊重历史客观事实，而不能以今人之视角去解释它。

二 罗马法中赋予交付转移所有权效力的原因

（一）罗马法所有权的移转方式

在罗马法两种所有权取得方式中，与原因理论有关的只有继受取得，故在这里我们不讨论所有权的原始取得问题，仅讨论罗马法上三种所有权

第一章　原因理论在大陆法系中的历史发展及其成因

继受取得方式：要式买卖、拟诉弃权和交付。

1. 要式买卖

要式买卖（mancipatio）与拟诉弃权转移要式物①的两种方式，自《十二铜表法》中即对其进行了规定。它是一种在形式上类似于口头契约的所有权转移方式，通过特定仪式表明当事人之间所有权的转移。② 要式买卖是典型的铜衡式交易，在五个或五个以上成年罗马市民面前，再由一名司秤手持一把铜秤。购买者递上一块铜，庄严宣布物是他的，他已经用那块铜和那把秤将其买下。随后，司秤以铜击秤，并将铜块递交给让与人，好像是交付价款。③ 早期的要式买卖需要确实称量和移转铜块，发展到后期称量和移转铜块的过程被省略了。要式买卖中，为什么要进行交换是法律无须理会的，要式买卖的程式本身，已经表明了移转所有权的企图。

2. 拟诉弃权

拟诉弃权（in iure cessio）也是一种所有权的要式移转。即对于要求让与财产的返还诉中，在执行官的参与下，转让者（即虚拟的请求人）在诉讼中不提出异议，因而虚拟的诉讼在"法律审"中完结。④

拟诉弃权与要式买卖一样，实际上是很严肃地以公开方式转让所有权，其效力独立于其原因或基础的有效性，因此是抽象的。可能是执法官这一公权力的介入，强化了拟诉弃权的公示作用。⑤

3. 交付

交付（traditio），在很多罗马法著作中称为"让渡"（tradizione），是一种重要的所有权让渡方式。在前古典法和古典法中，交付仅适用于略式物，后古典法中，要式买卖与拟诉弃权消失，交付成为所有权转移的唯一方式。

---

① 罗马法初期物被分为要式物与略式物，这一分类直至优士丁尼法方被废除。
② 参见田士永《物权行为理论研究》，中国政法大学出版社 2002 年版，第 36 页。
③ ［意］彼得罗·彭梵得：《罗马法教科书》，黄风译，中国政法大学出版社 2005 年版，第 162 页。
④ ［意］彼得罗·彭梵得：《罗马法教科书》，黄风译，中国政法大学出版社 2005 年版，第 162 页。
⑤ Kaser Max, *Eigentum und Besitz im Älteren Römischen Recht*, Böhlau-Verlag, 2, Auflage, 1956, Köln Graz, S. 200.

要式买卖、拟诉弃权与交付的区分同罗马法上的要式物与略式物的区分有关，优士丁尼《法学阶梯》之前，要式物和略式物的区分便对应着不同的所有权移转方式。要式物适用要式转移，如拟诉弃权、要式买卖；略式转移方式指的就是交付。① 所谓"要式物"，在盖尤斯看来是"具有较大价值的物"，如意大利疆土内的土地、奴隶以及负重的牲畜（如马、牛、骡子和驴），除此之外，还有乡村地役权和用水地役权。② 从上述列举我们可以看出，这些物都与农业生产有关，是原始农业社会很重要的物品。法律将这些具有重大价值的商品从商品名录中拿出来，将其归为一类，并采用高度复杂的形式转移所有权的方式，凸显对这些劳动要素的特殊保护。并且越向早期法回溯，这种区分就越是深刻。物的要式转移不禁使我们将其与要式契约联系在一起，两者在某种程度上是相同的：在这两种不同的范畴下（一个是契约成立方式，一个是所有权变动方式）形式就是一切，形式是所有权转移的最重要的要件，其他根本不重要，因此可以说，要式物所有权的转移是"无因"的。

而对于略式物来说，表现为占有的转移或者让渡，即单纯的"交付"即可转移所有权，这种形式是自由和简单的。要式物的种类或目录是固定的，而人类对物质自然不断地征服就带来了新的物的产生，这些新物自然地被划归到略式物之中。在经济发展水平较低、交易也较少的罗马法早期，经济活动的范围基本上限于相对较小的罗马社会内部，仪式虽然不具有永存性，但其一方面可以在相当范围内昭示当时人口相对较少的罗马市民；另一方面严格依法进行的仪式存在于证人记忆之中，基本能起到权利公示的效果，③ 这是物的所有权的要式和非要式二元移转方式在古典时期内得以维持的基本理由。但随着罗马法上交易范围的扩大与交易的频繁，效率的要求使得烦琐的形式主义不能适用经济发展的需要，形式要件逐渐

---

① ［古罗马］盖尤斯：《盖尤斯法学阶梯》，黄风译，中国政法大学出版社1999年版，第84页。

② ［意］彼得罗·彭梵得：《罗马法教科书》，黄风译，中国政法大学出版社2005年版，第145—146页。

③ 李富成：《无因性法理及其体系》，载孙宪忠主编《制定科学的民法典：中德民法典立法研讨会文集》（第21卷），法律出版社2003年版，第125页。

被放弃。于是要式买卖、拟诉弃权被废除,交付成了唯一的所有权转移方式。这就印证了梅因——罗马"财产法"的历史就是"要式交易物"和"非要式交易物"同化的历史①的论断。

(二)罗马法上"交付"转移所有权的效力根据探析

对于在罗马法交付导致所有权转移这项制度中,是什么对所有权的移转发生了决定性作用则是一个千百年来存有争议的问题。换言之,交付在罗马法上到底是什么?它究竟是一个脱离当事人意志的客观事实行为,还是包含主观转移所有权意思的法律行为?

1. 交付的法律性质

由于罗马法重实践轻理论的务实倾向,很多概念没有得到高度的抽象与体系的构建,而是具体地就事论事地加以讨论。关于"交付"的概念亦没有对其进行清晰的界定。罗马法没有法律行为概念的构建,因而这里不能指称罗马法交付是否为法律行为,只能将问题转换为罗马法中交付是否含有所有权转移的物权合意在内。

从学者的通说观点来看,基本持事实行为说。正如彼得罗所指出的,让渡的实际行为,它不是形式,而是对占有的单纯的实现。转让和取得的意图应当是实际拥有,用罗马法的术语来说,是指占有而非所有。②李永军据此进一步认为,罗马法上的交付是一种"无色"的行为,行为实施的具体情况赋予其法律上的意义:当交付是为了质押或租赁时,转移的是占有;当交付是为了买卖时,转移的是所有权。③他进一步论述道:"交付"本身并没有任何的权利意义。即究竟交付转移的是什么样的权利,通过交付本身并不能确定,它仅仅是转移占有,因而是"无色"的。是"原因"将其颜色涂上去的。娄爱华也认为罗马法上交付只是一个单纯的给与行为,并不掺杂任何的意思成分。

---

① [英]亨利·梅因:《古代法》,沈景一译,商务印书馆1959年版,第177页。
② [意]彼得罗·彭梵得:《罗马法教科书》,黄风译,中国政法大学出版社2005年版,第160页。
③ [英]巴里·尼古拉斯:《罗马法概论》(第2版),黄风译,法律出版社2004年版,第128页。

刘家安也表达了同样的看法，他认为赋予交付转移所有权意思的做法是后世的"发明"，探究其本身内涵的意思因素不符合罗马法的历史真实。① 罗马法中的交付仅是占有转移的方式，真正使得交付产生转移所有权的性质和功用的是交付与其"原因"产生的联系。罗马法是通过对"原因"的要求来控制所有权移转的效果。②

只有具有正当原因的交付才能引起所有权的变动。此"正当原因"即就"为何交付和接受"达成的一致。③

笔者赞同上述学者的观点，即在罗马法上的交付并不是转移所有权的决定性方式，它仅是一种不代表任何权利特征的转移占有方式，真正决定交付的性质（转移所有权，还是使用权等）是交付就"为何交付和接受"所达成的一致，而这种一致并非是之前存在的买卖契约或者租赁契约中的"合意"，而是在交付时就交付代表什么达成的一致，这种一致的达成完全可以不同于之前的契约。这就是所谓的"原因"。因此，笔者进而认为，在古典罗马法上，交付是一种事实行为，仅代表占有移转。将交付改造成为具有物权行为性质的法律行为，是萨维尼等近代法学家的功绩，而如何完成这一改造过程，笔者将在后文进行探讨。

2. 采用交付方式转移所有权的效力根源

（1）关于所有权通过交付变动"原因"的几种学说

根据上文分析，古典罗马法中交付仅是一个事实行为，仅是占有转移的方式，因此不足以合理解释为什么让渡有效，故我们必须要探究交付之外存在的使所有权发生变动的效力依据。根据学者的普遍见解，在考察了罗马法文本后，人们将这个物权变动的效力根源锁定在了"原因"或者说"正当原因"。不仅这是对《十二铜表法》传统的遵循，并且从下述罗马法

---

① 刘家安：《交付的法律性质》，《法学研究》2004年第1期。类似观点，如娄爱华认为罗马法中的交付仅是一个单纯的给付行为，言外之意不含意思因素在内。参见娄爱华《大陆法系民法中原因理论的应用模式研究》，中国政法大学出版社2012年版，第56页。

② 参见［奥］马·卡泽尔：《论交付的正当原因》，田士永译，载《中德法学学术论文集》第1辑，法律出版社2003年版，第201页。转引自刘家安《交付的法律性质》，《法学研究》2004年第1期。

③ 刘家安：《交付的法律性质》，《法学研究》2004年第1期。

第一章　原因理论在大陆法系中的历史发展及其成因

学说片段可以看到保罗、盖尤斯、优士丁尼等学者也都遵循了这一传统。真正使得交付产生转移所有权的性质和功用的是交付与其"原因"产生的联系。①②

以上是赞同要因说的几个片段，同样，罗马法学者也有持非要因说的。③

正如刘家安所言，罗马法中既有支持交付要因的文献，也有支持交付抽象的文献，究竟罗马法中的交付是要因的还是抽象的，完全是不同法学家基于不同原始文献予以论证的结果。可见，两种学说的争议在于对所有权的转移除了交付之外，是否还需要有正当原因（iusta causa）。对此毫无争议的是，双方都不否定交付原因的存在，只是对交付原因的要求有所不同。

---

① 刘家安：《交付的法律性质》，《法学研究》2004 年第 1 期。
② D. 41, 1, 31, pr. 保罗：《论告示》第 31 卷。
单纯交付，永远不会使所有权移转。若现有出卖或其他正当原因而后据此为交付，则会使所有权移转。
　　盖尤斯《法学阶梯》Gai. 2, 20：
　　"因此，如果我把一件衣服、一块金子或者一块银子以买卖、赠与或者任何其他名义让渡给你，该物就立即变为你的，只要我是物的所有主。"参见 Gai. 2, 20：Itaque si tibi uestem uel aurum uel argentum tradidero siue ex uenditionis causa siue ex donationis siue quauis alia ex causa, statim tua fit ea res, si modo ego eius dominus sim。
　　优士丁尼《法学阶梯》I. 2, 1, 41：
　　"但如果确实根据赠与或嫁资的原因，或根据任何其他原因作了交付，无疑发生所有权转移。"
　　参见［古罗马］优士丁尼《法学阶梯》（第 2 版），徐国栋译，中国政法大学出版社 2005 年版，第 133—135 页。
③ 尤里安《学说汇纂》第 13 卷。D. 41, 1, 36：
假如我们就交付之标的物具有合意，但是就交付之原因却存在歧见，在这种情况中，我无法理解，为什么交付应当无效。比如，我相信我是基于遗嘱而承担将某块土地交付给你的义务，但你却认为我是基于要式口约而承担此项债务。又如，我基于赠与的意思将一笔钱款交付给你，而你将这笔钱款当作消费借贷金额来接受，那么可以确定的是，所有权仍然已经移转给你，我们就给与和受让之原因不具有合意不会对此构成任何阻碍。
　　盖尤斯《法学阶梯》Gai. 2, 84. 中也谈道：
　　"因而，如果某一债务人向未成年人实行了清偿，他则使钱款成为该未成年人的，但他自己并不摆脱债务，因为未成年人在未经监护人准可的情况下不能解除任何债，实际上未经监护人准可他不得转让任何物品。但是，如果他获得了这些钱款，同时又提出清偿的要求，其要求则可能因诈欺抗辩而被驳回。"

而对于这里"原因"该如何理解，学界持有不同的见解。而对于"原因"的不同定位也直接导致对要因主义、不要因主义的不同理解。

①法律关系说

该说认为，原因关系+交付导致所有权的转移。

如萨维尼认为"交付的正当原因（justa traditionis causa）必须是某种债务关系，某个行为，通过它，所有权根据所有权人的意思被转移"[①]。再如古斯塔夫·胡果认为，物权的取得，需要一个合法的"名义"与取得方式两方面的要求，前者即合法的原因，后者则一种事实行为，"这个法律上的原因叫做名义"。"比如，我在书店买一本书，并且这本书被交付给我……名义就是我和书商签订的买卖合同……取得方式就是交付。"[②]

胡果所论述的观点又被称为所有权移转的"名义和取得方式"理论。胡果不是这一理论的发明人，相反，他是这一理论的批判者。这里引用胡果的话是其对"名义和取得方式"理论的说明。该理论所谓的"名义"即指买卖合同等法律关系，即原因，也属法律关系说。

国内赞同此说的如刘家安、沈建峰。他们均认为罗马法上"交付"加上"特定的原因关系"[③]才导致所有权的变动。

②主观目的说

英国法学家尼古拉斯认为，在技术语言上，让渡的效力取决于它的"原因"。这种"原因"是指当事人在进行让渡时所约定的目的：如果我是在出卖我的戒指，让渡的原因就是完成买卖，转让所有权的其他原因还有：偿还债务、实行赠与、消费借贷。如果当事人只有转移所有权的共同愿望，但没有就这样做的"原因"达成一致意见，这仍然是不够的，例如，我向你交付一笔钱，打算实行消费借贷，但你接过钱时以为是在实行赠与。在这种情况下，我们两个人实际上都有转移所有权的愿望，但没有

---

① Felgen traeger（Fn. 55），S. 29. 转引自柯伟才《物权合同的发现：从尤里安到萨维尼》，《比较法研究》2016年第6期。

② Gustav Hugo, Civilistisches Magazin, Bd. I. Berlin 1791, S. 83-84. 转引自柯伟才《物权合同的发现：从尤里安到萨维尼》，《比较法研究》2016年第6期。

③ 刘家安：《交付的法律性质》，《法学研究》2004年第1期。

第一章　原因理论在大陆法系中的历史发展及其成因

就转移所有权的原因达成协议，因此，让渡只能转移占有。①

国内如李永军，认为"正当原因"是控制交付转移所有权的因素，即使交付者与接受者在为何交付问题上达成协议（有原因）。此外，娄爱华亦认为原因是"当事人就交付的目的达成的协议"，"该词依拉丁词语法，应是当事人的一种主观状态……指的是与交付同时发生的当事人的意图"②。

可以说，学者们在此问题上各执一端，难有统一的认识。而罗马法原始文献中对原因含义的不明确更是给予了学者广泛畅想的空间。

（2）笔者管见

我们不应抛弃史料而想当然地去寻找一般规则，正确的方法应该从各种所有权变动的具体情形入手，重现罗马人的思维过程，把握罗马人的思维模式。③ 罗马法上交付的正当原因概念是罗马市民法不断扩张干涉领域和罗马法学家进行理论总结的结果，表现为通过交付移转所有权的正当原因不断增加。在最开始的《十二铜表法》第7表第11条只规定了买卖，及至盖尤斯《法学阶梯》2，20则至少增加规定了赠与。而根据卡泽尔（Kaser）的总结，在罗马法成熟期，交付的正当原因包括买卖、消费借贷、赠与、设立嫁资、清偿、为了某目的的"给"。④

笔者赞同主观目的说。即原因是一种目的，用以说明给与的正当性，是行为人主观目的的合意带给交付变动所有权的效力。卡泽尔分析原因的词义时认为，并非任何动机均能使物的交付成为所有权转移行为，原因是伴随物的交付目的确定（Zwecksetzung），该目的确定具有说明所有权转移

---

① ［英］巴里·尼古拉斯：《罗马法概论》，黄风译，法律出版社2004年版，第128页。
② 娄爱华：《大陆法系民法中原因理论的应用模式研究》，中国政法大学出版社2012年版，第59页；娄爱华：《论罗马法中的交付原因问题》，《湘江法律评论》2015年第1辑。
③ 娄爱华：《大陆法系民法中原因理论的应用模式研究》，中国政法大学出版社2012年版，自序第1页。
④ Cfr. Robin Jones, Geoffrey D. Maccormack, "Iusta Causa Traditionis", in *New Perspective in Roman Law of Property*, edited by Peter Birks, Oxford: Clarendon Press, 1989, p.99.

正当性的性质。① 下面我们分别来看这几种交易方式中的所有权变动。

在要式买卖中,需要通过"给"来履行通过要式口约缔结的所有权转移之债。要想实现所有权的移转,必须是债务人在交付时有清偿前述要式口约之债的意图,并且受领人知晓债务人的"给"是为清偿上述债务,双方就清偿要式口约之债达成协议……该就清偿转让所有权之债达成了协议,便使所有权发生移转,而非要式口约本身的效果。② 因而让渡导致的所有权转移结果与在先的导致债的法律事实并没有直接的关系。

设立嫁资情形亦是一样。婚姻缔结前设立的嫁资,尽管是以婚姻的缔结为目的,但其仅在交付时所有权发生移转。罗马法规定若之后未缔结婚姻,那么嫁资设立人可以不当得利诉请返还。所有权在此之前已经发生移转,即说明这一移转效果是不受婚姻这个"原因"关系所牵连的。③ 因此,设立嫁资所有权转移的原因不应理解为之前的设立嫁资的法律关系。在消费借贷④中也是一样,它作为一种要物合同,在交付物时才转移所有权。此过程中,单纯的"给"的行为(交付)不能导致所有权的转移,交付之所以最终导致了所有权移转效果的发生,是因为当事人之间存在的为实现消费借贷之债而交付的协议,即目的合意。⑤ 赠与可以被归结为赠与的原因(causa donandi),即在交付时抱有的赠与的心态,并因此而转移所有权。清偿,是为了清偿某转移所有权之债而为的交付,强调交付时当事人具有清偿的意图;为了某目的的"给",则是指为了某一目的在将来实现而要素转移物的所有权。⑥ 这些都与交付在先的基础关系没什么联系。

之所以产生以上两种截然不同的交付"原因"的认识,笔者认为与罗

---

① [奥] 马·卡泽尔:《论交付的正当原因》,田士永译,载《中德法学学术论文集》第1辑,法律出版社2003年版,第201页。
② 娄爱华:《大陆法系民法中原因理论的应用模式研究》,中国政法大学出版社2012年版,第71页;娄爱华:《论罗马法中的交付原因问题》,《湘江法律评论》2015年第1辑。
③ 刘家安:《交付的法律性质》,《法学研究》2004年第1期。
④ 消费借贷是指给出特定数额的种类物,日后得以索回同等数额之种类物的契约。
⑤ 娄爱华:《论正当名义》,载费安玲主编《从罗马法走来:斯奇巴尼教授七十寿辰贺文》,中国政法大学出版社2010年版,第57页。
⑥ 娄爱华:《论正当名义》,载费安玲主编《从罗马法走来:斯奇巴尼教授七十寿辰贺文》,中国政法大学出版社2010年版,第54页。

马法债之概念的发展有关。

在人类社会发展的早期，当只有物物交易的时候，义务观念是不存在的，此时给付和契约以及物权转移是一体的；人们将这两个权利的成立、生效放在一个仪式中进行：未完成法定仪式前，契约不具有法律效力，所有权也不发生移转；完成法定仪式后，契约生效，同时所有权也随之移转。在这个阶段，物权行为和债权行为是同时进行的。随着义务、债务观念的产生，交付和契约发生分离，先设立债，后通过交付履行债，使所有权转移之结果发生。契约的成立和所有权的转移不再同时进行。此时的"原因"就是客观的原因（法律关系）。合同和所有权转移日益分离带来了"原因"理论适用的余地与重新诠释。无因论者将罗马法上的原因作了主观化处理，放弃以产生所有权移转义务的法律关系作为原因的认识，取而代之的，是当事人的移转所有权的意思。① 通过这种解释方法，在这种原因意义上的所谓"要因行为"实际上就进入了无因行为的范畴。② 我们应该承认，在古典法中由客观的债的关系构成原因的理论，已经受到以当事人的主观意思作为原因的理论的挑战。当当事人间只有转移所有权的共同愿望，但没有就这样做的"原因"达成一致意见时，所有权是不能发生移转的。此时给付还未发展到被当作法律行为的阶段，但这种将给付原因由客观债之关系向主观给付目的的转向，具有重大的历史意义。优士丁尼法上给付原因自此走上了主观化的道路，表达了一种给付效果独立化的倾向。③

3. 关于罗马法上交付转移所有权有因还是无因的争论

明确了罗马法上交付转移所有权的"原因"概念，我们再回过头来看罗马法上交付转移所有权有因还是无因的争论问题。诚如刘家安所言，罗马法中既有支持交付要因的文献，也有支持交付抽象的文献，究竟罗马法中的交付是要因的还是抽象的，完全是不同法学家基于不同原始文献予以

---

① 刘家安：《交付的法律性质》，《法学研究》2004年第1期。
② 刘家安：《交付的法律性质》，《法学研究》2004年第1期。
③ 沈建峰：《论罗马法上的原因理论及其在德国法上的变迁》，硕士学位论文，中国政法大学，2006年。

论证的结果。不过罗马法总体上认为交付是要因的。① 但其没有对为何产生这样的不同选择进行论证，即得出了自己的价值判断。娄爱华在其著作中给出了自己的解释——有原因的交付得以变动所有权是在自然法与市民法的二元对立中展开的。在自然法层面，交付变动所有权无须原因，即所有权的移转＝交付＋移转所有权的意思；在市民法层面交付变动所有权需要原因，依交付变动所有权规则为交付＋同时就交付的原因达成了协议。②

笔者认为，娄爱华的认识基本符合罗马法史实，具有可采性。市民法是一个民族所指定的法，仅适用于本民族之人；而自然法受命于自然衡平和自然理性，③ 适用于全人类。自然法与市民法的二元划分是罗马奴隶制度背景下的当然产物。面对大量涌入罗马的外国人和归化者，罗马法学家轻视所有的外国法律，不愿意以其本土的"市民法"的利益给外国人，但又不得不对外国人给予有限的保护，于是"万民法"或"自然法"（Jus Naturale）就得到了重视。

因而在罗马法上，具有不要因性的单纯交付即可转让所有权是自然法的产物，交付加转移所有权的意思就可转移所有权，后者是交付的辅助要素，即优士丁尼在 I.2, 1, 40 中所说的"所有人的意愿"④。

而在市民法层面，转移所有权需要两方面要素：一为交付；二为就原因达成的协议，表现的是交付转移所有权的要因性。前文已述，这些所谓的"就原因达成的协议"在罗马法早期是交付之前的法律关系，而在成熟罗马法时则为法律认可的给付目的合意。不管如何对其定义，"原因"都扮演着控制所有权移转的效果的角色。因此，罗马法上之所以出现 D.41, 1, 36（尤里安《学说汇纂》第 13 卷）与 D.12, 1, 18, pr（乌尔比安《争

---

① 刘家安：《交付的法律性质——兼论原因理论的发展》，《法学研究》2004 年第 1 期。
② 娄爱华：《大陆法系民法中原因理论的应用模式研究》，中国政法大学出版社 2012 年版，第 53—64 页。
③ ［英］亨利·梅因：《古代法》，沈景一译，商务印书馆 1959 年版，第 31 页。
④ I.2, 1, 40. 通过交付，我们也根据自然法取得物。事实上，没有什么比肯定想转让自己的物的所有人的意志更符合自然公平的了。因此，任何种类的有体物，均可被交付，并通过所有人的交付让渡。参见［古罗马］优士丁尼《法学阶梯》（第 2 版），徐国栋译，中国政法大学出版社 2005 年版，第 133 页。

论》第7编）对于转让原因未达成一致是否影响所有权的转移的不同观点，即是因为尤里安是站在自然法的层面上、乌尔比安站在市民法层面上来看待交付转移所有权这一问题的结果。

综上，我们可以说，单纯的交付即可转让所有权与交付需正当原因才可转移所有权的区别，也就是自然法模式与市民法模式的区别，仅仅在于前者基于自然法的立场，不要求转移所有权的意思固定化或者客观化，而后者基于市民法的立场，限定了得以转让所有权的若干移转所有权意思相关的特定法律事实，并冠以正当原因之名。[1] 这点与罗马法上的契约制度类似，仅有合意仅可产生自然法债，若要产生市民法债，则需要特定的严肃形式或者"原因"为其"穿衣"。

三 罗马法中的返还诉及其原因

当今民法的不少制度，追溯其历史根源，我们几乎都能在罗马法中找到其原型，前述契约原因、交付转移所有权的原因正是罗马人的伟大创造。除此之外，不当得利制度亦起源于罗马法，在古罗马的相关法律文件、著述中我们可以发现它最初的雏形。而不当得利制度也因其与原因制度在历史上存在或有或无的联系，故罗马法的不当得利起源问题也是本书所讨论的重点。

（一）不当得利制度的罗马法雏形——返还诉

据考证，近现代大陆法系的不当得利制度，起源于古典罗马法时期各种返还财产之诉。不过，这一阶段只是产生了非正当得利应予返还的思想，并基于这样的思想产生了各种具体的返还财产之诉（condictio），一般的不当得利返还制度并未形成。[2] 而这些具体的返还财产之诉，经过漫长的历史发展演变与法学家的改造，从具体到抽象，才有了后世具有一般性、抽象性的不当得利制度。

---

[1] 娄爱华：《论正当名义》，载费安玲主编《从罗马法走来：斯奇巴尼教授七十寿辰贺文》，中国政法大学出版社2010年版，第53页。

[2] 刘言浩：《不当得利法的形成与展开》，博士学位论文，复旦大学，2011年。

古典罗马法要求人们将不属于自己的东西归还原主，这是宗教教义的要求。《十二铜表法》有"树上果实落于邻地时，得入邻地拾取之"的规定。但基于当时落后的社会背景与历史局限，《十二铜表法》无力调整果实返还之外的无正当原因获益而使他人财产受损时的财产返还问题，更没有发展成针对果实落入临地之外的其他情形的独立的诉讼形式。

针对上述情形，罗马法学家认为应该在受让人没有保有所得财产事由的情况下允许给付人请求返还，因而设计出了财产返还诉（Condictio）此一对人诉讼方法。最初的财产返还诉仅适用于特定物的返还，罗马法后期将其适用范围扩及至包含不确定物（如因某一活动而获取的利益）的返还诉讼，[①] 不当得利制度的雏形就此得以产生。在盖尤斯《法学阶梯》等著作的论述中，返还诉的范围发展到包括非债清偿、盗窃、消费借贷等场合，适用范围广泛。罗马法上没有发展出类似当下不当得利制度的具有一般性的返还诉规则，其是通过类型化的方法，对各类具体案件分别决定是否允许原告返还的请求，来解决不当得利的救济问题。[②] 优士丁尼《学说汇纂》第 12 卷与第 13 卷中，出现了若干返还诉的类型，如第 12 卷的无因返还诉（condictio sine causa）、出让利益目的未达返还诉（condictio causa data causa non secuta）、不道德或不法原因返还诉（condictio ex causa turpem ed causa iniustam）、非债清偿返还诉（condictio indebiti）四种，第 13 卷的盗窃返还诉（condictio furtiva）、法定返还诉（condictio ex lege）、称量物返还诉（condictio triticiaria）等。

还应说明的是，罗马法没有将"不当得利"作为一个一般现象、一般条款予以规定与认识，法学家论著中也没有出现一般性概念，这部分内容一直也被放在法典的"准契约"部分而未获独立的、一般的意义。这些类型的返还诉仅是罗马法依不当得利的发生原因承认个别诉权。因此，罗马法学家 Pomponius 的对不当得利制度概括性的著名法谚"损人而利己乃违

---

① 李君：《无因性原则视野下我国不当得利制度的构建》，硕士毕业论文，湖南大学，2009 年。

② 刘言浩：《不当得利法的形成与展开》，博士学位论文，复旦大学，2011 年。

反衡平",并非表示古罗马法上已有一般化的不当得利请求权。①

(二) 返还诉的类型

上述返还诉种类中,与"原因"术语相关的仅限于《学说汇纂》第12卷中的四种返还诉,而本部分所要讨论的也仅限于这四种。因为,只有符合优士丁尼在 I. 3, 14 中提到的"我的"变成"你的"的交易,才符合"得利"的条件,才有讨论是否存在"不法得利"的前提。而第13卷所涉的几种返还诉类型并不存在法律认可的"得利",如盗窃时窃贼不能取得赃物的所有权,因而这几种返还诉不在传统上不当得利的讨论范围。②

而分析罗马法中各种返还财产之诉的类型及其构成,对于明确罗马法中的财产返还之诉具有重要的意义。

1. 出让利益目的不达的返还诉（condictio causa data causa non secuta）

也称"目的不能达成之诉",是指给付一方的给付目的在给付后不能实现,给付一方可向受领一方请求返还所受利益。③ 这是因为,行为人给付时常有一定之目的,若此目的落空则应受救济。典型的如双务合同,若无法得到对方的对待给付,则有权追回自己已为的给付。如在 D. 12, 4, 9 中给出金钱设立嫁资但婚姻未缔结,以及在 D. 12, 4, 16 中给出金钱为获得奴隶,但没有获得等情形。整个 D. 12, 4 规定下的"出让利益目的不达的返还诉"主要涉及给以金钱和设立嫁资两种情形,一共占据了该项下 16 个片段的 9 个。

2. 不道德或不法原因返还诉（condictio ex causa turpem ed causa iniustam）

给付均有目的或原因,而目的有正当与不正当之分。正当目的不能实现,给付方可请求返还;当给付目的不道德或不法时,则也可引发返还诉。罗马法上不道德的返还诉（condictio ob turpem causa）以及不法（不

---

① Reinhard Zimmermann, *The law of Obligations - Roman Foundations of the Civilian Tradition*, Oxford: Oxford University Press, 1992, pp. 867-869.

② 娄爱华:《大陆法系民法中原因理论的应用模式研究》,中国政法大学出版社 2012 年版,第 73 页。

③ 杨运禄:《不当得利类型化研究》,硕士学位论文,西南政法大学,2008 年。

正当）的返还诉（condictio ex injusta causa）[①] 即是来解决给付是基于不道德或不法原因时的给付返还问题。这也被视为后世大陆法系诸国不法原因给付制度的源头。

根据不道德的返还诉和不法原因返还诉，当给付的结果致使受领人的受领与善良风俗、公共道德相悖或受领人接受给付出于违法之目的，则给付人可主张返还。在此种情况下，法律决不能让违反道德或违法的受领人保有其所取得的利益。

当给付人一方存在不道德事由或双方兼有，则根据"占有者占优"原则，不得要求返还已为的给付。这是因为在双方均有不法或不道德原因时，双方都不值得保护。如果允许返还，则对于另一方不利，故让占有者维持现状是相对好的处理方式。当然，给付人如因胁迫而不得不实施不道德行为的不在其列，此时可提起"因受讹诈的要求返还之诉"（condictio ob tirpem vel injustam）[②]。

而当不道德或不法原因仅在给付人一方时，罗马法不允许返还的理由在于责任自负原则的贯彻。"任何置社会伦理秩序于不顾的人，都不能请求返还其依应受非难行为而为的给付。"[③] 罗马法中法官根据具体情形裁量判断不道德或不法原因存在于给付人一方还是双方。对于给付嫖资的行为，起先罗马法将其作为双方不道德的情况进行处理，而后来将此种情形作为仅给付一方不道德而对待。这是因为在罗马人的认识下，虽然将当妓女作为自己的职业是不道德的，但是该不道德也仅是从事的职业，接受金钱这一行为不能说是不道德的，否则对其是不公平的。对于那些经登记的职业妓女，那么其从事的性工作就被认为是合法的、道德的，国家因这种合法的性交易而从中获得税收，此时，这种行为就不视为不道德。[④]

[①] 周枏：《罗马法原论》（下册），商务印书馆1994年版，第833页。转引自李永军、李伟平《论不法原因给付的制度构造》，《政治与法律》2016年第10期。
[②] 李永军、李伟平：《论不法原因给付的制度构造》，《政治与法律》2016年第10期。
[③] 王泽鉴：《不当得利》，北京大学出版社2009年版，第94页。
[④] 高文强：《论不法原因给付》，硕士学位论文，上海社会科学院法学研究所，2015年。

3. 非债清偿返还诉（condictio indebiti）

非债清偿返还诉也是罗马法上一种古老且重要的返还诉。乌尔比安曾言："如果一个人在不知情的情况下不恰当地履行了债务，可以通过返还财产之诉请求返还。"[①] 在盖尤斯时代，非债清偿返还诉、消费借贷返还诉是放在一起加以认识的。

其实，这两者是存在明显区别的。与非债清偿相比，消费借贷导致的返还之债不是因为不当得利，而是因为正当得利。在消费借贷中，出借人为履行消费借贷契约，将标的物所有权转移给借用人，同时借用人背负起返还标的物所有权的义务，该义务自消费借贷协议达成时得以产生。返还诉权产生于消费借贷本身，是通过合同缔结产生的。可以说返还之债源自当事人的意思。[②]

罗马法上构成非债清偿适用返还诉的情形有很多，对实际不存在的债务进行清偿、对于实际上存在债务但清偿对象错误、对实际上存在债务但对清偿债务的数量发生错误均可构成。[③] 另外，对于债务的种类清偿的错误，也属非债清偿。在履行附条件的债务时，若该条件未成就，也属于非债清偿。[④] 不过，对自然之债的清偿不构成非债清偿。

4. 无因返还诉（condictio sine causa）

除上述三种返还诉外，《学说汇纂》第12卷第7章还规定了一种补充性的返还诉——无因返还诉（condictio sine causa），以解决上述三种返还诉不能涵盖的返还诉类型。如乌尔比安在《告示评注》第32卷列举的一种情形：甲基于洗衣合同占有他人衣服，衣服丢失，被起诉进行了赔偿，后衣服找到，如何追回所为的金钱赔付？在这里乌尔比安即适用了无因返还诉，因为"衣服已经被找到……（因而）给付的金钱并没有原因（sine

---

① D. 12, 6, 1pr. 1.
② 娄爱华：《论不当得利一般条款置于民法典总则——基于意大利法与罗马法的思考》，《北航法律评论》2014年第1辑。
③ 分别见于 D. 12, 6, 19, 1; D. 12, 6, 19, 2; D. 12, 6, 19, 4。
④ D. 12, 6, 16 pr.

causa）"①。

根据乌尔比安的见解，无因返还诉可作为非债清偿返还诉的补充诉讼。在本案中，洗衣人原本以为自己搞丢了送洗衣服之人的衣服而进行赔偿，后来衣服找到了，乌尔比安认为洗衣工可以提起返还财产之诉。由于本案中不属于不道德或不法原因的给付，也不属于非债清偿，目的不成就的返还财产之诉也不具有适用的空间，而如果应获救济的当事人其受损的事实不能被上述返还诉类型所涵盖，则使得受损人面临不公的境地。优士丁尼法典的编纂者创造的无因返还诉（condictio sine causa）便可以解决这一问题。它成为了超越具体返还诉类型而具有一般条款价值的条款，在具体情形不适用 D. 12, 4、D. 12, 5、D. 12, 6 的各种条款时，以无因返还诉予以补充性的适用。② 诚然，类型化的区分与列举有助于法的安定性与可预期性的实现，然生活丰富多彩，难以为有限的类型化列举所涵盖，故仅依 D. 12, 4、D. 12, 5、D. 12, 6 所列举的各种条款来应对现实生活中多种多样的返还诉情境必有不足。D. 12, 7 项下的各项无因返还诉条款即扮演着这种补充类型化不足的作用。前述 D. 12, 7, 2 被认为是对非债清偿返还诉的补充，此外，D. 12, 7, 5 与 D. 12 , 7, 5, 1（帕比尼安：《问题集》第11卷）则是表明无因返还诉是不道德及不法原因返还诉之补充诉的有力说明与证据。③

那么何为这里的"无因"？笔者认为，无因返还诉作为前述三种返还诉的补充性规定，其肯定涵盖上述三种返还诉的共性。根据笔者的理解，"无因"（sine causa）解决的应该是无正当原因获取财产的返还救济问题。故对于罗马法返还诉的"原因"理解应从无因返还诉（condictio sine causa）的"无因"入手。

---

① See the Digest of Justinian (1), Latin Text Edited by Theodor Mommesn With the Aid of Paul Krueger, English Translation Edited by Alan Watson, Philadelphia: University of Pennsylvania Press, 1985, p. 389.

② 娄爱华：《大陆法系民法中原因理论的应用模式研究》，中国政法大学出版社2012年版，第78页。

③ 娄爱华：《大陆法系民法中原因理论的应用模式研究》，中国政法大学出版社2012年版，第80页。

(三) 罗马法返还诉中"原因"（causa）的理解

欲理解《学说汇纂》第12卷第7章规定的"无因"问题，我们首先来看这一章的规定。《学说汇纂》第12卷第7章共有9个片段，除 D. 12，7，1，3、D. 12，7，5 与 D. 12，7，5，13 条是对不法或不道德原因的补充性规定外，其他6条规定了无原因地承诺（D. 12，7，1）、允诺原因终止（finita）或不能实现（non secuta）的返还诉（D. 12，7，1，2）以及前边提到的类似非债清偿的返还诉（D. 12，7，2）等。

笔者认为，不能简单地将罗马法返还诉中的"无因"理解为当事人给付时的主观目的。因为从罗马法片段来看，这里并非仅强调当事人给付时的主观目的。如在 D. 12，7，2 中，洗衣人赔付金钱时，存在着赔付的主观目的，即清偿债的主观目的，不论是衣服未找到而债存在时，还是衣服找到后债消灭时，这种主观目的都是存在着的，因而不能说这种主观目的是引起返还诉的理由或原因。此外，认为是主观原因的观点与 D. 12，7，1，3 的规定[①]也是不符的。

德国学者卡泽（Kaser）认为罗马法上无因返还诉的"原因"应区别于所有权转移中的交付原因（causa traditionis）。后者仅可说明所有权取得的正当性，但无法提供保有所有权的正当性说明，且是一种是主观方面的原因。而无因返还诉中的原因是具有客观性质的，用以说明某人保留某得利的正当性，该客观原因欠缺，得利非属正当，应予返还。[②] 主观原因只能说明取得正当性，而客观原因则用来说明保留该取得的正当性。[③]

笔者赞同这样的认识，并且认为作为一种能体现特定类型返还诉的

[①] D. 12，7，1，3. 乌尔比安：《萨宾评注》第43卷。仅在某财产被某人无正当原因（non ex iusta causa）或某正当原因不再存在时占有的，才存在返还诉。转引自娄爱华《大陆法系民法中原因理论的应用模式研究》，中国政法大学出版社2012年版，第85页注释。

[②] ［德］马克思·卡泽：《罗马私法》，转引自田士永《物权行为理论研究——以中国法和德国法中所有权变动的比较为中心》，中国政法大学出版社2002年版，第392页。

[③] 转引自田士永《物权行为理论研究——以中国法和德国法中所有权变动的比较为中心》，中国政法大学出版社2002年版，第409页。

补充性返还诉,罗马法返还诉中"原因"(causa)应当包括主观原因与客观原因两者,前者是在 D.12,7,5、D.12,7,5,1 所体现出来的,即基于不道德或不法原因的返还诉,当事人双方主观目的的不道德,构成主观状态原因不法。而客观原因则是解决受领人保有方面的效力,从主观目的是否客观实现的角度来说明受领人能否正当保有给付。虽有主观原因,但未能客观实现,从而使客观原因欠缺,则得利人保有该得利客观上欠缺正当性,因此应予返还,于是产生不当得利返还问题。如 D.12,7,2 中,虽然洗衣人存在清偿债务的主观目的,主观上是有因的,但在客观方面是没有正当原因的(客观上衣服已经在所有人处了),因此可适用无因返还诉。故,可以说 D.12,7 题名中的无因,包括两个层面:主观上目的与客观法秩序层面的目的。无论是主观目的违反道德或法律,还是客观层面上主观目的不能实现,均认为是无因、无目的,因此需要返还诉予以矫正。

四 小结

正如学者所言,罗马法中的三种原因及其各自具有的功能,实际上是不同的法学家在不同的时代基于不同的需要和设想锻造出来的,但从某种角度观察,又可以将之纳入一个完整的体系之中。[1]

不管是在契约制度还是所有权的移转制度中,特定的"形式"在罗马法中扮演着重要的作用。由于专司占卜之职的祭司在法律解释与适用的垄断地位,形式使得契约成为一种抽象行为,其原因是无足轻重的。[2] 在此基础上,以原因为效力基石的不要式契约、让渡所有权都可被认为是形式主义的例外。在万民法的影响下,宗教的垄断地位被逐渐打破,形式的严格性不断降低,不管是在合同中还是在所有权的转移当中。于是,"原因"的重要性得到稳步提升。

---

[1] 娄爱华:《大陆法系民法中原因理论的应用模式研究》,中国政法大学出版社 2012 年版,第 85 页。

[2] 徐涤宇:《原因理论研究》,中国政法大学出版社 2005 年版,第 62 页;徐涤宇:《无因性原则之考古》,《法律科学(西北政法大学学报)》2005 年第 3 期。

第一章　原因理论在大陆法系中的历史发展及其成因

通过上文的考察，我们发现罗马法中的契约原因是用来限制当事人合意、实现类型强制的要素。罗马法上契约原因是具体的、分别的，不具有统一性。不能仅将此阶段的契约原因理解为一种主观目的，这是违背历史事实的。作为要式契约的例外，我们只能具体的、逐个地认识这些非要式契约的具有客观性的、物质化的"原因"。即它在不同的非要式契约中表现为不同的内涵：实物契约中的"物"（res）、要式口约中的"言词"（verba）、书面契约中的"文字"（litterae）、无名契约中的"已给付之物或已做某事"（rei interventus）等。但是古罗马非要式契约中的诸项类型化契约，在今天看来并不都属于契约的范畴，如前所述，在今天看来，实物契约不具有契约性质，罗马法上的实物契约只不过是一种罗马人将与协议无关的事实称为"契约"的错误倾向。[①] 优士丁尼时期将其归入"准契约"制度当中，是正确的。同样，无名合同只不过是标的与实物契约略有不同而已，属于广泛意义上的实物契约。因此，无名契约也不具有现代契约的特征。

故罗马法上契约制度中，只有合意契约才是与现代契约制度一脉相承的。对于合意契约中"原因"的内涵及后世对其改造的考察是对我们理论继受的基础。

在所有权移转制度中也是一样。起先形式性的要式买卖与拟诉弃权、非要式移转分庭抗礼，后来要式性的要素逐渐褪去，交付移转所有权成了唯一的方式。而原因是让交付行为发生物权效力的必要条件。随着债务观点的产生以及交付与契约发生分离，交付转移所有权的原因发生了从客观的债的关系向当事人主观的目的的转变，给付原因自此走上了主观化的道路，同时也表达了一种给付效果独立化的倾向。[②] 在成熟罗马法时"原因"被解释为"法律认可的给付目的合意"。

在具有矫正功能的返还诉中，根据罗马法，各种返还诉需具备两方面的要件：（1）原告和被告之间有直接的转让或交易行为（negotium）；

[①] 参见徐涤宇《合同概念的历史变迁及其解释》，《法学研究》2004年第2期。
[②] 沈建峰：《罗马法上的原因理论及其对近现代法的启示——无因理论的罗马法视角》，《比较法研究》2006年第4期。

(2) 被告没有保有所受领之物的正当原因①。对返还诉"无因"要件的理解至为关键。根据前面的考察，笔者认为罗马法上返还诉中"原因"（causa）应当包括主观原因与客观原因两者，前者是基于不道德或不法原因的返还诉，当事人双方主观目的的不道德，构成主观状态原因不法。而客观原因则是解决受领人保有方面的效力，它是从主观目的合意客观实现的角度分析的。

第二节 原因理论在近现代大陆法的发展及其成因分析

根据原因理论在罗马法中的三种功用，讨论原因理论不外乎在法律行为（包括合同，下文同）的效力赋予、交付导致所有权转移效力的赋予（即物权变动的原因）、原因对已赋予的法律效力的矫正（主要涉及不当得利的返还）此三方面，下文对大陆法系三种原因理论的考察即是围绕这三个方面进行。

一 法国模式

（一）原因理论在法国民法中的应用模式

《法国民法典》强调通过原因理论判定是否赋予私人行为以法律效力，尽管法典将合意主义作为合同理论的基石，但还是在合同部分规定了原因。法典第1108条②将"债的合法原因"与"合意"一并作为契约的成立要件，并列三个条文（第1131条到第1133条）具体规范原因规则。据此，无原因、原因错误（错误涉及作为契约之标的物的实质本身，第1110条）、原因不法确定为不生债之效力。

在所有权变动方面，由于法国民法采取债权意思主义的物权变动模

---

① Francesco Giglio, "A systematic Approach to Unjust and Unjustified Enrichment", Vol. 23, No. 3 (2003), pp. 455-482.
② 《法国民法典》第1108条规定："契约之有效性应具备4项根本条件：1. 负担债务的当事人的同意；2. 其订立契约的能力；3. 构成义务承诺之内容的确定标的；4. 债的合法原因。"参见《法国民法典》，罗结珍译，北京大学出版社2010年版，第296页。

式,在这一模式下,具有原因的契约即可导致所有权的转移,交付不是转移所有权的条件和必需,而是作为所有权变动的结果出现的。在此情况下,契约原因与所有权移转的原因两者合二为一。因此法国民法不存在独立的物权行为,不存在单独的导致所有权移转的"原因"。故法国法仅在合同范畴讨论原因问题,物权变动即是债权合同的结果。

在对已赋予的法律效力的矫正方面,1804年颁行的《法国民法典》未有一般不当得利条款之规定,只是在准契约部分规定了无因管理返还诉和非债清偿返还诉,此外在合同法和财产法中分散规定了一些特殊的不当得利救济措施。但这并不能涵盖不当得利的全部情况。[1] 实务中法院常常需要将无因管理进行扩张解释来实现对一般不当得利的救济,[2] 效果难尽人意。进入21世纪以来,法国在债法方面经过了十几年的努力后,终于在2016年收获结果,改革的最终结果是将合同法与包括不当得利在内的准合同法统一于法律上的"原因"之下。关于改革的具体情况,将在本节第三部分进行介绍。

(二) 法国法模式原因理论的解读与成因

前文已述,原因理论经由近现代大陆法学家的改造,在现代法中呈现不同的应用模式。因此,对不同模式下原因理论的成因考察离不开对民法典有决定性影响的法学家思想的考察,这是我们把握一国法上究竟有怎样的原因理论、"原因"究竟作何理解的必由之路。

1. 合同原因

对于《法国民法典》第1108、1131—1133条规定的原因理论,主要是受多马(Domat)、波蒂埃(Pothier)两位学者的影响,可以说,是多马和波蒂埃塑造了《法国民法典》中的原因理论。[3]

多马是理性法学派的代表人物之一,在其《自然秩序中的民法》一书

---

[1] G. Ripert, *The French of Contracts* (2nd ed., Oxford 1992), Passim.
[2] 刘言浩:《法国不当得利法的历史与变革》,《东方法学》2011年第4期。
[3] 娄爱华:《大陆法系民法中原因理论的应用模式研究》,中国政法大学出版社2012年版,第89页。

中全面阐释了何为合同之债的原因。基于理性法学派精神，他认为合同的效力来源于意思的合意，主张在现代法中采用罗马法上的做法——以原因来区分有名合同和无名合同是没有意义的（当然这种区分在罗马法上是有意义的），而他所关注的是意思表示，尤其是缔约人所追求的目的。[①] 尽管此种合意目前还不是由要约、承诺构成，但已经近乎现代合同法意义上的合意。[②]

多马在一般协议的范畴讨论了原因，其在《在其自然秩序中的民法》第1卷第1章第1节第4条规定：

> "对人的利用与物之间的交往互换有四种类型，由此构成了四种类型的协议。那些互相给某物的，如买卖及互易；那些互为某事的，如管理另一人的事务；或一人做某事，而另一个人给某物的，如雇工为了某一特定雇佣付出其劳务的；或最后一种，一人做某事或给某物，而另一个人什么也不给也不做，如一人不为任何报酬地管理另一人的事务，或一人仅仅出于慷慨而给另一人某物。"[③]

可见，多马将协议分为有偿合同和无偿合同两种，在有偿合同中，原因不过是一种"交换物"（quid proquo）[④]，是"纯粹客观的相互给付"，它不是已履行的事实（即已为的给付），而是各缔约人所做的履行的允诺（即待为的给付）。[⑤] 在无偿合同中是"债务人合理和公正的动机""通过原因判断合同是否真实"[⑥]。申言之，多马构造的原因概念是抽象的、类型相同的合同，原因是同一的。

---

① V. Henri Capitant, De La Causa Des Obligations, S, 165. 转引自徐涤宇《原因理论研究》，中国政法大学出版社2005年版，第108—109页。
② Weller, Die Vertragstreue, Mohr, 2009 S. 83.
③ Domat, Jean, *The Civil Law in Its Natural Order*, Translated by William Strahan（1），Colorado: Fred B. Rothman & Co. Littleton, 1980, p. 161. 转引自娄爱华《大陆法系民法中原因理论的应用模式研究》，中国政法大学出版社2012年版，第95页。
④ See Jean Brissaud, A History of French Private Law.
⑤ V. Henri Capitant, De La Causa Des Obligations, S. 166-167.
⑥ 冯洁语：《论原因在合同效力中的功能》，《华东政法大学学报》2016年第2期。

第一章　原因理论在大陆法系中的历史发展及其成因

在多马之后，另一位著名法学家波蒂埃继续探讨合同原因。他主张正当原因是所有允诺之必需：在利益合同中，一方作出允诺的"原因"是对方给他或允诺给他的东西，或是对方负担的风险；在行善合同中，允诺的"原因"是一方对他方的慷慨。① 此外，波蒂埃还把不道德或不法原因的返还诉、无因返还诉移入合同部分，系统讨论了合同的原因理论。

沿着多马和波蒂埃的思路，《法国民法典》构建了现有的原因理论框架。"原因"被认为是当事人订立合同的"决定性理由"，即"当事人为何受约束的理由"②。它也被称为"近因"，具有客观性，类型相同的合同原因是相同的。这也是我们后世所称的法国法的传统原因理论。在传统原因理论之后，学界曾一度掀起了"反原因"的浪潮，并且出现了一元论与二元论等如何理解"原因"的不同学说，及至当代包括主观动机合法性考察在内的近代原因理论居于通说地位，但无论是传统原因理论还是近代原因理论，都离不开对原因客观方面的解释。

根据大多数法国著名学者的见解，"原因"是当事人订立合同的目的，是对"为何进行交易"的回答……类型相同的合同，目的相同。③ 传统原因理论排除了对当事人心理状态的个别研究，仅以合同的经济因素为根据，从而使原因具有客观和抽象的特点。④ 在双务合同中，原因是取得对方对待给付的目的，在无偿合同中，原因在于证明自己的善意以获得一种精神利益。⑤

如此，法国法上"原因"扮演着解释合意之债的效力正当性的作用，"原因"是当事人设立合同时所抱有的目的，任何设立此种目的的人，均

---

① 徐涤宇：《法国法系原因理论的形成、发展及其意义》，《环球法律评论》2004年第5期。
② 徐涤宇：《法国法系原因理论的形成、发展及其意义》，《环球法律评论》2004年第5期。
③ 谭启平：《不法原因给付及其制度构建》，《现代法学》2004年第3期。
④ 尹田：《法国现代合同法》，法律出版社2009年版，第181页。
⑤ Jean Carbonnier, Dorit Gvil, Paris: Quadrige/Presses Universitaires de France, 2004, p. 127.

负有义务。① 其扮演着两方面的功用：创设义务和使义务的存续正当化。②

此外，客观原因与标的、意思合意应该明确区分。若将原因视为对方的对待给付，将使得原因与债之标的混为一谈，原因规则与债之标的所混同，无法发挥原因理论应有的、独立的价值。③ 法国卡皮当（Capitant）认为，原因可与意思合意区分，"同意"与"借助同意所达到的目的"乃表意行为的两个基本构成要素，一个有意识的人都是通过一定的方式达成一定之目的，而合同与债都是实现特定目的的方式。④ 卡皮当同时还区分动机与目的，认为两者是不同的，动机存在于意思合意之前，仅为当事人内心意思的一部分。⑤ 此种观点应值赞同。

传统原因理论拒绝将远因（动机）加以考虑，认为只有近因才可被确定地加以识别而有法律上的意义；与此相对，动机因人而异，难以被辨别，同时意思自治原则亦要求当事人具有绝对创设法律关系的自由，而不问其创设法律行为的动机如何，对动机的探究与个人主义思想是背道而驰的。⑥ 及至20世纪60年代后，人们越来越发现，在法国，事实上传统的原因理论从来都没有被严格地遵循，其中一个重要的原因是，法庭从来都反对限制法官评价合同的自由。随着意思自治原则的衰落，合同本身不再被视为目的，并且越来越多的人认为，意志上的自由应以合法目的作为界限，例如建立姘居关系这类自由绝非契约自由的应有之义。因此，不同于传统理论将"原因"作为保护个人利益的工具，现代原因理论赋予"原因"以主观性，将作出表意行为的动机纳入法律的考量范围，原因也成为

---

① Planiol-Ripert, Band VI, von Esmein, Paris, 1952, 2. Aufl. Nr. 251, 转引自 Harm Peter Westermann, *Die Causa im Franz Sischen und Deutschen Zivilrecht*, Walter de Gruyter Co. Berlin 1967, S. 6。

② 冯洁语：《论原因理论在给付关系中的功能——以德国民法学说为蓝本》，《法学论坛》2014年第3期。

③ 秦立崴：《〈法国民法典〉合同制度改革之争》，《环球法律评论》2011年第2期。

④ 徐涤宇：《法国法系原因理论的形成、发展及其意义》，《环球法律评论》2004年冬季号。

⑤ 徐涤宇：《法国法系原因理论的形成、发展及其意义》，《环球法律评论》2004年冬季号。

⑥ 尹田：《法国现代合同法》，法律出版社2009年版，第152页。

保护社会利益的工具。① 因而，现代原因理论学者对于法典第 1131 条的"原因"的解读应当是"存在"且"合法"的。"存在"指的是客观原因，用于考察一方当事人负担的债务是否具有正当性；而"合法"指的是作为主观原因的"决定性动机"是否合乎法律、公序良俗的要求，即对于社会是否正当。②

2. 返还诉原因

对于返还诉问题，《法国民法典》未规定一般的不当得利条款，仅规定了非债清偿的返还诉（第 1376—1381 条）与无因管理返还诉（第 1375 条），以及一些散见于财产法的不当得利救济措施。法国民法典这样的规定也是受多马和波蒂埃两位学者的影响。特别是波蒂埃，他将罗马法返还诉的内容移入了合同的部分，来构建和论证合同之原因。但这些规定不能涵盖所有的不当得利类型，引发了司法实践中一些需要返还诉进行救济但无法找到依据的司法适用问题。

为解决以上规定之弊端，法国民法的判例与学说对于不当得利的发展与研究从未停歇，"不当得利如地下暗河，滋润着具体的法律规则，并以此彰显自己之存在，然从来不见天日"③。作为法国私法史中关于不当得利制度的里程碑，1892 年的 Boudier 案创设了一般的不当得利（enrichissement sans cause）规则，赋予原告一般的不当得利返还诉权。④ 在本案之后，法国法院通过两个方面对一般的不当得利诉权进行限制，其中之一就是对原因方面的限制。⑤

而对于这里法律上"原因"或者说法律上的正当理由的理解则存有争议。不少法国学者认为，无原因得利中"原因"应为"债的发生根据"之

---

① 尹田：《法国现代合同法》，法律出版社 2009 年版，第 188 页；李永军：《论私法合同中意志的物化性——一个被我国立法、学理与司法忽视的决定合同生效的因》，《政法论坛》2003 年第 5 期。

② 李世刚：《法国〈合同法改革草案〉解析》，《比较法研究》2014 年第 3 期。

③ G. Ripert, La Régle Morale Dans Les Obligations Civiles , 4th ed. (Paris, 1949) p. 246.

④ 刘言浩：《法国不当得利法的历史与变革》，《东方法学》2011 年第 4 期。

⑤ 刘言浩：《法国不当得利法的历史与变革》，《东方法学》2011 年第 4 期。

同义语，而非原因理论中的所谓客观原因或主观原因。①

(三) 法国债法现代化改革对原因理论的冲击

1. 改革背景与过程简介

进入21世纪后，人们注意到已经颁行两百余年的《法国民法典》中的规范颇为保守、过时，而在这期间通过的诸多法律文件过于分散、繁杂，出于整理现有法律文件、与比较法接轨、制度更新的需要，法国立法者开始了法典的现代化工作，希望借此实现逻辑的清晰、语言的通俗和制度的现代化。②

自2003年启动债法改革开始，到2016年2月10日《关于合同法、债法一般规则与证明的改革法令》③（以下简称"法令"）颁布，13年的时间里形成了三部改革草案。④ 经过十余年的准备与争论，法国债法改革取得了实质性成果。在传统维护与制度创新的博弈间，法典债法部分被全面修订，发生了"颠覆性"的变化。⑤ 而这其中，原因理论也是此番改革的重点与难点，也是改革过程中争议极多的地方，成为法国合同法改革推进缓慢的重要因素⑥。

---

① 徐涤宇：《原因理论研究——关于合同（法律行为）效力正当性的一种说明模式》，中国政法大学出版社2005年版，第156—157页。

② 李世刚：《法国合同法改革——三部草案的比较研究》，法律出版社2014年版，第8—9页；李世刚：《变革中的法国合同法的基本原则及其启示》，《南阳师范学院学报》2014年第1期。

③ L'ordonnance n°2016-131 du 10 février 2016 portant réforme du droit des contrats, du régime général et de la preuve des obligations a été publié ce matin au Journal Officiel, https://www.legifrance.gouv.fr/eli/ordonnance/2016/2/10/JUSC1522466R/jo/texte. 转引自李世刚《中国债编体系构建中若干基础关系的协调——从法国重构债法体系的经验观察》，《法学研究》2016年第5期。

④ 三部草案分别是2005年9月提交司法部的《债法（民法典第1101条到第1386条）与时效制度（民法典第2234条到第2281条）改革草案》（简称"卡塔拉草案"）、2008年11月完成并提交的"泰雷草案"、司法部于2008年12月完成的"司法部草案"。

⑤ 李世刚：《〈法国民法责任改革法草案〉解析与启示》，《交大法学》2017年第2期。

⑥ 李世刚：《法国〈合同法改革草案〉解析》，《比较法研究》2014年第3期。

2. 有关原因理论的改革

（1）关于合同"原因"

①卡塔拉草案的改革方案

开始于 2003 年 2 月、2005 年 9 月完成的《债法与时效制度改革草案》（以下简称"卡塔拉草案"），由巴黎第二大学的皮埃尔·卡特拉（Pierre Catala）主持，它被认为是维护传统的典范，其在债法的很多改革是采取温和的态度，改动不多，也以尊重传统为风格。无论是体例编排、具体制度还是法条编号、语言文字似乎均在维系着《法国民法典》的既有风格和传统。[①] 卡塔拉草案包括了对合同、不法行为和不当得利等核心内容的修改，之后的草案也是在卡塔拉草案合同部分的基础上完成的。

在关于合同"原因"的改革方面，"卡塔拉草案"坚持传统的风格，采用十几个条文专门规定了"原因"，草案继续沿用了"原因"这一概念，整体构建上是对法国既有判例的整理和延续。与此同时，根据草案起草者的见解，"原因"与客体、合意具有密切的关系，但又与后两者有着不同的内涵和外延，故在"原因"之外还规定了"客体"，两者置于平行的地位，再分别就这两方面应满足的条件提出了要求。

支持者认为，如同善意一般，"原因"是一种"保护措施"，防止处于强势地位者滥用法律或经济优势霸凌较弱的一方，强加给后者会带来严重损害的合同。法国法上的原因理论的消失将带来最为不公的、最具损害的结果。[②] "'原因'这个智慧而平衡的概念，立法者可以采用，与其将过去判例和学者所构建的成果抛弃，不如将其丰富和发展。"在对原因作一般性定义后，草案针对各种具体情况（如返还之债、对第三人的对价、射幸合同、赠与与遗赠、非法性）进行规定，这种分割，体现了"原因"概念的不确定性。根据该草案，"任何与原因的真实性不一致的条款，视为没有写就"（第 1125 条第 2 款），如果原因是缺失的或

[①] 李世刚：《法国合同法改革——三部草案的比较研究》，法律出版社 2014 年版，第 17 页。

[②] 李世刚：《法国合同法改革——三部草案的比较研究》，法律出版社 2014 年版，第 214 页。

虚假的，那么受保护的一方当事人有权请求合同无效（第1129-1条第3款）；而如果原因是非法的，即至少有一方当事人以违反公共秩序、善良风俗或强制性规定之目的订立合同，则是绝对无效的（第1126条）。草案规定，对原因实际状况的评价应当是合同订立之时，即作为合同的有效要件，只限于合同的订立，排斥合同的履行阶段，后者的平衡问题交由其他途径解决。①

②泰雷草案的改革方案

《合同法改革建议案》于2008年11月完成并提交。与"卡塔拉草案"不同，"泰雷草案"的体例几乎颠覆和背离了《法国民法典》的既有风格，语言也更为简洁和现代，乍一看似乎是整个欧洲合同法范本的法文译本。②

"泰雷草案"的特点是努力调和法国传统法与各大范本之间的关系，它放弃了很多的法国法传统，在合同原因方面，基于"原因"界定困难、欧洲和国际层面的范本都没有规定"原因"等理由，"泰雷草案"删除了之前《法国民法典》中的"原因"要求，不再进行规定与体现，对于过去合同"原因"制度的功能交由其他制度替代。首先，对主观原因功能的替代，"泰雷草案"使用"合同目的"合法性来代替主观原因概念及其功能，并且还应在合同目的之外考察"合同内容"的合法性，"合同内容"在内容上是包含"合同客体"的，因此对"合同内容"的考察也即一并对"合同客体"的合法性进行考察。③

在对原因客观功能的替代上，"泰雷草案"起草小组认为，（1）在双务合同中，对待给付不存在，可以直接判定合同无效，不必传导到原因概念使合同无效；（2）对于微不足道的给付，属于缺少严肃价格的情形，应属"认识错误"，可以通过合意的瑕疵来加以解决；（3）在无偿合同中，如赠与合同，将"赠与的意图"当成原因毫无意义。真正值得观察的是赠

---

① 李世刚：《法国合同法改革——三部草案的比较研究》，法律出版社2014年版，第215页。

② 李世刚：《法国合同法改革——三部草案的比较研究》，法律出版社2014年版，第21页。

③ D. Houtcieff, Le Contenu Du Contrat, in Pour Une Réforme Du Droit Des Contrats, Dalloz, 2009, p. 215.

第一章　原因理论在大陆法系中的历史发展及其成因

与人的主观动机，这属于合同目的是否合法化的问题。①

上述删除"原因"制度并使用其他制度进行替代的做法令人感到新奇，也自然饱受争议。如有法国学者将"泰雷草案"贴上"亲欧洲"标签，等于抛弃"历史的外墙"，让《法国民法典》成为《欧洲合同法原则》或者某个国家民法典的法文译本，这将有悖于改革者所追求和期待的增加法国民法在世界范围内影响力的立法初衷。② 并且，从功能上，原因制度也是不能被删除的，杜纳福（Tournafond）即认为，以简化法律为借口取消"原因"，就如同以此为借口取消合同诚信一样不足取。事实上，一部现代化的法律更需要既具有普遍性又具有技术性的概念，"原因"就具有理解无限的各种法律问题的能力和防止滥用的能力。

③司法部草案的改革方案

在"泰雷草案"起草的过程中，司法部又同时进行着另一草案的起草，形成了我们所谓的"司法部草案"，按照司法部的说法，该草案"以众多学术资源尤其是'卡特拉草案'和'泰雷草案'为基础，并用法国民法传统的基本原则来'灌溉'，同时还借鉴了合同协调法、统一法的国际范本和欧洲范本以及比较法经验"。它在体例上维持了《法国民法典》第3卷的传统，与"卡塔拉草案"类似；但在具体的合同法一些规则设计上则更偏于欧洲化，因而又与"泰雷草案"更为接近。③ 法国政府于2016年2月10日颁布的《关于合同法、债法一般规则与证明的改革法令》④，其内容基本上与司法部草案一致，并已生效实施，这也是官方最终采纳的改革

---

① D. Houtcieff, *Le Contenu Du Contrat in Pour Une Réforme Du Droit Des Contrats*, Dalloz, 2009, pp. 210-211.
② 李世刚：《法国合同法改革——三部草案的比较研究》，法律出版社 2014 年版，第 10 页。
③ 李世刚：《法国合同法改革——三部草案的比较研究》，法律出版社 2014 年版，第 23 页。
④ L'ordonnance n°2016-131 du 10 février 2016 portant réforme du droit des contrats, du régime général et de la preuve des obligations a été publié ce matin au Journal Officiel, https://www.legifrance.gouv.fr/eli/ordonnance/2016/2/10/JUSC1522466R/jo/texte. 转引自李世刚《中国债编体系构建中若干基础关系的协调——从法国重构债法体系的经验观察》，《法学研究》2016 年第 5 期。

方案。

在"司法部草案"中,"原因"的概念让位于"利益"的表述,用"合同利益"这一概念替代"原因"概念。"草案"第85条规定"每一方当事人应当拥有使其债务约束具有正当性的合同利益"。"草案"制定者目的似乎非常明确,即放弃欧洲大陆诸国没有的"原因"概念,用一个比较法上通用的"利益"概念进行替代,以寻求欧洲各国法律上的最大公约数。[1] 也即是说,"司法部草案"采取与"卡塔拉草案"一样的做法,即保留"原因"制度,而非用其他机制予以替代,但采用"利益"的表述来取代之前的"原因"概念以求吸引欧洲和其他地区的伙伴。

(2) 关于不当得利"原因"

关于不当得利方面的修改,"卡塔拉草案"的做法是增加了一般不当得利条款的规定,作为无因管理、非债清偿返还诉的补充性规定。源自罗马法无因返还诉的无因得利制度作为不当得利一般条款得以重新规定。草案中采用了"无正当原因得利"的学说来对不当得利一般条款进行构建,于是将合同法与包括不当得利在内的准合同法统一于法律上的"原因"之下,突出了"原因"核心要素的功能与作用,反映了法国债法逻辑上的自洽与一致性。[2]

"司法部草案"、《关于合同法、债法一般规则与证明的改革法令》沿袭了"卡塔拉草案"的规定,并在沿用法国传统债法合同、不法行为与准合同三分法划分的基础上使用了"准合同"的概念,用以规范无权利而受利益的情形,作为无因管理、非债清偿和不当得利的上位概念。这也是法国债法改动比较大的地方。

债法改革后的《法国民法典》完善了非债清偿制度,将学说中已经类型化的三种非债清偿进一步予以明确。根据清偿者的错误认识是否是非债

---

[1] 参见法国司法部起草的《合同法改革草案》及其说明,第4页,见 http://www.Lexinter.net/ACTUA-LITE/projet_ de_ reforme_ du_ droit_ des_ contrats.htm。

[2] 刘言浩:《法国不当得利法的历史与变革》,《东方法学》2011年第4期。

清偿返还的构成要件，非债清偿被区分为绝对客观型、相对型两种。① 而对于"非债"的理解限定为当事人之间的清偿没有法律上的原因（cause）。在此，学界一般认为"无法律上原因"也即不存在一般的民事债，也不存在自然债。② 另外，在传统理论中给付时存在法律上原因、但该原因嗣后消灭③这类不属非债清偿调整的情形，也在新法典中予以明确。也就是说，在新法中，非债清偿的适用领域得到了扩张，不仅包括无原因之给付，而且扩及于原因嗣后消灭的情况（后者在传统法国理论中是不包括的）。

新债法还在非债清偿之外，规定了一般性的不当得利规则。并没有因为一般不当得利之规定而放弃对非债清偿的规定，这是因为两者在构成是不同的。法国人认为如果用统一的不当得利概念来吸纳非债清偿，将人为地掩盖两者间的差异，带来理论研究和法律适用上的诸多问题。④ 在狭义不当得利的构成要件上，最主要的而是要核查一方当事人获得利益没有法律上的原因。依据法国司法实践的经验，下列情况被认为属于所谓的"有原因"：第一，利益变动来源于法律的直接规定；第二，对司法裁判的履行导致的利益变动；第三，获得利益者与受损人之间存在合同关系。⑤

3. 笔者观点

新债法之所以将无因管理与非债清偿、狭义不当得利放在一起，是因为三者制度目的是统一的，都是建立在"无原因"基础上，将"无原因"

---

① "绝对非债清偿"是指清偿之"非债"或曰"无因"是客观的、绝对的。清偿人没有债务，受领人也无债权。"相对非债清偿"是指的确存在债的关系，但或者接收者不是债权人，或者清偿人不是债务人，包括两种：（1）"不完全相对非债清偿"乃清偿人向其债权人以外的人履行了自己的债务；（2）"完全相对非债清偿"是错误清偿他人债务的情形，即清偿人并不是某一债权债务关系的当事人，却错误地向该关系中的真实债权人清偿了债务。参见李世刚《法国新债法准合同规范研究》，《比较法研究》2016年第6期。

② 李世刚：《法国新债法准合同规范研究》，《比较法研究》2016年第6期。

③ 如合同被宣告无效或被有溯及力地解除。

④ 李世刚：《法国新债法准合同规范研究》，《比较法研究》2016年第6期；李贝：《法国债法改革对我国民法典制定的启示意义》，《交大法学》2017年第2期。

⑤ 具体论述参见李世刚《法国新债法准合同规范研究》，《比较法研究》2016年第6期。

的利益破坏回复到平衡状态，三者构成准契约制度。新债法将合同法与准合同法统一于法律上之"原因"的概念下。在合同法中虽然不再使用原因概念，但其采用的"利益"概念本质上与之前"原因"概念并无差异，走的都是一种通过类型化和体系化的方法，使其具有可操作性与实践性的道路，而不是采取如"泰雷草案"那样删除与功能替代的方法。这都说明了"原因"制度在法国民法中的深厚底蕴。

在合同部分，采用"利益"概念实现"原因"概念在司法实践中的功能，虽然采用各国都有的"利益"表述可以更好地实现与欧洲各国法律的接轨，但其弊端也是明显的："利益"这个词也是一个内涵及其丰富的概念，利用它很难建立起一个稳定而有序的体系；此外，"利益"这一概念同样内涵十分模糊，同样会带来与"原因"概念相似的模糊性与难把握性，而且放弃"原因"在过去二百多年时间内积累下来的丰富理论素材与经验转而另起炉灶，也难谓明智之举。"利益"在古纽（Cornu）主编的、权威的法律词典中被定义为法律行为对于行为人而言的利益，[①] 从法律解释学上看，属于"目的性"的原因。这种"目的因"其实就是当事人订立合同的直接目的，也是合同为什么被赋予债的效力的理由。可以说这里的"利益"在学者们看来，扮演的还是"原因"的作用，扮演者回答当事人"为何负债"的功能与作用。正如原因理论所彰显的那样，单纯的同意并不能使合同效力的正当性获得圆满的说明，只有在当事人能言明其限制自己自由的合理理由时，法律才认可其选择，赋予其法律意义。[②]

在多马、波蒂埃眼中的"原因"是当事人负担义务所获得的一种"交换物"，国内学者也认为法国法上"原因"是"抽象而客观的对待给付"[③]。而这种解释只适用于双务合同和实践合同之外的单务合同，于无偿合同中无法适用，因此不能在所有的合同中确立"原因"的正统地位。这是该理论不容忽视的缺陷。实际上，该种解释放弃了中世纪以来"原因"

---

① Cf. G. Cornu (dir.), Vocabulaire juridique, V°Cause, PUF, 2007, p. 137.

② 徐涤宇：《法国法系原因理论的形成、发展及其意义》，《环球法律评论》2004年冬季号。

③ 秦立崴：《法国民法典合同制度改革之争》，《环球法律评论》2011年第2期。

的伦理意义，使其仅具有经济性。并且该种解释无法体现出其"目的性"的"原因"的特征。与上述学者相比，笔者比较赞同卡皮当的观点，即"原因"＝目的，目的是创设债的意思表示的构成部分，是债的本质要素，债无非是借以达到某一目的的方式。目的不同于动机，后者存在于意思合致之前，仅构成当事人一方之内心意思之一部。①

而关于准合同中的"原因"能否与合同中的客观原因作同一理解呢？有学者是持明显反对意见的，如徐涤宇认为，不当得利制度中的"原因"含义不同于原因理论中的"原因"。前者中的"原因"应指债的发生原因，即要么是法律行为，要么是法律事实，抑或是一切赋予获利或受损以正当性的合法处分或使用，②而非原因理论中的主观或客观原因。对此，笔者认为，此种见解不能本质上把握"无法律上原因"这一概念。对于准合同中的"原因"，不可一概而论，毕竟准合同包括三种类型的无原因得利类型。至少对于其中的因给付而发生的不当得利，应作如下解释：通过法律行为转移利益，必有目的，目的不达或不能实现则产生不当得利。即使合同无效、解除，给付也能够导致得利的发生，故不当得利与债的发生原因的关系是间接的，与此直接有关的，应是给付目的。关于此点，将在下一章具体阐述。

二 德国模式

(一) 法典中的原因理论及学说地位

从德国实证法上来看，我们仅能从不当得利制度中找到原因理论的影子。在合同制度中，不同于《法国民法典》，《德国民法典》没有在法律行为（或合同）部分正面规定"原因"，更没有将"原因"作为合同的生效要件。由于德国民法物权变动采取具有抽象性与无因性的物权行为理论，而物权变动的抽象性与无因性决定了法律行为不必再考虑一般性的法律行

---

① 徐涤宇：《法国法系原因理论的形成、发展及其意义》，《环球法律评论》2004年冬季号。

② 徐涤宇：《原因理论研究》，中国政法大学出版社2005年版，第156—157页。

为的"原因",故法典彻底放弃了对契约原因的要求。正是物权行为理论的存在决定了《德国民法典》不可能像《法国民法典》那样规定对法律行为原因的考察,从而使得所谓的无因契约成为了可能。

在所有权的变动方面,德国民法的物权行为理论将债权行为与物权行为相分离,使物权行为独立且无因于债权行为,后者的不成立、无效或者被撤销不影响前者之效力。意思表示合意与交付导致所有权的变动。交付,在德国民法中被视为一种物权契约,并将交付原因变为给付原因置于不当得利制度之中。为了满足物权行为理论的需要,在不当得利部分,罗马法中的交付三原因被改造为给付不当得利的给付原因,以决定是否用不当得利制度矫正物权行为导致的结果。① 最终,给付原因理论与返还诉结合在一起,形成了《德国民法典》中的原因理论模式。

不同于法国民法,《德国民法典》规定了完备的不当得利制度。尽管德国立法者试图按照罗马法上的原因理论制定《德国民法典》,但立法者并没有正面规定"原因",而是将其转化为不当得利的构成要件——"法律上之原因"(Rechtlicher Grund)规定于《德国民法典》中。其仅仅强调通过"原因"判定已赋予的法律效力是否符合正义的要求,在不当得利部分体现了"原因"的矫正功能。② 虽然物权行为理论不要求考察物权行为的"原因",但如果物权行为原因存在瑕疵,则需要不当得利制度对物权行为予以矫正。

给付行为,作为一种有目的的法律行为,且起支配作用的是心理上的目的律③(psychologische Zweckgesetz)。给付行为是事实因素(das reale Element)、意识因素(das kognitive Element)、意愿因素(das volitive)、法律

---

① 娄爱华:《大陆法系民法中原因理论的应用模式研究》,中国政法大学出版社2012年版,第14页。

② 娄爱华:《大陆法系民法中原因理论的应用模式研究》,中国政法大学出版社2012年版,第4页。

③ V. Jhering, Der Zweck im Recht, 4. Auflage, 1904, S. 1f. 转引自李永军、李伟平《论不法原因给付的制度构造》,《政治与法律》2016年第10期。

上的目的因素（das finale Element）四者的结合。[①] 其中目的因素是当事人为何给付、给付目标的反映，其载体即为给付行为之"原因"。尽管德国民法没有正面规定法律行为的"原因"，但通过学说发展出来的清偿原因、赠与原因、信用原因等类型也被内化为给付行为的"原因"，而反置于不当得利制度中去加以考察。故在德国法上"原因"被设计成当事人承担义务的近前的、典型的"目的"，它在同一类型之合同中，是相同的，也被称为"典型的交易目的"，与当事人之差别无涉。所以，德意志学理派与法国正统派一样，认为每一类合同只有一种原因，也只能有一种原因，即取得债权的原因、清偿原因或者赠与原因。[②]

德国法区分原因与动机。弗卢梅指出，人们应当严格区分基于法律行为所确定的给与原因和虽然促使行为人实施法律行为却不构成法律行为内容的动机这两种情形。"动机"属于"远因"，它不为法律行为本身所涵盖。[③] 尼佩代指出，我们将旨在引起给与的间接法律效果的意图称为给与的"原因"，它属于主观主义的原因概念，毫无助益，特别是它无助于理解抽象行为与无因行为。此外，就像纯粹的意图不会影响到法律行为的效果那样，它在任何情况下都不会对给与行为的法律效果产生任何影响。[④] 但是从近几十年的德国判例发展来看，动机也有被部分纳入"原因"范畴的趋势，这点与法国法的发展轨道是高度相似的，即从仅包含原因客观性的传统原因理论向兼具客观性与主观性的现代原因理论过度。对此，诸如尼佩代等德国学者认为，原因系指达到某项给付行为的法律效果的意图，即该给付行为的法律目的。由于达到某项目的同时是该给付行为的动机，

[①] 所谓事实因素就是通过某种行为产生获得权益的客观过程。包括在积极方面获得某项权利或者法律保护的利益，或在消极方面消灭债务、负担性物权等；意识因素，即认识到给与的所有外部有关情况；意愿因素即变动财产的意愿；法律上的目的因素即确定给付行为的目的。转引自赵文杰《给付概念和不当得利返还》，《政治与法律》2012年第6期。

[②] 沈达明、梁仁洁编著：《德意志法上的法律行为》，对外贸易交易出版社1992年版，第67页。

[③] ［德］维尔纳·弗卢梅：《法律行为论》，迟颖译，法律出版社2013年版，第185页。

[④] 转引自［德］维尔纳·弗卢梅《法律行为论》，迟颖译，法律出版社2013年版，第179页。

所以,"原因"也构成给付行为的法律基础。① 德国判例和学理一致认为,一项法律行为的违法性和无效可能归责于标的、内容,也可能归咎于当事人的动机、所追求的目的。②

由此,可以看出原因理论在《德国民法典》中是仅作为对已赋予的法律效力的矫正作用而存在的。罗马法中具有赋予功能的交付原因,被德国民法改造为具有矫正功能的给付原因。而不论是在法律行为还是所有权的变动规则上,均不体现为对效力的赋予功能。这是基于物权行为理论的存在而对罗马法原因理论作出必要改造的当然结果。

从上面的分析我们能看到,虽然立法中仅规定了不当得利的"原因"这一方面,没有体现出原因理论的效力赋予功能。但实际上原因理论在债法、物法中存在着广泛的解释余地。学者们没有因原因理论在抽象法律行为概念体系中不被重视而停止对其的关注,相反,学者对原因的研究兴趣并不亚于法国学者,甚至有学者断言"原因乃私法之基本支柱"③。温德沙伊德就曾使用"基础(Grund)"或"权利基础(Rechtgrund)"来表述"原因";恩斯特·伊曼纽尔·贝克尔(Ernst Immanuel Bekker)在其著作《当代潘德克吞法学体系》中为财产法构建了给与行为的概念,通过"原因"将给与行为区分为要因行为和抽象行为。

德国人抽象化地创造了法律行为的概念,构造了给与行为这一概念来代指使财产发生移转的法律行为,包括负担行为与处分行为在内,都受到原因理论的支配。在非财产行为乃至不发生"给与"的财产行为中,无须

---

① 沈达明、梁仁洁编著:《德意志法上的法律行为》,对外贸易交易出版社1992年版,第67页。

② 如德国联邦最高法院在1936年3月13日的一个判决中指出:"引起法律行为无效的违法性应以法律行为的全部特征加以衡量,并考虑到造成该法律行为的特色的一切情况,即法律行为的内容、当事人的动机、当事人所追求的目的等,以确定这一法律行为是否抵触有公正、正义感的人的感情。"参见沈达明、梁仁洁编著《德意志法上的法律行为》,对外贸易交易出版社1992年版,第67—68页。

③ Till Bremkamp, Causa: Der Zweck als Grundpfeiler des Privatrechts, Duncker & Humblot GmbH 2008. 转引自冯洁语《论原因理论在给付关系中的功能——以德国民法学说为蓝本》,《华东政法大学学报》2014年第3期;冯洁语《原因理论在债法中的双重构造》,《经济视角(下)》2013年第1期。

考虑原因。①

实践中,每一个交易都是交易双方基于特定的交易动因,根据特定情境之下的利益计算而进行的,即每一个给与行为都有其特定的目的。正是在这种意义上,这种目的便成为了法律行为的原因,也就是王泽鉴所说的"基于给付所欲追求的典型通常之交易目的"②。法律不同于生活,将所有的法律行为与原因进行捆绑是不现实的,于是有了要因行为与不要因行为之分。前者以其原因作为该法律行为的要件,当原因不存在时,法律行为也归于无效或不成立;后者也有原因,只是其原因瑕疵不影响法律行为的效力。③ 在原因瑕疵时,借助不当得利制度来对行为欠缺正当性说明给以纠正。"德国学理上的原因理论,更多的是用来为法律行为体系之内部构成上的正当性问题提供一种解释模式,它在法律行为和其他相关制度之间构成一个意义脉络,从而具有一种体系说明的价值。"④

总之,由于法律行为的概念已超越债,它所说明的给与使财产利益由给与人移转至受领人这一变化具有正当性,不仅体现在债法领域,而且也体现在物权变动领域。原因的概念支撑着每一个具有财产性后果的法律行为(给与法律行为),每一个涉及财产的给与的意思表示后面一定能找到一个原因。⑤ 并且,原因理论事实上在潘德克吞法学体系中已因法律行为的体系化、抽象化而变得错综复杂。⑥

(二)"原因"之德国法模式的成因分析

1. 合同原因在立法上的式微及其缘由

(1) 意志因素的上升导致合同原因理论的式微

现代合同法诸多理念受自然法影响深远。自然法学主张"只有人在能

---

① 徐涤宇:《原因理论研究》,中国政法大学出版社2005年版,第202页。
② 王泽鉴:《民法学说与判例研究》(第1册),北京大学出版社2009年版,第116页。
③ 李富成:《无因性法理及其体系》,载孙宪忠主编《制定科学的民法典:中德民法典立法研讨会文集》(第21卷),法律出版社2003年版,第122—123页。
④ 徐涤宇:《原因理论研究》,中国政法大学出版社2005年版,第197页。
⑤ [德]卡尔·拉伦茨:《德国民法通论》(下册),王晓晔等译,法律出版社2013年版,第445—446页。
⑥ 徐涤宇:《原因理论研究》,中国政法大学出版社2005年版,第196页。

将其认识转化为愿望并进一步转化为行为时,人才是自由的;只有在某人将其自由置于活动之中时,其行为的后果才可归之于他"①。但自然法上的合同效力基础不是当事人的合意,而是当事人的允诺(promissio)。② 在自然法模式下,一方的允诺被对方当事人接受,合同始能成立。在格劳修斯看来,合同的允诺本质上与所有权的移转没有什么差别,都是将利益转移于他人,因此两者都需要利益受领方对此利益移转表达同意的意向,以使其不会因不可预知的合同而招致损害。③ 允诺模式下的合同需要原因,并且原因是赋予允诺拘束力的要素。法国民法典债法部分的两位贡献最大的学者——多马、波蒂埃均受格劳修斯允诺理论的影响,这也反映到《法国民法典》第1108条、第1131—1133条的被类型化的"原因"立法之中:在双务合同中是交换目的,在单务合同中是慷慨目的。

在18世纪之前的自然法中,允诺是合同法上最为重要的概念。至18世纪末期,历史法学派与潘德克顿法学体系逐渐登上历史舞台,他们主张用"意思表示(declaratio voluntatis)"理论取代"允诺合同"模式,加之受康德意志哲学的影响,"意志"成为合同等法律行为的基础。合同被视为意思表示的互换,④ 由是形成所谓的合同成立的"合意模式",并为潘德克顿法学体系所采纳,成为德国法的标志性特征。

在合意模式下,"合意"被作为合同效力的基础而处于突出重要的地位,原因理论的伦理价值被淡化,以至于原因理论变得不再重要,⑤ 合意(consensus)完全从原因理论中解放出来,原因不再成为合同生效的一个要件。原因理论就此在德国法系的有关合同的立法实践中完全失去了阵

---

① 徐涤宇:《原因理论研究》,中国政法大学出版社2005年版,第174页。
② Vgl. Fanz Wieacker, Die Vertragliche Obligation, in: FS Hans Wenzel, 1974, p. 16.
③ HKK/Thier, §311 I, 2003, Rn. 19. 转引自冯洁语《论原因理论在合同效力中的功能》,《华东政法大学学报》2016年第2期。
④ 徐涤宇:《原因理论研究》,中国政法大学出版社2005年版,第175页;徐涤宇:《法律行为概念的缘起及其精神气质》,《南京大学法律评论》2004年第2期;徐涤宇:《合同概念的历史变迁及其解释》,《法学研究》2004年第2期。
⑤ See Reinhard Zimmermann, *The Law of Obligations: Roman Foundations of the Civilian Tradition*, p. 567. 转引自徐涤宇《法律行为概念的缘起及其精神气质》,《南京大学法律评论》2004年第2期。

地，因而原因作为术语和观念都已从合同的定义中消失。作为德国立法继受者的瑞士、我国台湾地区也都没有将合法的原因作为合同生效要件。"原因"在合意模式下被隐藏了起来，成为当事人合意的一部分，不再单独存在。①

19 世纪后期，社会条件的变化使得"法律秩序"被人们重视起来，强调公共利益的保护，这就使得"意志"的绝对至上性受到"挑战"，"意志"的地位在秩序与公共利益保护的要求下不再是至高无上，对法律行为的要求也不再仅局限于形式伦理性，实质伦理又被人们再度"想起"和强调，② 这为用原因理论再次解释合同效力根源提供了契机。

（2）合同法其他制度对合同"原因"的替代

在合意模式下，合同部分不再规定一般性的原因，而是通过其他制度来替代原因制度功能，通过其他方式实现了法国法上通过原因理论所解决的问题。

首先，在法国法上，原因理论通常用来判断当事人意思是否真实，而在德国法上，意思表示的法律拘束意思（Rechtsbindungswille）被用来解决这一问题。③ 借助客观的标准，对当事人是否有受到法律拘束的意思来加以判断。在大多数情况下，两种方式基本可以得出同样的判断结果，但在适用范围方面，法律拘束意思的适用范围远窄于法国法上欠缺原因导致合同无效的范围，④ 因而难以真正实现原因理论在确定当事人意思是否具有真实性的功用。

其次，在法国法上，原因的合意决定着合同是否成立以及合同的类型。德国法上是通过意思表示的构成要素来解决这一问题的：在有因合同中，类似"原因"的东西存在于当事人合意中，是意思表示的必备要素。只要合同成立，就可推知这种类似"原因"的东西消极存在而不必积极证明。无因行为中，原因被人为地从法律行为中剔除，不再作为合同要素而

---

① Vgl. B. Schmidlin, Die beiden Vertragsmodelle des europäischen Zivilrechts, in: Hsg. Reinhard Zimmermann, Rechtsgeschichte und Privatrechtsdogmatik, 1999, p. 197.
② 徐涤宇：《原因理论研究》，中国政法大学出版社 2005 年版，第 193 页。
③ 冯洁语：《论原因理论在合同效力中的功能》，《华东政法大学学报》2016 年第 2 期。
④ 冯洁语：《论原因理论在合同效力中的功能》，《华东政法大学学报》2016 年第 2 期。

再次，在原因的不法性调控方面，《德国民法典》第137、138条规定的合同因违法或背俗无效，实际上替代了《法国民法典》第1131、1133条规定的合同因原因不法而无效。①

最后，在法国法上原因错误方面，德国法有完备的意思表示错误制度与之对应。《德国民法典》规定了通谋虚伪表示与动机错误来对应法国法上的"原因错误"制度，但关于动机错误的适用范围，虽然学说和实务认为诸如性质错误等对于交易至关重要的动机错误可产生撤销权，但关于动机错误的适用范围总体上还缺乏定论，实践中引发了很大的问题，似乎也不如原因理论那样确定、灵活。

2. 物权行为理论对原因理论发展的影响

（1）物权行为理论的形成及其抽象性质

除合意模式的兴起使合同原因理论变得无足轻重这一原因外，德国民法合同制度之所以与罗马法的原貌、法国法的延续发生截然不同的改变，还与物权行为理论的产生改变了法律行为正当性的论证结构有关。

同样受自然法的影响，在历史法学派产生之前，德国法在所有权变动方面，与合同对原因的要求一样，贯彻的是一种有因的所有权变动理论，即物权变动的"名义加形式"理论②。在德国普通法学者格鲁克（C. F. Gluck）看来，一方要取得标的物的所有权，除作为事实行为的占有移转交付外，还需要有先期存在的"正当原因"。而后者，按照格鲁克的理解，即买卖契约等债权债务关系。格鲁克构建的理论已经对债权和物权作了明显的区分，这也反映了当时法学家的普遍认识。这与法国法体系不区分债权与物权、不区分物权变动与债权变动根据的做法已经有了巨大的

---

① Vgl. F. Ranieri, Europäisches Obligationsrecht, Springer, Aufl. 3, 2009, p. 1174 ff.
② 格鲁克认为，"要想通过交付而取得某物的所有权，以让与标的物为目的的债权（obligatio）需要先期存在……所谓交付，是所有人或保有让与权利的人，依债权债务关系而把物的占有移转给我的事实，称为取得方式、取得行为或取得形态。只有实施了该交付，受让人才能取得所意欲取得的物权。基于权源而享有债权，只不过被赋予了可以请求义务履行交付的'人的权利'"。参见［日］海老原明夫《19世纪德国普通法学的物权转移理论》，第6页，转引自陈华彬《物权法研究》，香港金桥文化出版有限公司2001年版，第107页。

第一章 原因理论在大陆法系中的历史发展及其成因

差别。①

及至历史法学派时期,作为物权行为理论的先驱——胡果,在其《日耳曼的普通法》(1805)一书中首创了法律行为概念,并认为罗马法上已经有了关于债法和物法的区分,故债权请求权自然也就与所有权变动无关。他认为"名义加形式"的模式必须纠正,这一模式中的"名义"应当是"转移所有权的意图",而非买卖等法律事实。② 转让所有权的意图是独立于在先的法律行为的单独意思表示,它可能存在于先前的债权行为中,也可能自己构成一个法律行为,并构成了自然之债。③ 但胡果尚未将这一"变动所有权的意图(合意)"抽象为物权合同或物权合意。

萨维尼在胡果研究的基础上进一步发展了法律行为理论,并将其进一步精细化地构建了法律行为的内部框架。在基于法律行为的所有权变动方面,萨维尼最初也受到格鲁克"名义加形式"理论的影响,后来他通过路人向乞丐施舍金钱的例子,发现了独立的物权契约即转移所有权的合意,始走到了"名义加形式"理论的对立面。④

在批判"名义加形式"理论的基础上,萨维尼提出了自己关于正当原因的理解——物权合同理论。在此,萨维尼把交付的原因解释为所有权转移的合意。在他看来,"名义加形式"理论的"先期的债权契约"不是交付的正当原因,促使所有权转移的意思是始终蕴含于作为物权契约的交付

---

① 孙宪忠:《中国物权法总论》,法律出版社2003年版,第263页。
② [德]霍尔斯特·海因里希·雅科布斯:《十九世纪德国民法科学与立法》,王娜译,法律出版社2003年版,第184页。
③ 娄爱华:《大陆法系民法中原因理论的应用模式研究》,中国政法大学出版社2012年版,第116页。
④ 萨维尼是这样理解物权转移的:"某人给乞丐一枚金币时,从何处能找到其正当的原因呢?这里存在的只是唯一的事实,即金币的交付,此处再无其他的事实。在这里无论契约还是别的其他东西都是没有先于交付的行为而存在的……受赠人即乞丐成为金币的所有人,在于赠与人的意图,而不是别的什么原因。因而我们称之为正当的原因的,是打算依交付而移转金币的所有权的所有人的意图……交付,就其性质而言,是一个真正的契约。正当的原因,不折不扣地指这个契约。但它不是债权契约,而是物权契约,即物权法上的契约。"参见 Wilhelm Felgentraeger, Friedrich Carl V. Savigny, Einfluß auf die Libereignungslehre, Luckai. TH. 1927, p.31. 转引自陈华彬《物权法研究》,香港金桥文化出版有限公司2001年版,第109页。参见张康林《物权行为无因性理论研究》,中国政法大学出版社2009年版,第39页。

中的。由于现实情况下仅依照交付行为本身，常常不能判明所有权的转移情况，故"先期的债权契约"只不过是用来判定内蕴于交付中的当事人意思的"资料"。① 此外，萨维尼在《当代罗马法体系》第 3 卷中论述了关于错误不影响交付效力的见解。其认为基础行为错误属于动机错误，不影响物权行为的效力。② 上述萨维尼的思想直接反映到《德国民法典》之中，《德国民法典立法理由书》是这样批判"名义加形式"所有权取得方式的："……如果立法不想冒险遮掩法律关系的本质并因此而危及交易安全，立法就应将其废止。"③

言归正题，萨维尼的功绩是将交付改造成一项合同，"每一项交付本质上都说一项真正的合同，正当原因正是这种合同的表达"④。就此，萨维尼提出交付是一个真正的契约，并提出物权行为理论，认为物权行为是意思表示决定法律效果这一理念在物权法领域的延伸。这与萨维尼对私法自治理念的贯彻是密不可分的。在萨维尼生活的年代，德国法中已经有成熟的物权与债权的区分理论，萨维尼受康德的自由意志的影响，通过对交付——物权契约的制度设计，将意思表示理论延伸到物权法领域，从而使意思自治原则真正贯彻整个私法领域。

对于抽象物权行为理论的产生缘由，学者持有不同的观点。有学者认为，物权行为无因性，是德国民法肯定物权行为独立性后的必然逻辑结论。⑤ 亦有人认为，抽象物权行为理论是立法者基于交易安全等价值判断作出的选择。雅各布斯认为，萨维尼是对罗马法各种请求之诉，尤其是其中的非债清偿的请求给付之诉的解读中，才"发现"了抽象的物权行为理

---

① 参见张康林《物权行为无因性理论研究》，中国政法大学出版社 2009 年版，第 39—40 页。
② 张康林：《物权行为无因性理论研究》，中国政法大学出版社 2009 年版，第 43 页。
③ 《德国民法典立法理由书》第 6 页。
④ Felgentareger (Fn. 55), S. 34.
⑤ 参见陈华彬《物权法研究》，香港金桥文化出版有限公司 2001 年版，第 109 页；田士永《物权行为理论研究——以中国法和德国法中所有权变动的比较为中心》，中国政法大学出版社 2002 年版，第 334—335 页。

论①……而不是物权行为理论的逻辑结论。至于学者们所争论保护交易安全等价值的考量，都是后世学者根据其见解进行分析的结果。②

（2）抽象性物权行为理论影响下的原因理论

在萨维尼构建的无因行为理论中，债权行为与物权行为被严格区分，并将物权行为原因自物权行为抽离而使之成为抽象行为。物权行为的效力不受债权行为及其内涵的原因的影响。所谓"无因"或"抽象"，是指此类法律行为的合法成立，不依赖于其权源或原因，后者非前者之构成要件。③ 的确，就所有权的移转而言，如果绝对要求需要交付的债权债务关系及其原因，则将有悖于生活实际。但将"原因"抽离，并非"原因"不存在，只不过是无因行为不以此种"原因"为要素，"原因"不影响行为的效力。正如法国学者卡皮当（Captiant）指出的那样，当事人实施法律行为皆以某种可能的、合法的原因的实现为其目的，故所有法律行为都是有原因的。在无因行为中，也存在原因，只是原因独立于其构成要件，行为效力也不因原因不存在而受到影响，只是在无原因时，得产生债法上的不当得利请求权。④

德国民法学者根据对意思表示构成要素的划分，区分法律行为中的给与合意以及给与原因合意，前者是关于给与行为本身法律效果的合意，决定法律行为发生债法效果还是物权法效果，是有因行为与无因行为均有的构成要素；而原因合意则决定给与行为产生的在原因方面的法律效果：是取得效果、清偿效果还是赠与效果。⑤ 在有因行为中，两者皆是作为法律行为的要素与构成要件存在的，不可或缺；而在无因行为中，由于私法自

---

① ［德］霍尔斯特·海因里希·雅科布斯：《十九世纪德国民法科学与立法》，王娜译，法律出版社 2003 年版，第 195 页。

② 徐涤宇：《原因理论研究》，中国政法大学出版社 2005 年版，第 260 页。

③ ［日］原島重義：《"無因性"概念の系譜研究について——"無因性"概念の研究その一》，载《九州大学三十周年纪念论文集》，第 454 页。转引自陈华彬《罗马法的 traditio、stipulatio 与私法上无因性概念的形成》，《中国法学》2009 年第 5 期。

④ 陈自强：《无因债权契约论》，中国政法大学出版社 2002 年版，第 2 页。从这点上分析，"不要因"的表述方式较之于"无因"的表述方式更为妥当。

⑤ 田士永：《物权行为理论研究——以中国法和德国法中所有权变动的比较为中心》，中国政法大学出版社 2002 年版，第 297—298 页。

治理念的贯彻与法技术操作的考虑,仅将给与合意作为不可或缺的要素与构成要件,将"原因合意"从无因行为中剥离,不作为无因行为的构成要件,游离于无因行为之外并为其提供权利变动的正当性说明。原因达成合意并实现的,给与是正当的,受益人有权保有给付;若原因合意未达成或嗣后未实现,则给与是无"正当原因"的、是"不当"的,给付人可依照不当得利进行追索。

换言之,有因性行为中"原因"所承载之财产变动公平性问题的解释,在无因行为理论下交给不当得利制度加以解决。而原因理论下的取得原因、赠与原因、清偿原因等类型化原因被内化为不当得利制度中的"法律上的原因"①。也就是说,不同于要因说不区分债法意思表示与物法意思表示的做法,抽象说要求转移标的物所有权须有独立的物权合意,交付中当事人所有权转让与取得的意思表示一致,尊重该意思表示,发生所有权转让。至于交付转让所有权的结果是否正当,抽象说通过不当得利制度予以解决:即取得标的物的所有权之人缺乏保有取得利益的正当性,应予返还标的物所有权。"由于原因不影响抽象行为效力,因此,原因合意应有的效力,不能在抽象行为本身获得说明,而只能在其他方面表现出来。不当得利制度恰恰能够表现出原因合意的效力:给与是否有目的并且该目的是否已经达到或实现?从而,抽象行为中给与正当性通过不当得利制度获得说明;原因瑕疵通过不当得利制度予以救济,法律关于不当得利规定'乃是抽象给与制度的必要补充'。"②

不当得利制度是对得利后事实状况的评价,而非对导致得利的行为的

---

① 日本学者原岛重义对此有精到的论述,他讲道,"在德国法中无因性概念扎根下来的同时,从请求给付之诉(condictio)的各种个别的、具体的制度,形成了近代法中不当得利的一般概念,易言之,它相当于'拥有所有物返还之诉(rei vindicatio)的人就不享有给付请求之诉权'这一原则下的德国法上的理论整合阶段;同时,这也意味着规定无因性概念的内容本身,该概念理论层面的后面,总包含着基于不当得利而产生的对抗性"。参见[日]原岛重義《"無因性"概念の系楽譜研究について——"無因性"概念の研究その一》,载《九州大学三十周年纪念论文集》,第474—475页。转引自陈华彬《罗马法的traditio、stipulatio与私法上无因性概念的形成》,《中国法学》2009年第5期。

② 田士永:《物权行为理论研究——以中国法和德国法中所有权变动的比较为中心》,中国政法大学出版社2002年版,第306页。

评价。不当得利非统一说学者认为，某人向他人为给付①时，乃有意识地具有某种特定目的（清偿原因、赠与原因、与信原因），如果该目的（合意）不达或受挫，则给付欠缺法律基础②，给付人可受不当得利制度追索。给付应有目的因素，于是不当得利制度与"原因"产生了联系。给付目的就是给付原因。给付原因说明了给付人减损自己的财产利益与受益人获益的正当性。欠缺"原因"支撑的给付，是欠缺给付正当性说明的给付，是"不当"的给付。德国学理上还对不当得利原因学说发展出诸多理论，较为典型的如主观给付原因与客观给付原因二元理论。③ 在给付不当得利返还依据方面，学说上也出现了以给付目的为返还依据的学说，与以原因关系作为返还依据的法律关系说形成分庭抗礼之势。④

因此，在德国抽象性法律行为理论的影响下，"原因"溢出无因行为的构成要件，成为无因行为意思表示之外的、用以说明给与正当性的制度。无因行为本身不需要"原因"提供效力发生的正当性说明，而使"原因"用以说明给与效果正当性的说明，否则就要引发不当得利的追索。也可以这样说，不当得利的返还，是对给与行为本身缺乏原因的反面说明或者救济，不当得利实际上也起着证明缺乏客观原因的作用。也正是因为抽象行为在德国法上占据着半壁江山，且"原因"也不是抽象行为的构成要件，决定了立法者不能在总则部分对一般性的法律行为的"原因"进行证

---

① 通常情况下是给与行为，不当得利的给付还包括一些事实行为，在此仅讨论给与行为下的给付，事实性的给付不在本书的讨论范围之内。

② See Reinhard Zimmermann, The Law of Obligations: Roman Foundations of the Civilian Tradition, p. 889.

③ 其中主观原因是从给与人与受领人的主观目的角度进行的分析，乃是指一种给付目的的合意；而客观给与原因则是从主观目的客观实现的角度进行分析，乃给付目的的合意是否达到或实现，进而说明保有该得利是否正当。参见田士永《物权行为理论研究——以中国法和德国法中所有权变动的比较为中心》，中国政法大学出版社2002年版，第284—285页。

④ 在这一问题上，德国学说分为两大阵营，一派以原因关系为返还依据，代表学者及作品有：Stephan Lorenz, in Staudinger BGB, 15. Auflage, 2007 § 812 Rn. 41 ff.; Wendehorst, in BeckOK BGB, § 812 Rn. 182, 201ff. 另一派以给付目的为返还依据，代表学者及作品有：Reuter/Martinek, Ungerechtfertigte Bereicherung, 1983, Mohr Siebeck, S. 109ff.; Schnauder, Grundfragen zur Leistungskondiktion bei Drittbeziehungen, 1981, S. 124ff. 转引自赵文杰《给付不当得利返还之客观原因说批判——以德国的理论与实践为借鉴》，《私法研究》第18卷，2016年第2期。

明规定，一来容易造成抽象行为溢出法律行为的一般规定而独立存在，与潘德克顿法学体系化的要求不符。而不当得利中的"原因"不涉及这一问题，因而可以直接予以规定，于是就呈现了前述立法上与学说上截然不同的原因理论体系。

三 意大利模式

（一）原因理论在意大利民法中的应用模式

现行1942年《意大利民法典》所规定的原因理论兼顾"原因"的赋予功能与矫正功能。既强调通过"原因"判定是否赋予法律行为以法律效力，也强调通过"原因"判定所赋予的法律效力是否得当，在合同及无因得利部分均规定了"原因"。

在契约的构成要件部分，法典第1325条将原因与当事人的合意一并规定为契约的构成要件；[①] 第1343规定了"不法原因"，即"违反强行规范、公共秩序或善良风俗"；第1344条将规避法律的契约视为具有不法原因。此外，第1345条还规定了不法动机，规定双方具有共同的不法动机时，契约无效。同样，在契约的无效一节也重申了契约"原因"对契约效力的影响，如第1418条第2款规定："第1325条所示要件之一的欠缺、原因的不法、关于第1345条所示场合的动机的不法，即关于第1346条所规定的要件的标的欠缺，构成契约的无效"，明确了"原因"的缺失、"原因"的不法、动机的不法皆构成导致契约无效的事由。通过上述规定，《意大利民法典》在合同部分首先规定了"原因"作为契约的构成要件，但"原因"的缺失却不是导致合同不成立，而是合同无效；"原因"、（共同性的）动机不法均使合同无效，均凸显了"原因"对合同的效力赋予功能。

在物权变动方面，《意大利民法典》承继了《法国民法典》债权意思主义的物权变动模式，当事人的债权合意导致所有权移转，独立于买卖合同的物权行为与交付/登记都是不需要的。

---

① 参见《意大利民法典》，费安玲、丁玫译，中国政法大学出版社1997年版，第358页；陈国柱《意大利民法典》，中国人民大学出版社2010年版。

第一章 原因理论在大陆法系中的历史发展及其成因

在原因的矫正功能方面，1942年《意大利民法典》改变了旧法典不规定一般不当得利的做法，[①] 在第四卷"债"之下一并规定了无因管理、非债清偿、不当得利（第六编到第八编），并且将无因管理回复了其本来的面目，即"管理人必须有为本人利益的目的"（第2028条），使得无因管理不再扮演着承载一般不当得利价值的角色。在体例上，虽然法典规定了一般的不当得利，但法典将非债清偿等具体的"返还诉"（《意大利民法典》第2033—2040条）置于一般的不当得利（第2041条）之前，使得其后规定的"一般的无因得利"只是对各种具体返还诉的补充，只有在非债清偿等具体的返还诉类型不敷适用的情况下，才可适用一般性的不当得利。即意大利模式的无因得利一般条款是不同于德国民法中不当得利一般条款的，后者对非债清偿、不法原因给付等特殊不当得利情形具有概括性，有"提取公因式"的作用，非债清偿等具体的不当得利是一般条款的具体化；而意大利模式中的一般不当得利仅是非债清偿等特殊情形适用上的补充。从这点来说，《意大利民法典》的此种对一般不当得利条款的定性与《法国民法典》的做法是一致的，将不当得利作为对具体返还诉的辅助性、补充性手段。

（二）意大利模式原因理论的解读与成因

前文已述，对一国原因理论模式的选择探究离不开对于法典构造具有决定性影响的立法者、学者思想、观念的探究。学者按照自己的理解，对罗马法进行了不同解读，构造出本国的原因理论。而根据意大利学者的普遍观点，将"原因"要素植入意大利民法典中，产生今天我们所看到的原因理论模式，主要是受法典编委会的成员贝蒂（Betti）个人观念的影响，

[①] 1865年《意大利民法典》是模仿拿破仑民法典而制定的。故并未规定一般的不当得利诉权，而只是规定了两种特殊的不当得利：无因管理和各种返还诉，如非债清偿、目的不达的返还财产之诉、不法或不道德原因的给付等。与法国民法学界的做法一样，新《意大利民法典》颁布之前的司法实务是通过对无因管理的扩大解释，实现对不当得利的受损人的保护。即只要损害他人而得利，即可适用扩大的无因管理之诉。故而此时的无因管理不是我们今天意义上的无因管理，前者不以"为本人利益之目的"为要件。参见刘言浩《不当得利法的形成与展开》，博士学位论文，复旦大学，2011年。

法典中的原因理论是其法律行为原因理论的具体化。①

首先，在合同原因方面，在贝蒂看来，无论是罗马法还是现代法，私人自治都不是脱离人的社会性完成自我证成，私人自治总是要受限的。历史上都不存在绝对的意思自治，仅凭合意解决一切问题是不可能的。这一点亘古不变。② 私人自治应必定应受到限制，法秩序的要求是对其一贯的限制因素。③ "私人自治"之所以是可行的，在于"私人自治"是受到法秩序认可的，"原因"是法秩序评判私人自治的重要工具。具有合法原因的合同，法律才赋予其效力；无原因、有原因、原因不法分别对应法秩序对合同的不予理睬、肯定、否定三种评价，并据此决定法律行为的效力。④

在贝蒂看来，对于无原因、有原因、原因不法的判断，存有特定的先后顺序，即首先认定是否有原因不法的情形，其次认定有无原因的问题。而对于原因有无的问题，应区分有名合同和无名合同两类，对于前者法律应一般推定其存在，而对于后者，则需要具体地加以判断。上述这一思想直接反映在《意大利民法典》第1322条中。

总结一下，即贝蒂从"私人自治必定受限"出发，说明了"原因"在合同乃至法律行为中是不可或缺的。反映了其既想用其原因理论解决现代法问题，又想用其理论解释罗马法的用意，因为不论现代还是古代，这一命题显然都是适用的。⑤

其次，在物权变动方面，贝蒂认为萨维尼的物权行为理论扭曲了罗马法的原貌，古罗马法中所有权的转移应该是交付加就"正当原因"达成的

---

① Cfr. Santoro, Raimondo, "La causa delle convenzioni atipiche", Vacca, Letizia. Causa e controatto nella prospettiva storico-comparatistica, Torino: G. Gippichelli, 1997, p. 129. 转引自娄爱华《大陆法系民法中原因理论的应用模式研究》，中国政法大学出版社2012年版，第120页。

② 娄爱华：《大陆法系民法中原因理论的应用模式研究》，中国政法大学出版社2012年版，第120页。

③ Cfr. Novissimo Digesto Italiano, *A Cura Di Antonio Azaria-Ernesto Eula*, Torino: Unione Tipografico, 1957, p. 33.

④ 娄爱华：《大陆法系民法中原因理论的应用模式研究》，中国政法大学出版社2012年版，第121页。

⑤ 娄爱华：《大陆法系民法中原因理论的应用模式研究》，中国政法大学出版社2012年版，第121页。

协议，正当原因包括买卖、赠与、清偿、设立嫁资等具体情形，而并非是物权行为理论所倡导的"交付"加"就转移所有权达成的主观合意"。[1]换言之，贝蒂认为在罗马法中转移所有权的合意加上交付并不足以转移所有权，必须附加其他条件，即法秩序对法律行为的评价。只有交付这一法律行为符合法秩序的要求，具备"原因"，才能产生转移所有权的法律效果。此处的"原因"是在当事人交付时具有转移所有权的意图之外的、就之所以进行交付的正当原因达成的协议（accordo su iusta causa）[2]，法秩序基于这个协议才认可交付转移所有权的效力。可以说，在对罗马法历史的解读方面，贝蒂选择的是有因性的路径，忠实于罗马法要因性的要因模式，并对德国法的无因模式进行了批判。

在明确了历史上存在的物权变动模式后，贝蒂阐述了自己对物权变动理论的见解。他认为，罗马古典法上，交付是要因的，缺乏"原因"的所有权不发生变动。在论及交付的"原因"时，贝蒂再一次坚持罗马法文本，认为罗马人在谈论交付时，使用了"原因"这一术语，指称作为该法律行为内容的当事人的目的。而这"原因"存在于交付时就正当原因达成的协议（即交付目的的合意），而非先前的原因行为本身（特定法律行为本身）。交付的原因存在于交付时双方共同所持的目的之中。导致交付发生的债之关系，无论其效力如何，与交付转移所有权的效力并无关系。对于所有权的转移，仅有对交付目的达成的合意就够了，原因行为本身的效力只影响财产利益的最终分配，不影响所有权的转移。换言之，贝蒂认为交付的原因只可能存在于交付时当事人的意思表示之中，即使与在先的意思表示有关联，也区别于在先的意思表示。即贝蒂明确地区分了原因行为（基础行为）与交付的关系，也就区分了原因行为（基础行为）与交付的原因。

---

[1] Cfr. Betti, Emilio, "Sul Carattere Causale Della 'traditio' Classico", *Studi In Onore Di Salvatore Riccobono Nel XI Del Suo Insegnamento* (4), Aalen: Scientia Verlag, 1974, p. 123. 转引自娄爱华《大陆法系民法中原因理论的应用模式研究》，中国政法大学出版社2012年版，第8页。

[2] Cfr. Betti, Emilio, "Sul Carattere Causale Della 'traditio' Classico", *Studi In Onore Di Salvatore Riccobono Nel XI Del Suo Insegnamento* (4), Aalen: Scientia Verlag, 1974, p. 123.

那么，为何《意大利民法典》在采取要因的物权变动模式的同时，还要采取债权意思主义的物权变动模式？贝蒂给出了这样的解答：他认为，仅认为《意大利民法典》与《法国民法典》的所有权变动模式是一致的是对意大利民法的误解。《法国民法典》中，买卖作为债的发生依据，自合意达成时，所有权当然发生移转，正如萨科所说，物权变动是债权合同"法定"的结果。[1] 而根据对《意大利民法典》第1470条的解释，则明显要求转移所有权的意思，故此时的买卖显然是贝蒂所说的同时包含了设立债及转移物权的意思表示，所有权之所以转移也因此可以归因于当事人的意思表示而非"法定"。因而，可以认为，《意大利民法典》所界定的"买卖"与罗马法中的"买卖"是不同的，与《法国民法典》第1592条界定的"买卖"也是不同的，《意大利民法典》中的"买卖"更接近包含了合意买卖合同与交付的"大买卖"。[2] 由于买卖概念的不同，导致所有权转移的原理是不同的，《法国民法典》中的"买卖"也只考虑设定债的意思表示，所有权的转移是依"法定"；而《意大利民法典》中"买卖"兼具设立债与物权变动的意思表示，物权变动是依"意思表示"发生的。

根据上述解读，可以认为，尽管形式上《意大利民法典》与《法国民法典》就物权变动模式具有相通性，但两者的内在机理是不同的。意大利民法强调独立的物权变动的意思表示。而对于"交付"要件的不同规定亦可说明两者物权变动原理上的实质不同。

在《法国民法典》上，"交付"不具有物权变动上的法律意义，仅是物权变动后将占有发生转移的事实行为与义务。而从《意大利民法典》第1476条第2款的规定来看足以说明这一不同。该款规定："如果物的取得不立即发生合同的效力，则出卖人承担使买主取得物的所有权或其他权利的义务"，依上下文"物的取得"显然指交付，而"发生合同的效力"显然指转让所有权，所以该句假设了所有权一般是在交付时转移的。[3]

---

[1] Cfr. Sacco, Rodolfo. Il Contratto, Tomo Primo (3), Torino: Utet, 2007, p.782.
[2] 娄爱华：《大陆法系民法中原因理论的应用模式研究》，中国政法大学出版社2012年版，第126页。
[3] 娄爱华：《大陆法系民法中原因理论的应用模式研究》，中国政法大学出版社2012年版，第128页。

据此可以认为,《意大利民法典》相对于《法国民法典》而言,更加忠实于意思表示,意思表示不仅产生债。不同于《法国民法典》根据发生债的意思表示"依法"产生了所有权变动的效果,《意大利民法典》中的"买卖"确实包含了转移所有权的意思,所有权的变动是依转移所有权的意思发生的。

最后,在关于不当得利法的"原因"方面,《意大利民法典》在第四卷"债"之下一并规定了无因管理、非债清偿、一般性的不当得利。正如"卡塔拉草案"一样,《意大利民法典》将源自罗马法无因返还诉的无因得利制度作为一般条款进行了规定,并将无因管理回归到"为本人利益之目的"的本来面目。即一般的不当得利条款仅限于无因返还诉,而不包括罗马法中的出让利益目的未达的返还诉、不道德与不法原因的返还诉,在贝蒂看来,这其中所有权都没有发生改变,自然不存在返还的问题。基于交付的变动是要因的,只有交付时双方当事人就交付原因达成了一致,所有权才发生变动。先前的债权行为无效产生非债清偿返还诉。

贝蒂的观点与《德国民法典》类似,认为所有权的变动与债权行为无关,后者的无效仅导致非债清偿返还诉的产生。但不同于物权行为理论的是,后者仅需交付时双方当事人具有转移所有权的意图即可导致所有权移转,而贝蒂的观点是须交付时就正当原因达成的协议(即交付目的的合意,绝非先前的债权行为本身),交付因此才得以转移所有权。①

第三节 三种原因理论应用模式评析

一 三种原因理论应用模式产生的原因分析

上面部分我们探究了作为源头的罗马法上涉及契约原因、交付的原因、返还诉原因的三方面原因理论,并介绍、分析了大陆法上三种不同的原因模式。现行的大陆法上很多制度都能在罗马法上找到其历史起源与发展脉络,原因理论也不例外。结合上述分析,笔者认为,之所以出现上述

---

① 娄爱华:《大陆法系民法中原因理论的应用模式研究》,中国政法大学出版社 2012 年版,第 135 页。

三种不同的原因理论应用模式，主要有以下三方面的原因：

第一，在立法上，受到立法者对于罗马法原因理论的不同解读方式以及价值选择的影响，才形成了以下三种原因理论应用模式。每个人有其各自的价值偏好与选择判断，这本身是人文社会科学的一个主要特征，这就造成了即使在同一法系中、面对同一法律制度，学者也有不同的观点与各自对原因理论的应用模式解读。

第二，各国学者对于不同罗马法文本的选择，也是造成各国不同的解释结果与立法模式的另一个主要原因。罗马法素材为后世的法学家提供了多种不同的解释路径。学者们往往会选取与自己观点相近的罗马法素材来支持自己的观点，并反驳与己对立的观点。这点从罗马法上对于交付是要因还是无因的争论就可见一斑。罗马法上的所有权移转，的确存在体现要因性的文献片段，也存在大量支持不要因的历史文献，以萨维尼为代表的德国历史法学派选取罗马法无因性的片段加以分析论证，进而"发现"抽象行为理论；而意大利学者贝蒂则忠实于罗马法体现要因性的文本，最终在《意大利民法典》上确立了交付要因性的制度设计。

第三，学者、立法者对原因理论中"原因"的不同界定，也是造成"要因"还是"无因"、要不要规定"原因"，以及如何规定"原因"等争论的一个不可忽视的因素。何谓"原因"，至今仍然是民法学上一个亟待说明的难题。有学者认为《学说汇纂》和《优士丁尼法典》中"原因"指的是"进行给付的基础"；有学者认为是"当事人交易目的"[1]或"当事人为法律行为时追求的法律上的目的"；还有人认为系"法律认许成立债之原因"[2]；"对待给付"（如多马）等，不一而足。笔者认为，现代民法中的原因理论三模式，在某种程度上是围绕着法律行为的目的展开的，是对法律行为目的予以评判的结果。将其解释为"目的"更符合现代民法的特点，这也是各国民法普遍存在的概念，同时也能以此概念解释罗马法

---

[1] 陈朝璧：《罗马法原理》，台北商务印书馆1978年版；江平、米健：《罗马法基础》，中国政法大学出版社2004年版，第312页；曲可伸：《罗马法原理》，南开大学出版社1998年版，第314页。

[2] 丘汉平：《罗马法》，方正出版社2004年版，第320页；孙林、黄俊编译：《罗马法》，北平震东印书馆1932年版，第244页。

上的上述理论制度。

二 三种原因理论应用模式的优劣性分析

《法国民法典》要求合同必须具备"原因"要素，并且要求"原因"无错误、不法之情形。按照法国目前居于通说的二元原因理论，原因的客观方面可理解为"目的"（或称"近因"），原因的主观方面即"动机"（远因）。而客观原因扮演着更为重要的作用，是合同典型目的的表征，因此可以说法国法上原因理论是针对合同的目的展开的。由于法国法系未摆脱罗马法以来"债—契约"模式的影响，且多马和波蒂埃两大法学家均未关注交付的原因问题，同时把返还诉中的原因问题放在了合同原因领域予以讨论，故法典上仅以原因理论解释合意之债的效力根源。由于法律上不存在负担行为与处分行为的区分，因而也不存在有因与无因的争论，一切法律行为都要求具备"原因"。

德国法上，虽然立法仅在不当得利部分审查"原因"之有无，借以通过给付原因的概念审查私人自治行为是否具有正当性。但学理上"原因"极为活跃，在法律行为效力的正当性说明上极具学理价值。德国法系以体系化的法律行为制度超越了"债—合同"的模式，则其原因理论当然不限于解释合意之债的效力正当性问题，它甚至超越法律行为制度本身，对所有的财产利益变动予以关注。就法律行为而言，德国法系原因理论乃区分要因给与行为与无因给与行为，分别说明其效力的正当性。且原因理论、无因性原则、不当得利制度都是密切相关的。

《意大利民法典》的模式则源于贝蒂对于交付原因的研究，贝蒂还原了罗马古典法中交付原因的基本原理，但将这一原理扩大至对包括无名协议在内的所有法律行为的解释，同时部分保留了返还诉制度，"原因"制度兼具效力赋予功能与矫正功能。

根据以上分析，我们可以看到，"原因"自罗马法产生以来，不论立法上是否明确规定"原因"，也不论如何定位"交付"，原因理论一直扮演着为私人行为效力给予正当性说明的角色。这包括对合同效力正当性以及所有权移转效力正当性的说明。"原因"通过为义务的存在与财产减损的正当性提供说明与依据,同时也限制了意思自治,真正维护了"意思自治"的应有之义。发端于自然法学的意志决定论不可避免地具有先验的哲学印记,而事实证明它并非等于历史的真实情况。况且在今天我们习以为常的意志决定论恰恰缺乏对其效力根源的追问,忽略了对意志本身的正当性检验。而要完成这种追问和检验,则不可避免地要取道原因理论。无论是唯意志论占支配地位的19世纪法国民法,还是主张形式正义与实质正义并重的现代民法,法律行为能否被赋予法律效力、产生行为人所想要的法律效果则尚需符合法律的认可。仅有合意不能产生法律行为的效力,这在包括罗马法在内的所有大陆法均有所体现。"原因"即是对法律行为效力的正当性作出客观性说明,即我之所以对你承担财产性义务,我之所以通过交付转移了所有权,不是仅因为你我的合意,而是因为有物化的客观意志(即"原因")为法律行为的正当性提供理论支撑。"对一项法律制度的最好解释常常藏身于其历史而非其现在的运行之中。"[1] 罗马人正是通过非常具体的"原因"来控制私人之间的行为和交易,进而达到社会秩序的稳定。我们只有将作为制度起源的罗马法探求透彻,"根"扎的越深,我们现今的立法才能走得越远。恩格斯曾说:"罗马法是纯粹私有制占统治的社会的生产条件和冲突的十分经典性的法律表现,以致一切后来的立法都不能对它做任何实质性的修改。"[2] 虽然时隔久远,当下社会情况与古罗马大不相同,但是罗马私法调整商品经济关系的属性并没有改变,作为近现代立法的"母本",对罗马法的尊重与研究是每一个民法学者的基本要求。一直以来我们都注重对法条的移植而对理论的继受重视不足,这点在民法典的制定中需要引起足够的注意。

另外,尽管三大模式都是对法律行为目的的考察,但不同模式间的差异非常之大,可以说法国模式与意大利模式考察的是要因行为的目的,抽象行为仅在学理上作为法律行为的例外进行考察;而德国模式考察的是抽

---

[1] [德]伯恩哈德·格罗斯菲尔德:《比较法的力量和弱点》,孙世彦等译,清华大学出版社2002年版,第73页。

[2] [德]弗里德里希·冯·恩格斯:《论封建制度的瓦解和民族国家的产生》,载《马克思恩格斯文集》第4卷,人民出版社2009年版,第221页。

第一章　原因理论在大陆法系中的历史发展及其成因

象行为的目的,并且也没有规定要因行为的原因。[①] 而我们研究原因理论的目的,即是要解决如何在继受罗马法原因理论的基础上,并加以改造,使其与本国民法典、民法制度相配套的问题。选取适合我国国情与符合我国民法制度的原因理论应用模式,则绕不开对于法律行为有因性还是无因性模式的选择,与不当得利等制度定位的研究。到底是由于物权行为抽象性理论导致法律行为在逻辑上不可能规定"原因",还是立法者在价值判断上的有意为之;原因理论的制度构建在法技术与价值理念之间如何做到平衡;在选择恰当的原因理论应用模式下,如何实现其与法律行为制度(包括无效、双务性维持等)、履行行为理论、给付障碍制度、不当得利等制度的平衡与协调,这都需要加以研究。笔者将在下面的章节中一一探讨这些问题。

[①] 娄爱华:《大陆法系民法中原因理论的应用模式研究》,中国政法大学出版社 2012 年版,第 137—138 页。

第二章 原因理论在民法体系中的必要性与理论基础

第一节 原因理论与意思自治：弊端纠正与价值维护

一 私法自治原则与法律行为的效力根源

从根本上讲，私法以人与人之间的平等与自由意志为基础来规定个人之间的关系。民法是市民社会的一般私法，蕴含着个人自由的基本价值取向和对人格尊严予以尊重的基本精神。而这集中通过民法"意思自治"原则进行体现。

"私法自治"，也称"意思自治"，作为近现代民法的基石性的价值理念，民法的各项制度与原则都是围绕这一理念进行构建与展开。① 它为民

---

① 如詹森林指出："私法自治原则不仅是私法的重要基本原则，还被认为是派生其他私法原则的母体，成为近代私法领域至高无上的指导原理。"参见詹森林《民事法理与判例研究》，中国政法大学出版社2002年版，第5页。大陆学者也总结道："平等原则是私法自治原则的逻辑前提；公平原则是对私法自治原则的有益补充，调整当事人间的利益不平衡。诚实信用原则，将最低限度的道德要求上升为法律要求，以谋求个人利益与社会利益的和谐；公序良俗原则，包括公共秩序与善良风俗两项内容，对个人利益与国家利益以及个人利益与社会公共利益之间的矛盾与冲突发挥双重调整功能。诚实信用原则和公序良俗原则是对私法自治原则的必要限制，力图谋求不同民事主体之间自由的和谐共存。"于飞：《公序良俗原则研究——以基本原则的具体化为中心》，北京大学出版社2006年版，第89—95页。

第二章　原因理论在民法体系中的必要性与理论基础

事主体自由之实现提供了依据与保证。① 私法自治为民事主体划定了一个宽阔的行为范围，在这个范围内，当事人可以依照自己的意愿，去形成与他人间的法律关系。在这个原则的激励下，可以在最大程度上激发个人的积极性、主动性和创造性，可以极大地丰富社会生活的形式与内容，促进社会经济的发展。在欧洲，私法自治是宪法和法律中极为重要的价值观。在我国，宪法和法律没有明确规定私法自治，但在学理上和司法实践上均承认了私法自治。

私法自治符合民法的本性。民法以个人利益为目的和归宿，根据此要义，即要求民法应该尊重人们自己决定自己生活的意愿。只要当事人间的行为不违反法律，私法便应尊重当事人的自治行为，不得非法干预。梅迪库斯认为，自主决定还能高效地调节经济过程，"将劳动和资本配置到能产生最大效益的地方去"②。换句话说，"私法自治是自由竞争、发挥个人创造性和经济运作的最有效的手段"③。受近代康德意志自由理论的影响，近代民法产生了契约自由、所有权绝对、责任自负三大支柱性原则。所有权绝对原则是指所有权人可以依其意志行使所有权而不受他人的任何限制，这种行为上的自由本身也是私法自治原则内涵的一部分。另外，对于过失责任，法律认为"盖个人若已尽其注意，即得免负侵权责任，则自由不受束缚，聪明才智可予以发挥"④。

而契约（法律行为）自由作为私法自治最重要的内容和价值体现，强调自由意志是法律行为效力的基础，也即"意志决定论"。根据这一理论，通过人的意志可以在特定的主体间设定对彼此有拘束力的规范，当事人之意志是合同获得法律效力的唯一根据。⑤ 具言之，"意志决定论"下契约的

---

① 王轶：《民法价值判断问题的实体性论证规则——以中国民法学的学术实践为背景》，《中国社会科学》2004年第11期。
② 龙卫球：《民法总论》（第二版），中国法制出版社2002年版，第428页。王轶：《民法价值判断问题的实体性论证规则——以中国民法学的学术实践为背景》，《中国社会科学》2004年第11期。
③ 梅迪库斯：《德国民法总论》，法律出版社2004年版，第142—143页。
④ 王泽鉴：《民法学说与判例研究（二）》，中国政法大学出版社1998年版，第145页。
⑤ 李永军：《契约效力的来源及其正当化说明理论》，《比较法研究》1998年第3期。

效力来源于意志本身,反映在实证法上即《法国民法典》第1134条的规定。"它完全……剥离了契约效力的社会道德因素,使单纯的意志成为契约效力的根源。"①

二 "意志决定论"在法律行为效力赋予方面的局限性与弊端

(一)社会环境的变化动摇"意志决定论"的效力根基

受17世纪自然法学的影响而产生的"意志决定论",要求国家不得干涉个人依据自由意思成立的权利义务关系,仅在发生纠纷时,国家才可借助裁判机构进行裁决。这种绝对的合同自由,"配合了19世纪资本主义自由经济的发展"②。但"意志决定论"的有效展开离不开两个前提的存在:一是主体之间的平等性;二是所有的交易关系中当事人都是理性的,意志是自由的。但进入20世纪以来,随着经济的发展、垄断资本主义的形成,社会环境与之前相比发生了巨大的变化,"意志决定论"建立的前提条件开始动摇。一方面,一些处于垄断地位的大企业依仗其交易地位、交易能力上的优势逐步使契约成为了攫取不正当利益的工具,消费者作为弱势群体只能"忍气吞声、任其宰割";而劳动关系中也同样出现了劳动者与雇主的不平等、不自由的契约关系。契约的形式正义得到极大的破坏,实质上的不公屡见不鲜。合同自由反而成为了限制自由、出卖劳动力的"工具"。③ 在此背景下,以意思自治为基础的自由主义合同观念受到人们广泛的质疑,包括意志否定说在内的诸多观点应运而生。

而反映在实证法上,大陆法系各国纷纷通过对契约自由作出限制来实现契约的正义。如《瑞士民法典》第2条第1项、《德国民法典》第242

---

① 丁南:《从"自由意志"到"社会利益"——民法制度变迁的法哲学解读》,《法制与社会发展》2004年第2期。徐涤宇:《合同效力正当性的解释模式及其重建》,《法商研究》2005年第5期。

② 格兰特·吉尔莫:《契约的死亡》,曹士兵、姚建宗、吴巍译,载梁慧星主编《民商法论丛》第3卷,法律出版社1995年版。转引自王轶《民法价值判断问题的实体性论证规则——以中国民法学的学术实践为背景》,《中国社会科学》2004年第11期。

③ 朱岩:《强制缔约制度研究》,《清华法学》2011年第1期。

第二章　原因理论在民法体系中的必要性与理论基础

条等纷纷要求当事人依照"诚实信用"来行使合同权利与履行合同义务。依照这些规定,法院可以违反诚实信用原则而判决合同无效,尤其在交易条件"有悖于通常情况下公平参与交易的利益平衡"时。同时《德国民法典》第 138 条规定了合同得因违反善良风俗或暴利行为而无效;① 在此原则性规定之外还有一些纠正意思自治的例外规则,如依据第 343 条,法院可以对当事人约定的高额违约金进行纠正、废除。《法国民法典》则通过对契约形式的一些要求、附合合同、"强制契约"等制度来实现对契约自由的修正。② 目的都是保护契约的弱势一方,从而实现契约正义。而这些理论、制度的采用与发展,则进一步动摇了个人意志的至上形成力,如梅因就总结道:"19 世纪从身份到契约之公式,在 20 世纪却经历了一个从契约到身份、从个人意志的宣示到事实的社会状态的反向运动。"③

正如学者所言,"一部合同自由的历史,就是其如何受到限制,经由醇化,从而促进实践合同正义的记录"④。因此,民法发展到今天,私法自治已经不能在绝对意义上加以讨论、认识,民法上的自由也更不可能是不受限制的自由。通过诚实信用、公序良俗、格式合同、附合合同等原则和制度,为契约自由划定了合理的界限。私法不仅要实现自由,更要维护社会正义、保护弱者,后者在当下私法中也获得了与追求个人利益同等重要的地位。⑤

（二）"意志决定论"具有超越历史现实的先验性

正如有学者质疑的那样,"'意志决定论'作为近代自然法观念的产物,不可避免地烙上了先验哲学的印记。它停留于一种先验假设的层面,

---

① 《德国民法典》第 138 条规定:"如果契约有悖善良风俗或契约一方当事人利用另一方当事人的困境,没有经验或轻率大意,则所签订的契约无效。"
② 何勤华、魏琼主编:《西方民法史》,北京大学出版社 2006 年版,第 276—277 页。
③ [英] 亨利·梅因:《古代法》,沈景一译,商务印书馆 1995 年版,第 127 页。
④ 王轶:《民法价值判断问题的实体性论证规则——以中国民法学的学术实践为背景》,载王轶《民法原理与民法学方法》,法律出版社 2009 年版,第 51 页。
⑤ [德] 哈贝马斯:《在事实与规范之间》,童世骏译,生活·读书·新知三联书店 2003 年版,第 495—496 页。

其理性和先验的特性并不等于历史的真实性"①。而通过第一章的考察,我们可以发现,遵循契约效力完全的"意志决定论"的观点是值得商榷的,同时也是不全面的。

罗马法上没有发展出一般的契约理论,只是发展出相对典型的契约类型,包括口头契约、文字契约、实物契约、无名契约、合意契约等要式契约和非要式契约。罗马法区分"协议"与"契约",按照罗马法学家的见解,契约是将"债"附加到"协议"之上的产物。当一个"协议"还没有附带着"债"时,它就是空虚的"协议"。②而"债"在不同的契约类型中的体现形式是不同的。要式口约、文书契约的效力来源于形式,而非该形式体现的当事人合意或意志本身,是否存在原因上的瑕疵是法律不予考虑的。正如中世纪注释法学家阿库修斯所言,罗马法"同意"仅产生自然法债(不拥有诉权,仅产生抗辩);市民法上的"程式"(即特定的形式)才使它产生市民法债。③而后期产生的合意契约意味着当事人"意思"逐渐被纳入法律的考察范围,体现了罗马法对当事人契约交易合理诉求的尊重以及法律对人本关怀的进步。而此时虽然"合意"的重要性有所提升,但单纯的合意仍仅可产生自然法债,而要使协议产生市民法债(即诉权),则需要为其"穿衣"。④后世合同理论中的"原因",即为阿库修斯所说的"衣服"之一种。也就是说在罗马法中,要式契约的效力来源于特定类型的形式,而非要式契约则只有具备法律规定的"原因"才能产生债。

在所有权转移的效力方面也是一样。罗马法没有负担行为与物权行为之分,其买卖等契约也仅是设立债权的契约。权利转移并不是契约的效力,而是随后转让行为的效力。"交付"即是此种转让行为的承载与具体实现。通过第一章的考察,笔者的结论是,罗马法中的交付仅是占有转移

---

① 徐涤宇:《原因理论研究》,中国政法大学出版社2005年版,第1—5页。徐涤宇:《合同效力正当性的解释模式及其重建》,《法商研究》2005年第3期。

② [英] 亨利·梅因:《古代法》,沈景一译,商务印书馆1995年版,第182页。

③ Accursius, Gloss to Ⅰ.3.14 pr. To necessitate. 转引自徐涤宇《原因理论研究》,中国政法大学出版社2005年版,第68—69页。

④ See James Gordley, The Philosophical Origins of Modern Contract Doctrine, pp.42-44.

第二章　原因理论在民法体系中的必要性与理论基础

的方式，真正使得交付产生转移所有权的性质和功用的是交付与其"原因"产生的联系。只有具有正当原因的交付才能引起所有权的变动。[①] 此"正当原因"即就"为何交付和接受"达成的一致。故罗马法是通过对"原因"的要求来控制所有权移转的效果。

即使确立了抽象的物权行为理论的德国法上也是一样。德国民法区分负担行为与处分行为，确立了处分行为的无因性原则。但这里所说的无因性并不是说法律行为不需要原因、不存在原因，抽象或者无因性原则只是强调此种行为不以原因为要素。[②] 而"原因"在德国法上也需要为物权变动的正当性提供理论支撑。梅迪库斯指出，法律行为（包括处分行为）本身包括一项法律原因，否则就会受到不当得利之追究。[③] 换言之，原因在处分行为中主要负责说明给付行为所带来的财货变动的正当性。原因的概念支撑着每一个具有财产性后果的法律行为，每一个涉及给与的意思表示后面一定能够找到一个原因。[④] 如果处分行为中缺乏"原因"，将导致不当得利制度的启动。一言以蔽之，"原因"在德国法中被用来说明财产利益由一人转移至另一人的正当性问题。只不过德国法将"原因"内置于法律行为之中，在给与合意之外，需要对原因的合意达成一致。

在全面规定"原因"为法律行为生效要件的《法国民法典》《意大利民法典》则更不必说。尤其是《法国民法典》，虽然制定于意志自由滥觞的 19 世纪之初，但还是在意思自治之侧规定了"原因"作为法律行为（合同）效力来源的补充。所有这一切，都说明了意思从来都不是契约效力根源的一切。仅有合意不能产生法律行为的效力，这在包括罗马法在内的所有大陆法中均得到体现。而"原因"是一直存在的。自罗马法诞生以来，不论在立法上是否明确规定"原因"，也不论各国法如何定位"交付"，原因理论一直扮演着为私人行为效力给予正当性说明的角色。无论是唯意志论占支配地位的 19 世纪法国民法，还是主张形式正义与实质正义

[①] 刘家安：《交付的法律性质》，《法学研究》2004 年第 1 期。
[②] 转引自徐涤宇《原因理论研究》，中国政法大学出版社 2005 年版，第 217 页。
[③] [德] 迪特尔·梅迪库斯：《德国民法总论》，邵建东译，法律出版社 2000 年版，第 169—181 页。
[④] 徐涤宇：《原因理论研究》，中国政法大学出版社 2005 年版，第 196 页。

并重的现代民法,法律行为能否被赋予法律效力、产生行为人所想要的法律效果,则尚需符合法律的认可。而这在各国法律传统中都是通过包括"原因"、公序良俗在内的多项制度加以实现与说明。

笔者赞同徐涤宇对于"意志决定论"的评判——就"意志决定论"而言,其问题并非在于该学说本身的荒谬,它只不过是仅强调意志的至高无上性,而忽略了对意志本身的正当性检验。[1] "意志决定论"仅强调法律行为(合同)只要是建立在意思自由、自愿的基础上就是正当的、可被赋予效力的,而未对意志本身的正当性进行检视。应然的是,当事人的意思自治只有在其行为是理性选择的前提下才能被认可和维持,即需要对当事人作出法律行为的目的进行检验,以确保是其在非恣意、非冲动的情况下作出的。如此,才可赋予其作出的法律行为以效力。"原因"即对该行为的效力进行赋予并经以客观性说明,即我之所以对你承担财产性义务,我之所以通过交付转移了所有权,不是仅因为你我的合意,而是因为有物化的客观意志(即"原因")为法律行为的正当性提供理论支撑。

三 "原因"是意思自治理念的真正维护

(一)"意志决定论"在现代民法中的存废

以上我们分析了近现代民法上"意志决定论"在法律行为效力赋予的解释力上遭遇的困境与挑战,并且从历史的考察中发现了其在合同历史的发展中的非"至上性"。那么这是否就说明了"意志决定论"或意思自治即将退出民法的历史舞台、在法律行为效力的解释上丧失其解释力?"意志决定论"是病入膏肓抑或仅需要改良?[2]

围绕这一问题,现代法学理论产生了多种法律行为(合同)效力解释的理论,产生重大影响的,如"交易契约论"(bargain theory)、"信赖契

---

[1] 徐涤宇:《原因理论研究》,中国政法大学出版社2005年版,第11页。
[2] 徐涤宇:《合同效力正当性的解释模式及其重建》,《法商研究》2005年第3期。

约论"、"关系契约论"等,[①] 而这些学说也因其存在的种种缺陷,难以对契约效力的正当性依据给出有效且充分的解释。比如"交易契约论",它本身难以涵盖无偿允诺,不能对所有合同进行提供正当性依据,并且其约因适用规则不统一,也带来实践中个案的不公平。因而我们不得不回到我们意思自治的解释老路上。

笔者认为,达此这一目的的途径是需对仅具形式正义的意思自治进行必要的限制。我们可以也仅可对意思自治进行限制,而不可对其进行废弃。民法之所以是市民社会的基本法,也是由于意思自治原则的存在,这是民法之所以为民法的价值体现。如果离开了对意思自由的确认和保障,民法就丧失了其存在的正当性,[②] 甚至是薛军所言的"一个学术范式的终结"[③]。而对意思自治进行必要的限制,则可恢复和匡正自由原则的真实含义,以恢复其本来的价值和地位。[④]

我们对意思自治进行一定的限制,为的是将"意志说"的绝对支配地位进行适当的"降格",其在自由主义合同的效力根源的解释力依然有效。单纯凭借意志论,一方面难以对意志如何使法律行为效力产生的正当性进行解释,另一方面难以对那些不能给与法律行为生效效力的那部分自由意志给以说明。[⑤] 因此,有必要在意志论之外为法律行为效力的正当性找寻其他的伦理支撑。而对"意志论"进行必要限定、并对法律行为(合同)

[①] 关于上述学说的简介,参见陈融《探寻契约效力的哲理源泉——以民法法系"原因"理论为视角》,《华东师范大学学报》(哲学社会科学版) 2011 年第 1 期。

[②] 王轶:《民法价值判断问题的实体性论证规则——以中国民法学的学术实践为背景》,载《中国社会科学》2004 年第 11 期。

[③] 薛军:《民法的两种伦理正当性的模式——读徐涤宇〈原因理论研究〉》,《比较法研究》2007 年第 3 期。

[④] 李永军:《从契约自由原则的基础看其在现代合同法上的地位》,《比较法研究》2002 年第 4 期。在此文中,李永军进一步指出:"在今天强调契约的实质正义,并为实现这一正义而对已偏离自身轨迹的契约自由进行规制,就如古典契约理论创立契约自由原则的意义同样重要——古典契约理论强调契约自由是因信奉'契约即正义',而今天对滥用的契约自由进行规制也是为了实现正义。二者的方向和手段不同,但目的是一致的,这是深层的经济生活发生变化的结果。"

[⑤] See James Gordley, "Contract Law in the Aristotelian Tradition, in the Theory of Contract Law", *New Essays*, pp. 269-271. 转引自徐涤宇《原因理论研究》,中国政法大学出版社 2005 年版,第 298 页。

效力提供正当性解释的工具就是原因理论。正如徐涤宇指出的那样，意志说可以为合同或法律行为的效力提供主观正当性的解释；而依靠原因理论，我们才能为合同或法律行为的效力提供客观正当性的说明。[①] 客观的正当性说明，在李永军看来，即是"物化意志的交换"[②]。而"原因"即为合同或法律行为的效力提供客观正当性的说明，为法律行为提供了实质的价值伦理因素与支撑。负载交换正义和慷慨德性的原因理论，自然成为合同正义的最佳说明模式。[③]

另外，还需要指出的是，"原因"是自罗马法至今一直存在着的，而意思自治也自罗马法萌芽，并一直延续至今。我们可以认为，两者其实是一直并行存在至今的，只不过是由于不同历史时期的社会思潮的不同，可能两者在不同时期得到强调的程度不同，但被漠视的一方也从未消失过。[④] 比如在 19 世纪"意志"达到绝对支配地位时，"原因"似乎衰落了；而在现在的社会条件下，我们则需要"原因"的复苏与"意志"支配地位的下降与受限，以实现形式正义与实质正义的平衡。

（二）功能性的"原因"理论对"意志决定论"的补正

紧随而来的一个问题是，原因理论如何实现对"意志决定论"的限制与补正？我们有必要从原因理论的功能谈起。

法国法上原因有两种效果：创设义务和使义务的存续正当化。[⑤] 德国法上的原因理论，其实就已经和法国法的原因功能趋同，一方面在当事人意志合意因素之外考察目的的合意，同时强调该目的的客观性，并通过归纳出的信用原因、赠与原因、清偿原因等几种典型性原因，作为凸显法律行为或合同之必要特征的典型性目的，以求建立统一的语境与规

[①] 徐涤宇：《原因理论研究》，中国政法大学出版社 2005 年版，第 304 页。
[②] 参见李永军《合同法》（第三版）序，法律出版社 2010 年版，第 2 页。
[③] 徐涤宇：《原因理论研究》，中国政法大学出版社 2005 年版，第 304 页。
[④] 薛军：《民法的两种伦理正当性的模式——读徐涤宇〈原因理论研究〉》，《比较法研究》2007 年第 3 期。
[⑤] 冯洁语：《论原因理论在给付关系中的功能——以德国民法学说为蓝本》，《华东政法大学学报》2014 年第 3 期。

第二章　原因理论在民法体系中的必要性与理论基础

范基础。①

限制当事人恣意、践行并维护着意思自治，本身即是对个人利益的维护。如果不对法律行为的效力给以客观正当性的要求而使意志泛滥，则容易使得理论在实质层面上与现实生活发生断裂。诸如经营者、雇主、垄断财团等占据优势地位的可以随意将自己的意志通过"合法"的契约加以合法化，正义价值将无从实现。"原因"作为法律行为客观正当性的说明要件，将与诚实信用原则、禁止权利滥用原则、格式条款等原则和制度一道，从制度和理论多层面上维护真正的意思自治。笔者认为，民法典应该将"原因"作为法律行为尤其是合同的客观正当化说明要件，并且要像《法国民法典》那样明确作为法律行为的一个积极要件，而不应仅仅内化于价值体系中。至此，"原因"将成为除当事人的合意之外合同生效的另一个控制因素。"原因"作为意志论的客观的外在限制而存在，至此合同的结构应表现为"合同（财产性法律行为）＝合意+原因"。不论是明确将"原因"作为合同生效条件的法国、意大利民法，还是未规定"原因"作为合同生效条件、但学理上普遍认可合同"典型交易目的"的德国民法，都阐明了这样一种思想：私人行为欲成为民法上有效的法律行为，必须在自愿达成利益安排的基础上，同时这种利益安排是具有客观正当性的。②自愿达成利益安排，即是意思表示在近现代民法中扮演的价值与角色；而第二道关口——利益安排的正当性则是通过"原因"对法律行为效力是否产生进行判断，纠正那些草率的、未经谨慎考虑的决断。其实"原因"就是扮演着对当事人利益"兜底保护"的角色。③

从古至今意思都不是契约的一切。在当代民法中，为维护民法的根本属性，意志决定论仍应居主导地位。通过"原因"对其进行限制，实现意思自治的应有内涵。"原因"通过为义务的存在与财产减损的正当性提供

---

① 徐涤宇：《原因理论研究》，中国政法大学出版社2005年版，第231页。
② Cfr. U. Breccia, Causa, in Ⅱ contratto in generale, Tomo Ⅲ, Trattato di diritto privato diretto da M. Bessone, Torino, 1999, 40ss.
③ 徐涤宇：《原因理论研究》，中国政法大学出版社2005年版，第126页。转引自薛军《民法的两种伦理正当性的模式——读徐涤宇〈原因理论研究〉》，《比较法研究》2007年第3期。

说明与依据，同时也限制了意思自治，真正维护了"意思自治"的应有之义。原因由此成为正义观念介入私人之间法律关系、实现个案正义的重要通道。① 具体来说，作为负担行为（有因行为）构成要件的"原因"在为法律行为效力提供正当性说明的同时，还具体肩负着以下职能：

1. 合同订立（法律行为作出）的警示或谨慎功能

"原因"的警示或谨慎功能，是指原因理论作为缔结合同、作出法律行为的一道屏障与要件，要求当事人在订立合同、作出法律行为时应谨慎考虑，对当事人起到警示的作用。并且，"原因"的存在作为表明当事人已有谨慎考虑的外在信号，证明当事人的允诺或承诺是经过其仔细考虑的，并非出于一时的冲动或一种戏言。诺言需要遵守，但戏言法律并不要求必须信守。有时承诺人是因其粗心大意或轻率地，抑或是出于某种冲动而作出的，而这种承诺很明显会损及本人的利益，每个人都是潜在的此类承诺人，因此法律需要对其提供保护。区分一种允诺是经过深思熟虑的承诺还是一时的冲动或不认真的戏言，其根据只能是作出允诺时的特定情境。②

从此种功能上说，其与"形式"的作用是一致的。形式可以阻止不审慎的协议，从而对缔约双方当事人起到一种告诫的作用。在罗马法上，契约的履行全在于缔约双方内心的诚信，而令当事人信守诺言的强大力量是他们对神的畏惧。所以，在缔约时通过特定的形式向神起誓，通过许下违背誓言的惩罚后果来确保契约的履行。此后法律将缔约过程仪式化，由起先的祭酒仪式转变为要式口约，实际上是通过这种形式提醒承诺人，这是严肃的法律行为而不是游戏，敦促其三思而后行。在这种仪式下，当事人仍然不改变自己的决定，那么可以认定这种决定是允诺人慎重考虑的结果。③ 而在近现代，契约形式虽不如罗马法上那么重要，但人们依然相信，人的心理常常会受到周围环境的影响，而一个庄严的仪式会造成一种场景

---

① 沈建峰：《罗马法上的原因理论及其对近现代法的启示——无因理论的罗马法视角》，《比较法研究》2006 年第 4 期。
② 王华胜：《契约形成中的道德因素——以要物契约为线索》，法律出版社 2015 年版，第 45 页。
③ 王华胜：《契约形成中的道德因素——以要物契约为线索》，法律出版社 2015 年版，第 45 页。

效应，给参与者一种庄重感，在心理上产生一种强制力量，从而有利于契约的自觉履行。作为罗马法上"形式"的替代、补充因素而出现的"原因"，[1]也同此理。

2. 合同履行（法律行为实施）的引导功能

"原因"在合同履行（法律行为实施）的引导功能，是指通过"原因"来判断哪些协议是产生法律拘束力的、哪些应归于情谊行为等无拘束力行为，当事人应在何种情况下承担责任等，从而进一步指导当事人的行为。"原因"使合同发生强制履行之效力，可以敦促行为人谨慎为之，减少交易行为的瑕疵。[2]订约的原因与目的，还影响对合同是否履行的认定，关系到违约责任的分配与承担问题。[3]"原因"的存在给合同以法律效力，不具有"原因"的协议不是具有法律拘束力的合同，或者是情谊行为，或者仅产生自然之债，而无法获得法律的强制履行效力。因而"原因"带来的法律效果可以借助强制履行协调当事人的行动并进而实现私人目的。[4]可以说，合同"原因"为合同履行提供了指引。

3. 证据功能

证据功能的意思是，"原因"之存在，可作为双方当事人之间合同内容的客观证明。它是当事人与特定的其他人是否有意愿建立、得愿成立何种法律关系的主观意图的证明，它能于法院在决定哪些约定是当事人所意欲或成就者，或哪些约定只是出于戏言而无强制履行之意思，提供一可资

---

[1] 这一点从英美法系契约制度也可看出，如英国契约法长期以来只认可两种契约形式：盖印契约（Under Seal）和有约因的契约。盖印实际上就是一种形式要求，其目的便是告诫。所谓"约因"（consideration）其本意就是"考虑""审慎"之意。没有约因，也就是指没有经过允诺人的仔细考虑，或是出于一时的冲动，或一种戏言。对于这种冲动性的言语或戏言，普通法并不予以强制执行。表面上看约因契约放弃了形式上的要求，实际上只是改变了形式判断方式而已。转引自王华胜《契约形成中的道德因素——以要物契约为线索》，法律出版社2015年版，第46—47页。刘承韪：《英美法对价原则研究：解读英美合同法王国中的"理论与规则之王"》，法律出版社2006年版，第93页。

[2] 肖华杰：《原因理论和约因理论比较研究》，硕士学位论文，西南政法大学，2007年。刘承韪：《英美合同法中对价原则之功能分析》，《中外法学》2006年第5期。

[3] 韩伟、赵晓耕：《中国传统契约"原因条款"研究——兼与欧陆民法原因理论之比较》，《北方法学》2014年第6期。

[4] ［美］罗伯特·考特、托马斯·尤伦：《法和经济学》，张军等译，上海三联书店1994年版，第313页。

判断的依据。① 此外，在发生合同性质不明等纠纷时，作为典型交易目的的"原因"则可用来判定合同的类型与其内容，这一点在"虚伪行为"下真实意思表示的判断中尤为重要。

而该点也是罗马法"形式"的主要功能，故从此点上说，也进一步证明了"原因"与"形式"的相似性。在早期社会里，证人的证言是最可靠的证据形式，如要式买卖需要至少五个证人。当事人如果私下缔结契约被认为是极具风险的，一旦发生纠纷，则难以找到可靠的证据。为了加深见证人的印象，缔约时需要一个复杂的仪式。如在日耳曼习惯法中，转让土地时，双方当事人各自偕同其朋友或证人到达转让土地的现场，围绕着要转让的土地边界步行走一圈，最后出让者跳出该土地周围所设置的篱笆或者矮栅栏，以表示自己退让出土地。至此，土地交易才告结束。② 仪式加深了参加者的印象，从而起到更好的证据效果。

第二节 原因理论与法律正义：道德因素在法律行为中的不可或缺性

一 法律行为中道德因素的重要性：民法内在体系构建的需要

（一）民法的二重体系构造

作为一个内容庞大的部门法，怎样能使民法成为一个内容编排有序的而又不重复的成熟法律，则存在一个体系性的问题。体系化的形成与完善，一直是民法立法者与学者孜孜不倦的追求。根据康德的观点，"体系"即"依据原则所编排的知识的整体"③。按照通说见解，民法体系包括内在

---

① 刘承韪：《英美合同法中对价原则之功能分析》，《中外法学》2006年第5期。刘承韪：《英美法对价原则研究：解读英美合同法王国中的"理论与规则之王"》，法律出版社2006年版，第91页。

② [美]孟罗·斯密：《欧陆法律发达史》，姚梅镇译，中国政法大学出版社1999年版，第66页。

③ Immanuel Kant, Kritik der reinen Vernunft, 1. Aufl., 1781, S. 832; 2Aufl., 1787, p. 860, Metaphysische Anfangsgründe der Naturwissenschaft, 1. Aufl., 1786, Vorrede, S. IV, 转引自 Claus Wilhelm Canaris, System-denken und Systembegriff in der Jurisprudenz, S. 11, Fn. 3 und Fn. 4.

体系和外在体系，前者为反映民法内在论证关联的根本价值取向体系，实践法律原则及价值；① 而外在体系（ausseres System）则是一定法的概念、制度、规范为基础，根据一定的逻辑加以构建的体系，② 并以法律规范的形式展现在人们的面前，稳定性、可预期性是其主要特点。内在体系为外在体系提供价值引导，后者则是前者的载体。③

民法的外在体系，在近现代法主要是概念法学加以完成的。概念法学通过缜密的法律概念构造起具有逻辑自足性的外在体系，并通过法律概念进行法律判断与论证，通过逻辑涵摄获得判决结果。④

在内在体系方面，由于法律主要是解决现实生活中的利益冲突问题，以概念体系所构成的整个民法都是法律的一种价值表达，因此内在价值体系的支撑必不可缺。这种价值体系可以为外在体系的概念和规则提供共同的根基。但以概念法学为主导的近现代民法学者往往热衷于对法律规则的几何推论，而忽视价值体系的构建，这就难免造成了当下法律规则体系的矛盾冲突、不协调等问题。

(二) 内在价值体系的不可或缺性

不同于以习惯法为主、仅重视交易安全性的人类早期社会，近现代以来，社会生活的极大丰富带来各种前所未有的社会矛盾与纠纷，并需要法律给予回应。如何保障这些新的法律规范不逸出民法体系，使得它们自成一体，则是近现代法学研究的重要方面。完善的内在与外在体系可以帮助人们更好地把握法律，把握并修改法律的不足之处；在司法适用方面，可使法律工作者把握体系关联，从而可以正确地解释适用法律规范，避免价值判断的矛盾。而这一个重要前提，就是需要有明确且统一的利益与价值导向。拉伦茨同样重视民法内在体系的构建，在其法学方法论的研究中，其主张以具备一定整体直观性的"类型"作为辅助性的法律思维工具，以

---

① Karl Larenz, Methodenlehre der Rechtswissenschaft (5. Aufl. 1983), S. 420.
② 朱岩：《社会基础变迁与民法双重体系建构》，《中国社会科学》2010 年第 6 期。
③ 朱岩：《社会基础变迁与民法双重体系建构》，《中国社会科学》2010 年第 6 期。
④ 赵宾：《合同法的内在伦理价值》，《新乡学院学报》（社会科学版）2010 年第 4 期。

弥补抽象法律概念的不足,[①] 这被视为其对法律内在价值体系的构建与回归。富勒"合同损害赔偿中的信赖利益"一文更是掀起了民法学者对内在体系的研究热潮,构建民法内在统一的价值体系成为了民法的"显学"。

法必须受制于作为调整对象的生活关系的内在联系,尤其是建立在特定社会伦理价值取向和经济基础之上的民法,其规范必须反映核心的价值取向。[②] 以法的概念、规范与制度构建的外在体系仅是民法形式理性的集中体现,而内在体系避免了民法"形式法"的窠臼[③]。因此,民法的体系不仅是外在体系范畴的事情,更本质地取决于于其内在体系。面对不同历史时期不同的形式主义与实质正义、个人自由与社会安全与妥当性的不同程度均衡的需要,法的内在体系也将作出一定程度上的调整与变迁,而这也必将影响外在体系的调整。

在我国更需要强调民法内在价值的重要性。我国近现代民法继受于德国、法国等大陆法系民法制度、体系,相较于内在价值,外在体系的移植更为容易也更为直接;我国学者也往往仅注重外在体系的构建而忽略内在价值体系的支撑。但是,民法需要自身培育产生符合本国国情的以人文主义为基础的民法理念环境,这样的学习和移植才是成功的。[④] 而这方面,需要引起法学家的足够重视。

(三) 民法的内在体系需要道德因素的支撑

在近代民法,基于形式理性下主体的平等性与交易的互换性的逻辑前提的"不攻自破",形式平等不复存在,民法也由形式正义逐渐走向了实质正义下社会妥当性的追求。唯意志论之所以失去其绝对性的支配地位,即是因为其抽空了具体的契约伦理内容……失去了实质契约伦理的支撑。[⑤]

---

① 参见杨代雄《萨维尼法学方法论中的体系化方法》,《法制与社会发展》2006 年第 6 期。
② 朱岩:《社会基础变迁与民法双重体系建构》,《中国社会科学》2010 年第 6 期。
③ 朱岩:《社会基础变迁与民法双重体系建构》,《中国社会科学》2010 年第 6 期。
④ 余慧阳、郁琳:《文艺复兴与近代民法理念的孕育》,《中南大学学报》(社会科学版) 2006 年第 4 期。
⑤ 徐涤宇:《原因理论研究》,中国政法大学出版社 2005 年版,第 301 页。

而德国学者对原因理论的精心重构也表明，即使在迷信形式伦理、依靠纯粹逻辑操作的法律构成技术上，法律本身的正当性问题似乎也不能完全排除道德伦理因素的考虑。正如马克斯·韦伯在总结自然法的作用时所指出的那样，实证法本身需要一个道德基础，从而以其指导和约束法律的制定和实施，同时，实证法也需要一种价值理性来证明其正当性。[①] 法律作为一种价值规范，毕竟有其道德取向。当且仅当民法所体现的价值安排及伦理原则与人们的道德情感相吻合[②]时，民法才能发挥更大的作用。

二 "原因"作为法律行为的道德基础

（一）抽象法律行为制度道德伦理因素的缺失

在今天看来，道德因素之于民法体系如此重要，但发端于康德先验理性主义形式伦理学的近代民法对此却是缺失的。形式伦理学崇尚的是一种绝对理性的、纯粹形式的建构，它强调意志的自主性及其作为普遍价值创造者的角色。在以康德的形式伦理体系为指导的近现代私法体系中，意志成为支撑该体系的一般伦理命题，并将传统上具有德性品质的"原因"与道德割裂，丧失了其道德特质，[③] 将其改造为一种"交换物"而沦为法律构造技术上的概念。重视合同的形式伦理价值，相反中世纪以来建立起来的合同实质伦理价值变得不再重要。[④] 也正是因为古典契约法学者对德性理论的抛弃，才产生了吉尔莫在《契约的死亡》中指出的契约的死亡之类的问题。

而另一个契约不包含道德价值评价因素的时期是罗马法。罗马人没有探索普遍性规则的偏好，甚至也被认为抽象性能力不足。故罗马法上没有产生一般性的契约法理论，并且其契约观念主要停留在对事实的转述和总

[①] 徐涤宇：《原因理论研究》，中国政法大学出版社2005年版，第197页。
[②] 赵宾：《合同法的内在伦理价值》，《新乡学院学报》（社会科学版）2010年第4期。
[③] 徐涤宇：《合同效力正当性的解释模式及其重建》，《法商研究》2005年第3期；徐涤宇：《原因理论研究》，中国政法大学出版社2005年版，第294页。
[④] 徐涤宇：《原因理论研究》，中国政法大学出版社2005年版，第195页；傅强：《历史主义视角下合同效力正当性问题的理论脉络——评徐涤宇〈原因理论研究〉》，《云南大学学报》（法学版）2008年第6期。

结上，不包含道德价值的评价因素。① 罗马法契约的效力主要来自外在的形式与复杂的程序，既不来自当事人的合意也非来源于伦理价值。尽管存在"原因"，但这也仅是一个在罗马法上不具有道德伦理性的制度。真正为"原因"附加道德价值属性的，始自中世纪。

舍此之外，民法的法律行为中强调道德价值属性，而这种道德价值属性，则是靠"原因"进行承载的。

(二) 具有道德价值属性的"原因"

1. 理论基础：亚里士多德的德性理论与"原因"

(1) 亚里士多德的德性理论

真正赋予"原因"以道德伦理意义的，是中世纪的法学家们，而其所依据的则是亚里士多德的道德哲学。

根据亚里士多德的见解，一个事物"好"与"不好"取决于该事物对自身功能的发挥程度（1097b25）。将自身功能发挥得好的事物即为"好"的事物，反之则为"不好"的事物。"好"是和功能相关的，而不只是道德意义上的。与事物不同，人作为理性的存在，应以"德性"（virtue）作为一个人好与不好的判断标准。如果许诺涉及的是商品或服务，其目的就是要人们得到他们所需要的。为了达到这个目的，人们就必须对什么商品或服务能带来这种生活，作出正确的决定。这就实现了审慎的德性。②

那么何为"德性"呢？在亚里士多德看来，"德性"是关于人的感受和行为的中道，是处于过度和不及间的"中道"。③ 所谓"中道"，即"在正确的时间、正确的场合，对于正确的人，出于正确的原因，以正确的方式感受这些感情……"（1106b21-23）。此外，他还认为"我们会讨论正

---

① 何怀宏：《契约伦理与社会正义》，中国人民大学出版社1993年版，第38页。
② [美] James Gordley：《亚里士多德学派的合同法》，载 [加] Peter Benson 主编《合同法理论》，易继明译，北京大学出版社2004年版，第295页。
③ 苗力田：《亚里士多德选集（伦理学卷）》，中国人民大学出版社1999年版，第39—40页。转引自陈融《探寻契约效力的哲学源泉——以民法法系"原因"理论为视角》，《华东师范大学学报》（哲学社会科学版）2011年第1期。陈融《合同效力基础的伦理解释——以托马斯·阿奎那的道德法哲学为核心》，《政法论丛》2012年第3期。

义，因为它不是一个简单的观念。我们会区分其各种类，并说明为何它们每一个都是一种中庸状态"（1108b-9）。于是，亚里士多德逐一探讨了各种特殊"德性"（见表2-1）：

表2-1　　　　　　　　　亚里士多德的德性理论体系

领域	品质		
	过度	中庸	不及
恐惧	怯懦	勇敢	/
自信	鲁莽	勇敢	怯懦
快乐和痛苦	纵欲	节制	麻木
金钱（取得）	挥霍	慷慨	吝啬
金钱（开支）	吝啬	慷慨	挥霍
小荣誉	野心	/	无野心
脾气	暴躁	耐心	不暴躁
讲话	夸口	诚实	羞怯
交谈	滑稽	机智	笨拙
社会行为	谄媚	友善	争吵

由上表，可见在亚里士多德列举的伦理德性目录中，涉及勇敢和节制等情感类德性，诸如温和、诚实、机智和友善等社会生活的德性，但主要涉及慷慨、大方、大气或豁达等外在善德性。[①]

具体在财产制度上，则主要涉及两种德性，亚里士多德在《尼各马可伦理学》一书中有着重阐述：①慷慨。在亚里士多德看来，在给与和接受方面慷慨是中道，它是财富方面的美德，它的两端分别是"挥霍"与"吝啬"；"慷慨……以正确的方式给与；以适当的数量、在适当的时间、给与适当的人，按照正确的所有条件来给与"[②]。②正义。正义有分配正义与交换正义之分，前者遵循几何比例，每一公民根据其功绩、能力、需求等标

[①] 黄显中：《公正德性论——亚里士多德公正思想研究》，商务印书馆2009年版。
[②] [古希腊] 亚里士多德：《尼各马可伦理学》，廖申白译，商务印书馆2005年版，第97页。

准得到其权利和义务。而交换正义则根据数学比例计算，它通过对给付方作出补偿，并恢复二者之间的公平来实现。① 交换正义不外乎下列两种：基于自愿的交易（voluntary transactions）和违反意愿的交易（involuntary transactions）——前者是当事人自愿地交换资源，如买卖、寄存、出租等；后者是一方当事人拿走或者损害了他人的资源而对这些不当的资源交换进行纠正，基本对应着我们今天所言的侵权及犯罪行为。②

（2）亚里士多德哲学中的"原因"

民法原因理论的另一个构建基础是亚里士多德哲学中的"原因"理论。亚里士多德将目的区分为形式因、目的因、动力因和质料因。③ 其中"目的因"指的是事物运动变化的目的和趋向，并且行为或人造物的目的正好对应实施该行为的人的有意识的意图，即近前的目的因或直接目的。④

为民法原因理论提供基础的主要是"目的因"。亚里士多德认为，某物之所以成为该物，是因为它有以确定的方式运动的趋向和目的。阿奎那进一步认为，目的因可以用来界定行为的类型与实质，用来界定行为的目的往往就是该人实施行为的近前目的或目的因。诸如在田野中行走这类行为无须探求最终目的即可确定，但如结婚这类行为则必须要通过与其最终目的一致的特性而被界定……行为人如果不是把行为的实施作为达到最终目的的手段，那么该行为就是不适当的。⑤ 至此，奠基于古罗马法、亚里士多德哲学及托马斯·阿奎拉的哲学概念的原因论是人类对契约效力原则进行的第一次系统构建。⑥

---

① J. Gordley, *The Philosophical Origin of Modern Contract Law*, Oxford: Clarendon Press, 1991, p. 13.
② 亚里士多德是这样解释违反意愿的交易的："违反意愿的交易有些是秘密的，如偷窃、通奸、下毒、拉皮条、引诱奴隶离开其主人、暗杀、作伪证；有些暴力的，如袭击、关押、杀戮、致人伤残、辱骂、侮辱。"参见［古希腊］亚里士多德《尼各马可伦理学》，廖申白译，商务印书馆2005年版，第97页。
③ ［古希腊］亚里士多德：《形而上学》，苗力田译，中国人民大学出版社2003年版，第7页。
④ 徐涤宇：《论中世纪原因理论对契约一般理论的贡献》，《中外法学》2004年第4期。
⑤ 徐涤宇：《原因理论研究》，中国政法大学出版社2005年版，第80页。
⑥ 陈融：《探寻契约效力的哲理源泉——以民法法系"原因"理论为视角》，《华东师范大学学报》（哲学社会科学版）2011年第1期。

2. "原因"道德伦理价值的发展脉络

作为亚里士多德哲学理论的集大成者，阿奎那进一步发展了亚里士多德的德性理论，他指出某人向他人转移财产，无非就是践行交换正义或慷慨这两种美德中的一种，无出其右，进而在伦理上论证了合同的效力根源即是这些目的性的原因。中世纪法学家以此为基础，用负载慷慨和交换正义之德性的"原因"解释合同效力的正当性，① 并以此为合同义务的道德性加以说明。

首先是出现于 11 世纪晚期、盛行于 12 世纪的注释法学派，其代表人物阿库修斯（Accursius）主张债有自然法与市民法两种效力根源，前者为"同意"，并不产生强制执行力；后者为"形式"或"衣服"。而合同的"原因"，在阿库修斯看来即是"衣服"的一种，无"原因"的协议即简约，仅产生抗辩，不产生诉权。雅各布斯、贝特鲁斯亦赞同此观点。此外，注释法学家们还使用了"目的因"这一术语讨论了罗马法上因给付未获回报的请求返还之诉。② 可见，注释法学派已经借助"目的因"这一概念对罗马法文本的契约、返还诉均展开了解释。

随后出现的评论法学派在注释法学派的基础上有所创新。按照注释法学家的见解，"原因"是"给一项协议穿衣服而提供某物或做某事"③，这种"原因"仅可为无名契约提供强制力效力根源，而对于实物契约、要式契约等依然还要使用"形式""标的物交付"等概念。而评论法学家更进一步，他们不再像注释法学派一样拘泥于罗马法文本，尝试将原因适用于所有契约。在此认识上，一般性的"对回报的接受"的原因理论得以形成。④ 同时，巴托鲁斯还认为，在无偿允诺中也存在"原因"，在此种情况下"原因"就是"慷慨"。由是，评注法学派构建了两种一般意义上的

---

① 徐涤宇：《合同效力正当性的解释模式及其重建》，《法商研究》2005 年第 3 期。

② 即"在对某事项的期待构成已给付某物之人的目的因时，就可提起此种诉讼"。参见田士永《物权行为理论研究——以中国法和德国法中所有权变动的比较为中心》，中国政法大学出版社 2002 年版，第 440 页。

③ ［美］哈罗德·J. 伯尔曼：《法律与革命》，贺卫方等译，中国大百科全书出版社 1993 年版，第 298 页。

④ J. Gordley, *The Philosophical Origin of Modern Contract Law*, Oxford: Clarendon Press, 1991, p. 41.

"原因"——自身付出的回报与慷慨，分别是有偿契约与无偿契约的"原因"。至此，"原因"成为"能够涵盖各种契约具有法律约束力的各种理由的一般术语"①。

虽然当时统一的"原因"概念已经产生，但在道德层面上论证"原因"作为合同效力根源的工作还没有展开。后项工作主要是12世纪和13世纪的教会法学家完成的。② 教会法学家强调契约强制性的道德基础，将诚信与基督教的余罪观联系起来，诚信行事开始从一种道德要求发展成为一项具有普遍性的契约原则。教会法所界定的"causa"是与合意原则相联系的，所反映的是行为人的"目的"或"意图"，体现当事人的内心思想。如著名的教会法学家奥斯迪恩西斯就说道："简约……如果我是为了教学的目的或者说为了讲笑话的目的来说，这样的话对我就没有约束力。"③ 教会法下的"原因"是单一的，即当事人的意图或者说目的。

至此，虽然教会法学派给原因理论以道德层面的说明，但此阶段的道德论是以神学为导向的，对原因理论进行世俗化伦理改造，则是后期经院法学家的功绩。④

盛行于14—16世纪欧洲大陆的后经院主义法学，将亚里士多德的德性理论引入契约法，并基于亚里士多德的德性理论，对契约的效力基础做了充分的阐释。后经院法学派大胆地将亚里士多德理论中的交换正义与慷慨联系在一起，并作出一个大胆的论断："一个契约要么是一种交换正义行为，要么是一种慷慨行为……交换正义要求公平，而慷慨行为则要求无偿的付出。"⑤ 申言之，后期经院法学派认为合同效力根源于合同当事人所践行的德性，意思表示从本质上说是对德性的践行。属于正义的转让行为是指行为必须包含一种产生债的意图（目的），要么是为了践行正义德性，

---

① [美]哈罗德·J. 伯尔曼：《法律与革命》，贺卫方等译，中国大百科全书出版社1993年版，第298页。
② 徐涤宇：《论中世纪原因理论对契约一般理论的贡献》，《中外法学》2004年第4期。
③ Harold J. Berman, *Law and Revolution*, Ⅱ : *The Impact of the Protestant Reformations on the Western Legal Tradition*, Harvard University Press, 2006, p. 501.
④ 徐涤宇：《原因理论研究》，中国政法大学出版社2005年版，第92页。
⑤ 王华胜：《契约形成中的道德因素——以要物契约为线索》，法律出版社2015年版，第177页。

要么是为了实现慷慨德性。前者即是交换性允诺，对应交换行为；后者属于无偿性允诺，对应慷慨行为。显然，通过中世纪法学家长达5个世纪的努力，将契约原因从罗马法中个别的、具体的"原因"抽象成一个有着统一内涵的"原因"术语。至此，通过原因理论，道德意志（voluntas moralis）被附加于当事人的意志（voluntas）之上，在伦理上给出了赋予契约以效力的理由。①

（三）"原因"如何为法律行为（合同）提供道德基础

前文已述，仅靠民法外在体系不能满足立法统一、司法适用的需要，而民法内在体系也确需道德因素的支撑方能充分发挥其功用，经过中世纪改造并借助亚里士多德德性理论构造的原因理论则可扮演好这一"角色"，为民法内在体系提供道德支撑，并为法律行为（主要是合同）的效力提供根源依据。"原因学说反映了一个非常朴素的观念，一项允诺被法律赋予拘束力，必须是允诺人具有充分的理由；未详查这种理由和目的，则不应认为允诺具有约束力。"② 由于当事人的意思表示可能是由于不审慎、粗心大意或轻率地、抑或是出于某种冲动而作出的，因此不可能仅因为当事人允诺负债就赋予这种允诺以法律上的执行力。人的行为是"发生在一定语境中的有意图、有目的的行为"③，任何人不会无缘无故负债。通过"原因"对"意志"的效力进行必要的控制与限制，则可彰显意思自治的真正内涵，实现法律正义（尤其是个案正义），维护交易安全。

而以交换正义与慷慨德性为道德基础的原因理论，在兼顾"意志论"的同时，更加注重合同的实质伦理建设，用以增强"意志"的价值强度。"当事人义务不能简单地取决于当事人的内在意思或外在表示，而应该以

---

① ［美］哈罗德·J. 伯尔曼：《法律与革命》，贺卫方等译，中国大百科全书出版社1993年版，第298页。转引自徐涤宇《原因理论研究》，中国政法大学出版社2005年版，第95页。

② ［法］勒内·达维：《英国法与法国法——一种实质性比较》，高鸿钧等译，清华大学出版社2002年版，第128页。

③ Christiane Nord, Translating as A Purposeful Activity, London; New York: Routledge Ress, 2001, 9.38.

交易的实质，并由它的目的来界定。"① 具体来说，作为谨慎的给与的慷慨，赠与合同应是这种德性的践行，而对于有可能危及家人基本生活的或可能有害于债权人债权的赠与等，则是与此种德性不相符的赠与，法律应否定其效力。而通过承载交换正义这一伦理价值的原因理论，则要为除赠与合同之外的合同类型的效力提供正当性说明。

三 "原因"是哲学思想在民法中的反映

从上面我们可以看到，"原因"作为一种民法上人的"目的"，控制着人们基于意思自治的行为效力，并透过其蕴含的道德因素，对合同法（法律行为制度）进行道德控制。而原因理论正是从伦理的角度对契约法进行控制，从而保持其稳定与活力。

这在另一个角度反映了法学不能孤立于哲学，以及哲学思想在法学研究中的巨大作用。法学与哲学一样致力于对人的关怀。虽然19世纪中叶法学从哲学中独立出来自成一门学科，但是，不能漠视哲学对于民法的巨大价值。美国法学家艾伦·沃森认为，相对于普通法系，由于大陆法系的体系化，其民法受哲学的影响也更宽泛一些。② 在近代历史上，大哲学家往往又是大法学家，如莱布尼茨、康德、黑格尔等。在这些哲学家、法学家的学说中，我们可以看到民法与哲学的碰撞和交会。③

进入21世纪以来，随着社会条件发生的巨大变化，人们发现现有的研究方法与进路并不能很好地解决所有的新兴法学问题，于是人们将视野投向哲学去汲取营养，进而重拾法哲学的"教鞭"并出现了一批宪法哲学、民法哲学、刑法哲学等部门法哲学。而作为一个重要性仅次于宪法的部门

---

① 陈融：《探寻契约效力的哲理源泉——以民法法系"原因"理论为视角》，《华东师范大学学报》（哲学社会科学版）2011年第1期。陈融：《合同效力基础的伦理解释——以托马斯·阿奎那的道德法哲学为核心》，《政法论丛》2012年第3期。
② 韩伟：《私法自治的历史演变与民法体系的完善》，博士学位论文，复旦大学，2009年。
③ 梅伟：《意思表示概念的法哲学基础》，载肖厚国主编、周清林副主编《民法哲学研究》（第二辑），法律出版社2010年版，第94页。

法——民法①，自然有很多民法哲学的推崇者与研究者。自文艺复兴开始，精神领域得到极大的发展。法哲学观念也历经"人文主义"到"物文主义"的变迁，甚至在当代有学者提出"新人文主义"，主张重构民法的价值体系，将"物文主义"下被排除出民法范畴的婚姻法回归民法，并重构民法的内在体系与外在结构。②

如有学者指出的那样，对于法律行为拘束力的根源等问题，民法本身并不能解决，而必须借助于哲学的思想和方法才有圆满的阐释。③而原因理论即是将民法理论结合哲学思想解释民法问题的成功典范。过去我们更多地注重民法的制度性研究，而较少地关注民法内在体系、制度伦理基础的建构。而在构建民法典、和谐社会的今天，合同法乃至民法的内在伦理价值体系的研究更需要更多的学者倾注精力。

第三节　原因理论与公共利益：原因理论对法律行为效力的否定功能

一　现行法在处理不法原因给付问题上的不足

对于因各种不法原因而发生的给付，如为赌博或嫖娼所约定的给付、因与"小三"分手之青春损失费赠与、为达各种不法目的而为的金钱给付等，如何处理这些约定之效力及财产之归属，是各国法制历来聚讼集纷的问题。大陆法上各国主要依据不当得利的例外规则来处理这一问题。④我

---

① 如徐国栋指出，按照传统的语境，宪法是位阶最高的法，民法是仅次于宪法的二级大法，而剩余的其他部分法是三级大法。参见徐国栋《什么是民法哲学》，《华东政法大学学报》2004年第6期。

② 徐国栋：《两种民法典起草思路：新人文主义对物文主义》，载梁慧星主编《民商法论丛》（第21卷），金桥文化出版（香港）有限公司2001年版。

③ 梅伟指出："法律交易行为领域需解决三个问题：其一是法律行为的拘束力的根源；其二是法律行为的抽象化、体系化；其三是行为人的自由意志和交易安全的关系。但遗憾的是，民法本身并不能解决好这三个问题，而必须借助哲学的思想和方法才有圆满的解释。"参见梅伟《意思表示概念的法哲学基础》，载肖厚国主编、周清林副主编《民法哲学研究》（第二辑），法律出版社2010年版。

④ 即若仅受领人一方存在不法原因，当事人可主张不当得利的返还；若不法原因存在于给付人一方或给付人与受领人双方，则不得要求返还。

国没有规定不法原因给付制度,曾经处这一问题依靠的是《民法通则》第58、61条和《合同法》第52、58、59条,也即"行为无效+已为给付返还+恶意串通收缴"的处理模式。但这样的处理方式存在很大的问题,主要有三点:

第一,在适用范围上,我国法律行为无效的概念过于宽泛,而不法原因给付的情形众多、纷繁复杂,反社会性程度不一,统一作无效处理是不科学的。而恶意串通则更是仅针对反社会性最高的那种不法原因的给付。因而在实践中,那些不应该被作无效处理的不法原因给付无法得到法律的回应:作无效处理,则法律有过于严苛之嫌;完全不处理它们,作完全有效的给付关系、债之关系,则又与公平正义相悖。

第二,在法律效果上,"收缴"作为一种典型的公法干预处理方式,存在于法律行为无效后果的纠正中,被普遍认为有"公法干预私法"之嫌。[1] 通观各国立法,多以不得返还为原则、允许返还为例外。而对不法原因给付进行追缴的处理模式多存于前东欧社会主义国家。[2] 笔者认为,追缴的处理模式多为计划经济时代国家掌管一切理念的"遗留",也是当时公法、私法不分,私法理念薄弱的产物。私法发展至今天,已经完全是市场经济下的一项社会规范,民众也培养起了充分的法律意识,作为自身利益的最佳判断者,法律不必再如计划经济时代"大包大揽",而应交由当事人自决。因而,在此类问题的法律效果上,也应予以纠正。

第三,社会的道德标准和观念随着时代的发展不断变化,有的在过去被视为反社会性高的行为在今天可能则被认为不那么"可恶",因而没有必要加以严苛处理。如在我国台湾地区,对于约定的婚姻居间报酬,在20世纪80年代以前多被作为"违反善良风俗的无效"处理,而在此之后则无一不作为自然之债加以对待。这种转变不可不察。那么,法律如何保持其应有的弹性来合理调整这些问题,则是一个需要仔细加以考虑的问题。

---

[1] 参见谭启平《不法原因给付及其制度构建》,《现代法学》2004年第3期;李永军、李伟平《论不法原因给付的制度构造》,《政治与法律》2016年第10期;靳南南《不法原因给付问题研究》,硕士学位论文,吉林大学,2013年。

[2] 参见洪学军《不当得利制度研究》,中国检察出版社2004年版,第234—236页。

时至今日，类似"泸州二奶继承案"①的处理在我国仍难有定论。笔者认为，实质在于我国民法缺乏对目的与动机不法的调整规范。前文已述，二元论的原因理论构建对于我国民法之体系有着巨大的价值与作用。给付金钱与财物这一行为被认为是中性的，有伤风化的经常是隐藏于背后的动机。②违法或背俗的，不仅是行为方式、主体、客体、标的物等客观情势，而且应当包括当事人主观目的与动机之主观不法。二元论下"近因"（给付目的）与"远因"（动机）之不法，即不法原因给付制度的构建基础，尤其是动机之不法，则更需要法律仔细斟酌与调整。

二 原因：法律行为效力的一种评价机制

在私法体系中，私人行为无论是想获得债法上的效果，还是想获得物法上的效果，均需要得到法律的认可，但是，并非所有的私人行为都会得到法律的认可。在考虑是否认可私人行为，进而赋予这些私人行为以法律效力时，实际上存在一个评价与筛选的机制。③被法律纳入这一机制的因素众多，例如，法律行为的无效因素与可撤销因素等，但是，有一种因素是这一机制中不可或缺的，既反映交易本质又决定交易效果，它就是"原因"。故原因理论的巨大价值还体现在不法原因给付制度之中。

（一）不法给付动机的可责难性

不法原因给付，被认为是以公共利益的保护为目的的制度设计。近现代民法也实现了由个人本位到社会本位理念的转变。于是，法学家们开始采用强制性规范、一般条款等来实现对私法自治的适当干预，以求公共利益之维护。"原因"也被立法者广泛地用来审查当事人间的契约是否与公共利益相

---

① 参见四川省泸州市纳溪区人民法院（2001）纳溪民初字第561号民事判决书；四川省泸州市中级人民法院（2001）泸民一终字第621号民事判决书。
② 于飞：《公序良俗原则研究——以基本原则的具体化为中心》，北京大学出版社2006年版，第106—107页。
③ 娄爱华：《大陆法系民法中原因理论的应用模式研究》，中国政法大学出版社2012年版，第1页。

契合。没有原因不使合意归于无效,但原因违法便会阻止其生效。[①] 通过"原因"对私法自治进行必要的限制,这是为维护公共利益、维持社会共同体之秩序的必然选择。于是,"原因"从法律行为的积极要件转为了消极要件,被用来作为适度限制个人恣意、保护公共利益的调节器。

学界关于不法原因给付中的"原因"难有一致的理解,主要有客观说、主观说两种。其中主观原因理论将当事人订立合同的动机纳入法律行为效力的考察范围,以实现对"原因"合法性的控制。当缔约人动机不法时,合同因原因不法而无效。从第一章第一节对罗马法返还诉制度的考察中,我们已经得出这样的结论:罗马法上返还诉中"原因"(causa)应当包括主观原因与客观原因两者,前者是基于不道德或不法原因的返还诉,当事人双方主观目的的不道德,构成主观状态原因不法。而客观原因则是解决受领人保有方面的效力,它是从主观目的合意客观实现的角度分析的,主要说明主观目的是否客观实现,从而说明保有该得利是否具有正当性。因此,承认主观原因不法有着坚实的制度渊源基础。

侵犯公共利益的,不仅有客体、标的物等客观因素的不法性,更有主观上的不法性。对于前者,已经有充足的法律依据加以调整,无须赘言。惟对于主观上当事人目的或动机的不法,始终游走于法律的边缘,司法裁判更是见解不一,是为法律漏洞。旧有的观点认为动机因其主观性而难以把握,遂将其排除于影响法律行为效力的考察范围;而在现代二元制的原因理论下,当事人的主观心态被法律所关注,当事人的行为动机与行为方式、行为标的一并被考量,从而实现意思自治与社会秩序的兼顾。当然,为实现这一目标必须对这种主观心态有一定的要求,使对其宣布无效不致危害必要的交易安全,这就要求这种目的与动机必须通过行为人的言行表示于外,为他人知晓,然后再根据社会一般第三人之判断标准,观其是否可影响法律行为之效力。目的是双方达成一致的动机,而单独的动机则仅为对方知晓,未达成一致。可以说,这里的"目的""动机"都是当事人主观动机的表达,只是在是否达成合意上存在不同。未经表示于外、仅存

---

① 李永军:《合同法原理》,中国人民公安大学出版社1997年版,第498页。

于当事人内心的目的或动机，法律不得加以考量。

（二）原因理论也适用于处分行为

根据旧的观点与一般认识，原因理论仅在负担行为中适用，处分行为因其无因性与独立性，具有伦理价值上的中性，应与原因理论无涉。

笔者认为，处分行为的无因性只不过是说在法技术的"操作"下，使其与客观给与原因（目的合意）相分离，其效力不受客观原因缺失、错误之影响，但并非是其不具备客观原因。主观原因（动机）本身游离于意思表示之外，不为意思表示的构成要素，这点在负担行为、处分行为中都是一样的。但同时，负担行为、处分行为均以动机作为行为作出的"原动力"，在两种行为中都是存在动机的，动机更可能是"不法"的。处分行为在现实中往往也被用来达成某种反社会性目的。因此，不论是处分行为还是负担行为，都应在不法性方面考虑其目的合意与动机。应当认为处分行为独立性与无因性是指其不因其原因行为违法或背俗无效而影响其效力，但其主观目的或动机违法，或背俗而有侵害公共利益之虞时，其效力也应被否定。

第四节　原因理论与财产归属矫正：在不当得利制度中发挥矫正作用

一　不当得利中"原因"：学说检讨

不当得利制度构成要件中"无法律上原因"当中"原因"的理解，也牵扯到原因理论的定位与概念理解问题。

按照不当得利的一般构成要件，需要有一方得利、另一方受损失、两者之间的因果关系、无法律上原因。[①] 其中第四个要件是至为关键的，它被认为是不当得利的基础——探求受益的非正当性依据，也是不当得利制

---

① 不同的法制上对该项要件的称谓不一样，如《瑞士债法典》称之为"无适法原因"，《德国民法典》《日本民法典》、我国台湾地区"民法"称之为"无法律上的原因"，《埃塞俄比亚民法典》称之为"无正当原因"，《俄罗斯联邦民法典》具体表述为"没有法律、其他法律文件或合同的依据"。

度最具争议的地方。①《德国民法典》第812条规定的"无法律上原因"历来就有"统一说"与"非统一说"之争，在不同的学说下又有不同的亚类。② 我国《民法通则》第92条（《民法典》第122条）关乎不当得利一般条件之"没有合法根据"的理解讨论不多，似乎认为这是一个不言自明的问题，只是其证明责任的分配存在一些争议。③ 实际上，我国民法学界并没有就何谓"没有合法根据"真正达成一致④。在笔者看来，不当得利中得利的"正当基础"即是应该好好加以探讨与明确的问题。这即是要明确不当得利"法律上原因"（或者说"合法根据"）具体概念内涵是什么。

（一）"原因"的整体性与类型化

1. "统一说"与"非统一说"之争

围绕《德国民法典》第812条"无法律上原因"，曾产生了"统一说"和"非统一说"两种主要的学说，并一直争论至今。

"统一说"认为，一切不当得利，都有一个统一的基础，以便能对所有的不当得利情形作统一说明。但是，这种统一的依据到底是什么，学者们则难有一致的认识，有的认为系"公平"，有的认为应是"正义"，抑或

---

① 洪学军：《不当得利制度研究》，中国检察出版社2004年版，第33页。

② 如"统一说"下就有"公平说""正法说""债权说""相对关系说""权利说""法律关系说"等，"非统一说"也有温德沙伊德的"前提说"与"韦尔布各说"等不同理解，参见洪学军《不当得利制度研究》，中国检察出版社2004年版，第33—53页；刘言浩《不当得利法的形成与展开》，法律出版社2013年版，第293—300页。

③ 娄爱华：《不当得利"没有合法根据"之概念澄清——基于"给付"概念的中国法重释》，《法律科学》（西北政法大学学报）2012年第6期。

④ 如我国的权威民法学者对此问题就有不同的认识：梁慧星认为应区分给付及非给付的情形界定不当得利概念，王利明则认为应该不区分给付与非给付的情形予以统一界定。两位教授的观点分别参见梁慧星主编《中国民法典草案建议稿附理由：债权总则编》，法律出版社2006年版，第14页，以及王利明主编《中国民法典学者建议稿及立法理由：债法总则编·合同编》，法律出版社2005年版，第40页。转引自娄爱华《不当得利"没有合法根据"之概念澄清——基于"给付"概念的中国法重释》，《法律科学（西北政法大学学报）》2012年第6期。

"权利",不一而足。①

而"非统一说"认为《德国民法典》第812条在被制定时,其起草者强调的是通过所有权转让而得利这一传统的不当得利之核心形式,这种强调不仅在历史上,同时也在教义学上,曾经被证明是合理的。但如果要在得利是否不正当方面达成一个可操作的标准,就必须区分因转让而产生的不当得利请求权和因其他事由而产生的不当得利请求权。各种不当得利各有其基础,不能求其统一,人们应就各种不当得利分别判断,即应区别因给付而受利益和因给付以外事由而受利益两种情形,分别探求财产变动是否有正当基础或法律上原因。②

正如郑玉波所言,"统一说未能概括,非统一说不免琐碎"③,故究竟应在民法上采取何种学说,难有一致意见。纵观法典化国家或地区关于不当得利的立法例及其发展,模式不一。在采概括条款的立法例上,理论及实务界多采取非统一说(如德国、瑞士、奥地利),④但持"统一说"者也有之。⑤

2. 非统一说顺应当下民法的发展与不当得利功能需要

笔者赞同以"非统一说"来理解不当得利制度的"法律上原因"这一要件,理由如下:

第一,"统一说"自身的缺陷使其难当解释基础的重任。首先,"公平说"过于抽象,难以操作与把握界限;其次,"债权说"对于非给付型不当得利难有合适的解释;"权利说"对于因法律规定而取得利益的情形难以解释……总之,统一说所提出的各种概念,或空洞、或偏于一隅,难以

---

① 王泽鉴总结道:"财产的变动违反公平或正义,欠缺权利或债权,没有正当的法律根据时,均为欠缺正当基础或无法律上的原因。"参见王泽鉴《债法原理之二:不当得利》,中国政法大学出版社2002年版,第25页。转引自肖伟群《不当得利诉讼中的证明责任研究》,硕士学位论文,湖南大学,2008年。
② 王泽鉴:《债法原理之二:不当得利》,中国政法大学出版社2002年版,第28页。
③ 郑玉波:《民法债编总论》,中国政法大学出版社2004年版,第191页。
④ 王泽鉴:《不当得利》(第二版),北京大学出版社2015年版,第37—38页。
⑤ 郑玉波:《民法债编总论》,中国政法大学出版社2004年版,第135页;王伯琦:《民法债编总论》,第58页。

作为统一的认定标准。①

第二,从历史的考察看,原因理论还与不当得利制度是密切相关的。这点在大陆法系国家中都是明确的,且都可溯源至《学说汇纂》第12卷第7题中的无因返还诉。

第三,从我国民法的发展需要来看,"非统一说"是符合我国不当得利的制度定位的。在采取债权意思自治的法制上(如法国),由于没有独立的物权合同的存在,合同无效后所有权直接复归转让人,此时无不当得利的适用余地。故在此法制上,不当得利制度的适用范围被大大限缩,其内容只相当于德国法上的非给付型不当得利。而在采取物权行为无因性的国际(如德国),通过萨维尼与巴尔的努力,② 使得不当得利请求权得以适用于给付型不当得利。加之原本已实际存在的非给付型不当得利,使得不当得利的适用范围扩展到了几乎所有不正当的财产变动领域。从我国目前的立法来看,是承认无因性的制度构建的,因此并行规定给付型与非给付型不当得利是符合当下不当得利的制度定位的。以"非统一说"分别解释上述两种不当得利的合理性在于,作为契约之债、侵权之债和无因管理之债的补充,给付型、权益侵害型与支出费用型三种不当得利与之一一对应。三者发生事由、效果之不同必然造成不当得利的构成要件无法一致。③

因此,"非统一说"的合理性不仅是基于不当得利历史沿革的需要,更有基于不同依据进行的考量。各国民法规定一般条款"无法律上原因"这一概念,并不代表"法律上原因"就一定是统一的内涵,笔者认为它的

---

① 王泽鉴:《不当得利》(第二版),北京大学出版社2015年版,第36页。

② 从历史实证主义分析来看,萨维尼的创见才被认为是一般性的不当得利请求权的诞生。萨维尼基于法律行为理论,以交付为例进行研究,提出了物权行为(物权合同),物权行为的提出从而突破了罗马法上的"债—契约"理论。他在其私法体系的总则中处理合同概念以及与其成立的相关问题时,把合同从债法中分离出来;并采用物权行为无因性理论,积极扩大不当得利制度的适用范围。"不承认所有权转让的抽象性,基于不当得利的请求,给付之诉就没有适用余地。随后,德国法学家巴尔更是将无因性理论扩张到债权行为领域,这就使无因性原则获得了体系化的效果。参见 Reinhard Zimmermann, The Law of Obligations-Roman Foundations of the Civilian Tradition, Oxford: Oxford University Press, 1992, pp.867-869。

③ 赵文杰:《我国不当得利法的问题和未来构想》,载明辉、李昊主编《北航法律评论》(2013年第1辑),法律出版社2014年版,第136页。

意义更多在于法技术上,即通过这一上位的统一概念,避免了列举不能穷尽的弊端,保持了体系的开放性,并可消除法典中以列举式规定的无秩序状态,并非意味着一定要采统一的标准去理解"法律上原因"①。《德国民法典》第812条第1款规定的两种不同的得利方式即体现了这一思想。故以"非统一说"来解释"法律上原因"这一概念,才更能清晰地把握具体不当得利情形的本质,从而明确负有举证责任一方的举证义务。② 可以说,类型化避免了过于抽象、笼统的缺点,为财产变动是否无法律上原因提供更加合理明确的、更具有可操作性的认定标准。③

(二)给付型不当得利"法律上原因"的判断基准:"原因关系说"与"给付目的说"

对于给付型不当得利"法律上原因"的理解,也有不同的见解。其中居于主流地位的是"原因关系说"与"给付目的说"。

"原因关系说"认为应以原因关系(债权债务关系)为返还依据并作为确定返还义务人的标准。即若给付型不当得利发生在原因关系(合同)层面,则在原因关系(合同)的当事人间返还。不当得利法中原因是给付人与受领人双方之间所存在的法律基础,即买卖等合同本身。④ 如卡纳里斯的"以原因关系为据的客观学说"、王泽鉴的"给付关系",但无明确的定义。

而"给付目的说",着眼于给付目的,认为若给付目的不达,则给付之法律原因欠缺,给付人可以请求返还不当得利。⑤ 此外,主观原因说还认为应以主观的目的性给付确定返还义务人,以给付目的为返还依据,当中的目的确定意思表示决定了给付的得利人究竟为谁。

---

① 江楠:《论不当得利之"无法律上原因"》,硕士学位论文,中国政法大学,2011年。
② 梅迪库斯曾言:"分类尤其有利于对缺乏法律原因的查证。"参见[德]迪特尔·梅迪库斯《德国债法分论》,杜景林、卢谌译,法律出版社2007年版,第522页。
③ 江楠:《论不当得利之"无法律上原因"》,硕士学位论文,中国政法大学,2011年。
④ 刘言浩:《不当得利法的形成与展开》,法律出版社2013年版,第301页。
⑤ Reuter/Martinek, at 106 sqq.

两种学说立论基础不同，根本上说，是对于"给付"（或"履行"）的法律性质的界定不同。"给付"有时可表示行为，有时也可表示状态。[①]"履行"到底仅是一个事实行为，还是在事实的给付外还需要主观要件，[②]学界历来存有争议，难有一致见解。"原因关系说"认为履行是一种事实行为，无须主观给付目的，这也是德国目前的通说。[③] 而"给付目的说"则将"给付"与"履行"改造成以"原因"（给付目的）为核心的法律行为，给付不再仅是"事实说"的增加他人财产的行为，而是由"有意识""给付目的""增加他人财产"三部分构成。因而在给付型不当得利制度中，在因法律行为性质的给与行为发生的给付中，即有原因理论的适用空间。该说认为，给付型不当得利是建立在基于权利人自愿受损的基础上，后者乃是通过包括负担行为与处分行为的给与行为实现的。其基本逻辑在于，该意思表示必须具有某种原因，才可以证明给与行为人损害自己的利益是正当的，相应的行为可以获得法律的强制力。于是，给与行为实际上涵盖了要因行为和抽象行为两大类型，经过德国法学家的改造，给与行为的原因与不当得利制度中的给付原因具有相通性。[④] 不当得利法上的"法律上原因"与给与行为的"原因"具有一致性，即包括信用的原因、取得的原因、赠与的原因等。

二 给付型不当得利中"原因"：给付目的之证成

（一）"基础关系说"之否定

笔者赞同"给付目的说"作为给付型不当得利"法律上原因"的认定标准。不仅"给付目的说"自身存在制度的合理性与可行性，而且"法律关系说"也因其自身的缺陷而不得不为我们所摒弃。

[①] Gernhuber, Die Erfüllung und ihre Surrogate 2. Auflage 1994, S. 98.
[②] Looschelders, Schuldrecht Allgemeiner Teil, Vahlen 2011, 9 Auflage S. 137.
[③] BGH NJW 91, 1294, 92, 2698, BAG NJW 93, 2397. 转引自冯洁语《论原因在给付关系中的功能》，《华东政法大学学报》2014年第3期。
[④] 田士永：《物权行为理论研究》，中国政法大学出版社2002年版，第407—408页。

1. "法律关系说"在处理未成年人为给付方面显有不周

按照"法律关系说","给付"被看成一种事实行为,"非统一说"的合理性不仅是基于不当得利历史沿革的需要,更有基于不同依据出发进行的考量。各国民法规定一般条款"无法律上原因"这一概念,并不代表"法律上原因"就一定是统一的内涵。笔者认为它的意义更多在于法技术上,即通过这一上位的统一概念,避免了列举不能穷尽的弊端,保持了体系的开放性,并可消除法典中以列举式规定的无秩序状态,并不意味着就一定要采统一的标准去理解"法律上原因"。[①]《德国民法典》第812条第1款规定的两种不同的得利方式即体现了这一思想。故以"非统一说"来解释"法律上原因"这一概念,才更能清晰把握具体不当得利情形的本质,从而明确负有举证责任一方的举证义务。[②] 可以说,类型化避免了过于抽象、笼统的缺点,为财产变动是否无法律上原因提供了更加合理明确的、更具有可操作性的认定标准。[③] 而"基础关系说"则无力实现此种"防火墙"的法律效果。

2. "基础关系说"在处理多方关系中返还义务人的确定方面稍显不足

如在债权让与中,按照法律的要求,债权人将债权让与受让人后,债务人应向受让人给付,而不得向债权人再行给付。但在债权人与债务人之间转让债权的原因关系无效时,依照"基础关系说",清算仅可在各自的合同关系内进行,适用指示给付的规则。即对于已经向受让人完成的给付,债务人不能直接向受让人主张返还,而仅可向原债权人主张不当得利返还。[④] 这样的做法存在一定缺陷。如有学者提出,给付型不当得利是因给付而产生的,那么为何不从这个给付关系中进行纠偏,而是要舍近求

---

① 江楠:《论不当得利之"无法律上原因"》,硕士学位论文,中国政法大学,2011年。

② 梅迪库斯曾言:"分类尤其有利于对缺乏法律原因的查证。"参见[德]迪特尔·梅迪库斯《德国债法分论》,杜景林、卢谌译,法律出版社2007年版,第522页。

③ 江楠:《论不当得利之"无法律上原因"》,硕士学位论文,中国政法大学,2011年。

④ Canaris, a. a. O., S. 834f. 转引自赵文杰《给付不当得利返还之客观原因说批判——以德国的理论与实践为借鉴》,《私法研究》第18卷,2016年第2期。

远,从先前的合同关系中去寻找解决办法呢?[①]"基础关系说"并没有对以上疑问给出解释。

3."基础关系说"对于第三人的非债清偿无适用性

实践中常常有第三人基于各种各样的原因而替债务人偿还债务的情形。但是时常发生的情况是:债务人对债权人的债务已经偿清或者根本不存在债务,第三人误认为债务人欠债权人一定之债务而代为偿还,并已经向"假想"债权人给付后发现债务并不存在,那么此时第三人得向何人主张返还?根据"基础关系说",需要要找寻第三人与债务人之间的基础关系,看双方之间是否存在债务关系等。但现实中,第三人常常可能是基于友情、亲情甚至是同情而替债务人清偿,并不一定存在基础关系,故"基础关系说"对于第三人(代债务人)的非债清偿在很多情况下是无适用性的,"基础关系说"不能为非债清偿这一不当得利类型进行说明。

(二)给付型不当得利中"原因"为给付目的

笔者认为,基于如下理由,应认为给付型不当得利中"法律上原因"为当事人的给付目的:

第一,给付行为应包含法律行为的要素。给付应认为是当事人以自己的意志,出于一定的目的增加他人财产的行为。舍此目的,给付人便不为此给付。给付型不当得利是基于给付人自愿受损的给付而产生的不当得利返还。向谁给付、为何给付都应通过给付目的来加以确定。[②] 给付行为与法律行为没有本质上的区别,都应该是个人以一定目的作出的行为,心理上的目的(psychologische zweckgesetz)起支配决定作用。[③] 这种给付目的,或为赠与、或为清偿抑或取得,独立于给付的意思。该给付目的不能实现,则说明已为的财货变动偏离了当事人的内心计划,基于该失败的计划

[①] 赵文杰:《给付不当得利返还之客观原因说批判——以德国的理论与实践为借鉴》,《私法研究》第18卷,2016年第2期。

[②] 赵文杰:《我国不当得利法的问题和未来构想》,《北航法律评论》2014年第1辑。

[③] V. Jhering, Der Zweck im Recht, 4. Auflage, 1904, S. 1;赵文杰:《给付概念与不当得利返还》,《政治与法律》2012年第6期。

产生的效果便不具有法律保护的必要性,①给付效果不应被保护。于是便可通过给付型不当得利对这一给付效果进行纠正,要求返还已为的给付。这一方面是基于伦理道德、践行交换正义与慷慨之"德行"的要求,另一方面,也是私法自治的必然要求。

第二,前述"基础关系说"的三种缺陷,"给付目的说"都能较为圆满地完成其使命。如在第一种情形中,"基础关系说"下,当基础关系存在,未经法定代理人同意或追认,限制行为能力人受领给付时,限制行为能力人可以保有给付,不会发生不当得利。这种解释的方式毫无疑问违背了保护限制行为能力人的法律目的。②而"给付目的说"视给付行为为一个法律行为,在未经法定代理人同意或追认受领给付时,限制行为能力人因行为能力受限,无法完成给付行为,给付人因给付目的未实现而得请求不当得利返还,在纠正财货不当变动的同时也保护了限制行为能力人。

债权让与的情形中,在债权人与债务人之间转让债权的原因关系无效时,"给付目的说"认为,债权已经转让,债务人对受让人的给付构成对原有债务的清偿;在债务人与债权人间原债务合同出现瑕疵时,对于已向受让人发生的给付,债务人可直接向受让人主张返还不当得利。③ 与"基础关系说"下"让当事人在各自的合同关系内清算、债务人只能对债权人主张不当得利返还"不同,笔者认为,"给付目的说"比前者更具优势,它一方面将评价的焦点集中于当事人给付时的意思表示,更符合意思自治原则的要求。况且在现实中债务人确实是在受让人的催促下向其作出的给付,债务人对受让人的给付不仅是为了清偿其与债权人的债权,更内含着清偿自己与受让人之间债务的目的;即使认为债务人存在清偿债权人与受让人之间债务的目的,此一清偿目的是也应不同于指示给付的情形。另一方面,在债务人与原债权人之间合同无效时,对于已对受让人所为的给付,债务人不必越过受让人而向原债权人清偿,因为两者之间并不存在实

---

① 江楠:《论不当得利之"无法律上原因"》,硕士学位论文,中国政法大学,2011年。
② 赵文杰:《给付概念和不当得利返还》,《政治与法律》2012年第6期。
③ 赵文杰:《给付不当得利返还之客观原因说批判——以德国的理论与实践为借鉴》,《私法研究》2015年第2期。

质债务关系了。

在第三人（代债务人）的非债清偿时，"基础关系说"常常因第三人与债务人间无基础关系而无法适用。"给付目的说"则有所不同，它借助给付目的，解释上认为第三人的行为并非服从债务人指示而给与，债权人也不可能将第三人视为债务人的履行辅助人，故在此情况下第三人应该是自己对债权人的给付，其目的是消灭债务人之债务，伴随着给付的是第三人清偿他人债务的目的，且是独立的清偿目的。故当发现债务不存在时，该清偿目的落空，第三人可向"假想债权人"主张不当得利返还。[1]

第三，"给付目的说"的另一个重要合理性是它区分了合同的缔结与合同的履行，使得传统概念法学构造下的债权行为与物权行为不仅在观念上可区分，在司法实践中更具有可操作性。合同的订立与合同的履行（给付）是两个不同的阶段，这是基本法学共识。因而在考虑不当得利时，就不应该将其一体考虑。不当得利，因给付而发生，因而在考虑发生依据与返还当事人时，应从给付本身出发。正如学者所言："履行法乃是不当得利法上问题的倒影，不当得利始自失败的或不必要的履行，不当得利法上的目的确定与履行法上的清偿之确定在法律性质上必须是同一的。"[2]

由上以观，正确理解给付型不当得利的功能与定位，即对给与行为本身缺乏原因的反面说明与救济，提供了一种适用给付目的来探寻不当得利是否构成的相关规则。

（三）简要总结

对不当得利法上的"法律上的原因"学界认识不一。通说将其理解成作为给付行为基础的负担行为（或称"基础行为""基础关系"），"无法律上的原因"即为基础关系的不成立、无效、被撤销。通过上文的分析，笔者认为这种观点是不恰当的，应当以给付行为中的给付目的作为是否存在不当得利法上"法律上的原因"的认定依据。因此不能以负担行为作为

---

[1] Erman/Westermann，§812，Rn 28，转引自赵文杰《给付不当得利返还之客观原因说批判——以德国的理论与实践为借鉴》，《私法研究》第18卷，2016年第2期。

[2] 冯洁语：《论原因在给付关系中的功能》，《华东政法大学学报》2014年第3期。

不当得利法上的"原因"。当然，也不能认为负担行为中的"原因"是不当得利法上的"原因"。后者之所以被否定，是因为这样做也是与给付行为、给付目的相脱离的，与"基础关系说"实质是"换汤不换药"，无法实现、解决好前述对限制行为能力人的特别保护等法律目的与问题。可以说，不当得利法上"法律上原因"是物权行为的"原因"，不是债权行为、负担行为的"原因"，虽然两者在很多情况下是重合的，但仅是一种巧合，两者绝不是一回事。

根据学者普遍的观点，权利变动的正当性包括主观与客观两层含义，前者用以说明当事人之间权利变动行为何以正当，后者则说明取得人保有所取得的财产利益的行为结果何以正当。[①] 负担行为只是对权利变动的主观正当性进行说明，而不当得利制度是对得利后事实状况的评价，而非对导致得利的行为的合法性进行的评价。它所考虑的，"不是不当得利的过程，而是保有利益的正当性"[②]。而这种客观正当性，不应以负担行为的"原因"来实现，而应交由物权行为的"原因"来实现。

因此，我们应该坚持"给付法律行为说"的观点，将"给付行为"视为一种法律行为、物权行为，一旦给付行为的给付目的不存在、落空或无法实现，给付行为的正当性就丧失了，受领人不能保有给付。给付目的包括清偿目的、赠与目的、与信目的三种，含义上与合同"原因"一致。合同履行部分的给付目的体现的是清偿目的，当清偿目的实现，给付行为便具正当原因。[③]

三 非给付型不当得利无原因理论之适用

非给付型不当得利与给付型不当得利一样，也反映了一种交换正义，这是之所以可以用同一条款进行概括的缘由。但非给付不当得利体现的交

[①] 参见田士永《物权行为理论研究》，中国政法大学出版社2002年版，第105页。李君：《无因性原则视野下我国不当得利制度的构建》，硕士学位论文，湖南大学，2009年。

[②] 王泽鉴：《债法原理（二）·不当得利》，中国政法大学出版社2002年版，第140页。

[③] 赵文杰：《给付概念和不当得利返还》，《政治与法律》2012年第6期。

换正义与当事人的意志无关，它反映了一种非自愿的交易。① 尽管两者都遵从交换正义的基本原则，但因是否体现当事人意志不同而有不同的鉴别、认定事由，前者通过"给付目的"，后者则因与意志因素无涉而不能适用前者规则，必须找寻其自身的认定依据。

按照当下通说观点，非给付不当得利主要有三种：权益侵害型、求偿型、费用支出型。② 由于发生原因各有不同，因而在确定非给付型不当得利时，无法确定一般的法律上的理由或者原因，也无法单独通过无一般的法律上原因的要件来判断是否构成非给付型不当得利。笔者认为，非给付型不当得利的"法律上原因"应当是造成这些不当得利的事实本身。如在权益侵害型不当得利中，只要证明侵权行为存在，即说明了得利是"没有（保有的）合法根据"的。此外还应考虑加害人所获利益是否应归属他人。③ 在求偿及费用支出的场合，则应考察当事人的事实行为本身是否有保有利益的合法缘由，也即是看有无违交换正义的利益不平衡状态的情况。

第五节　总结

由上以观，原因理论能限制当事人恣意、践行并维护着意思自治的应有内涵，并且可以借助强制性规定和公序良俗对公共利益进行维护。前一个功能通过对客观原因的审查，弥补意思自治和形式主义的不足，为法律行为效力正当性的实质正义提供有效说明。因为单纯依靠意志理论，一方面不能解释意志本身为何能使合同或法律行为的效力正当化，另一方面也不能说明实证法缘何不承认某些同样基于意思自由而成立的合同或法律行为的效力，以及为何授权法官对某些合同或法律行为的效力（如显失公平

---

① 参见［古希腊］亚里士多德：《尼各马可伦理学》，廖申白译，商务印书馆2003年版，第134页。参见娄爱华《不当得利"没有合法根据"之概念澄清——基于"给付"概念的中国法重释》，《法律科学》（西北政法大学学报）2012年第6期。

② 王泽鉴：《不当得利》，北京大学出版社2009年版，第113页。

③ See Zimmermann and J du Plessis, Basic Features of the German Law of Unjustified enrichment, 1994, Restitution Law Review, 2, 14, 25f.

第二章 原因理论在民法体系中的必要性与理论基础

的合同）进行调整。① 因此，有必要在意志论之外为法律行为效力的正当性找寻其他的伦理支撑。正如徐涤宇指出的那样，意志说可以为合同或法律行为的效力提供主观正当性的解释；而依靠原因理论，我们才能为合同或法律行为的效力提供客观正当性的说明。②"原因"承载了为合同或法律行为的效力提供客观正当性的说明，为法律行为提供了实质的价值伦理因素与支撑。负载交换正义和慷慨德性的原因理论，自然成为合同正义的最佳说明模式。③

限制当事人恣意、践行并维护着意思自治，本身即是对个人利益的维护。如果不对法律行为的效力给与客观正当性的要求而使意志泛滥，则容易使得理论在实质层面上与现实生活发生断裂。诸如经营者、雇主、垄断财团等占据优势地位的主体可以随意将自己的意志通过"合法"的契约加以合法化，正义价值将无从实现。"原因"作为法律行为客观正当性说明要件，将与诚实信用原则、禁止权利滥用原则、格式条款等原则和制度一道，从制度和理论多层面上维护真正的意思自治。笔者认为，《民法典》应该将"原因"作为法律行为尤其是合同的客观正当化说明要件，并且要像《法国民法典》那样明确作为法律行为的一个积极要件，而不应仅仅内化于价值体系中。

另外，在维护公共利益方面，"原因"也对于《民法典》有重大的意义。前文已述，在《民法典》中建立不法原因给付制度，已成学界共识。在不明确原因理论的法典建构下，不法原因给付制度的规定必定是不完备并且突兀的。因此对原因理论的构建必须走到不法原因给付制度设计的前面。④ 民法典中不但要确立不法原因给付，还要确立与明确作为不法原因给付制度前提的"原因"理论。

此外，原因理论的功能价值还体现在给付型不当得利之中，扮演着给

---

① See James Gordley, "Contract Law in the Aristotelian Tradition, in The Theory of Contract Law", *New Essays*, pp. 269-271. 转引自徐涤宇《原因理论研究》，中国政法大学出版社 2005 年版，第 298 页。
② 徐涤宇：《原因理论研究》，中国政法大学出版社 2005 年版，第 304 页。
③ 徐涤宇：《原因理论研究》，中国政法大学出版社 2005 年版，第 304 页。
④ 李永军、李伟平：《论不法原因给付的制度构造》，《政治与法律》2016 年第 10 期。

付型不当得利构成与否以及返还当事人的认定依据。不当得利制度是对一方当事人得利的后果的评价,而非对得利行为的评价,它所考虑的"不是不当得利的过程,而是保有利益的正当性"[①]。而这种客观正当性,则不应以负担行为的"原因"来实现,而应交由物权行为的"原因"来实现。应坚持"给付法律行为说"的观点,将"给付行为"视为一种物权行为,给付行为的给付目的不存在、落空或无法实现,导致给付行为正当性丧失,受领人无保有效力,从而引发不当得利返还请求权。

那么,上述原因理论之功能将如何实现?将通过怎样的制度设计加以实现?则是本书需要加以解决的问题。

[①] 王泽鉴:《债法原理(二)·不当得利》,中国政法大学出版社 2002 年版,第 140 页。

第三章　原因理论的内涵解说

第一节　原因理论之概念理解

原因理论之所以受重视程度不足，多是因其概念内涵的捉摸不定，学者对其难以达成统一的认识。在学者看来，"原因"甚至可以与基础、理由、动机、目的、诱因等诸多概念产生联系。[①] 就连明确规定"原因"的法国民法，也未有对"原因"清晰的界定，"原因"也成了整部法典"最不确定的概念之一"[②]。而概念是我们认识事物的工具，[③] 不同的法律概念不仅承载着不同的规范功能，同时法律概念的不同还体现着迥异的法律思维。因此，在明确了原因理论的制度功能后，我们应该进一步明确其概念的内涵与外延，以便我们更加清晰地把握原因理论的价值。

一　比较法上的两种原因理论

一般而言，原因理论中"原因"一般包括以下两种含义：一是指当事人实施给与行为的"理由"或"目的"，其也被称为当事人为给与行为的

---

① ［德］弗里茨·克林格米勒：《法律基础的概念》，转引自田士永《物权行为理论研究——以中国法和德国法中所有权变动的比较为中心》，中国政法大学出版社 2002 年版，第 281 页。

② 尹田：《法国现代合同法》（第二版），法律出版社 2009 年版，第 179 页。

③ 费孝通：《乡土中国》，人民出版社 2008 年版，第 3 页。

直接目的、"近因";二是通过给与行为所欲达到的具体目的,即"动机"。前者是当事人所为法律行为的直接目的,其特点是具有客观性,类型相同的法律行为或合同,直接目的相同;后者则因人而异,具有个别性、主观性的特点。① 围绕原因理论是否应该仅应体现客观性而不包括主观性的动机,比较法上产生了客观原因理论与主观原因理论两种不同的学说。

(一) 客观原因理论

客观原因理论,也称"传统原因理论",它受 19 世纪自由主义的影响,并抽空了中世纪以来的实质伦理的内涵,将"原因"视为合同的经济目的。② 该理论认为,相同类型的合同其"原因"是相同的,且动机不属于"原因",因为动机隐藏于当事人内心,不可被确定地认知,如果赋予动机以"原因"意义,将使民法与个人主义思想相背离,故不应将动机纳入到"原因"中予以考量。③

客观原因理论区分双务行为、有偿单务行为、无偿行为,而分别以取得原因、与信原因、慷慨原因解释之,是对当事人"为何负债""为什么要作出该行为"而进行的法律解答。正因自由意志是有"目的"(原因)的,所以给与行为法律效力的发生有其正当性。④

客观原因理论兴起于 19 世纪的法国,而通过前面的分析,我们也可以看到德国法实际上也遵循的是客观原因理论。如贝克尔认为:"给与的'原因',更为妥当的表述方式是'目的确定',是当事人就其追求的第一目的的具有法律约束力的表示出的目的。"⑤ 可见,贝克尔将原因界定为"行为人的目的",该目的是表示出的目的,具有法律约束力。"无瑕疵的

---

① 尹田:《法国现代合同法》(第二版),法律出版社 2009 年版,第 179—180 页。
② 李永军、李伟平:《论不法原因给付的制度构造》,《政治与法律》2016 年第 10 期。
③ 徐涤宇:《原因理论研究》,中国政法大学出版社 2005 年版,第 116—118 页;李永军、李伟平:《论不法原因给付的制度构造》,《政治与法律》2016 年第 10 期。
④ 徐涤宇:《法国法系原因理论的形成、发展及其意义》,《环球法律评论》2004 年第 6 期。
⑤ [德] 恩斯特·伊曼纽尔·贝克尔:《当代学说汇纂法体系》,转引自田士永《物权行为理论研究——以中国法和德国法中所有权变动的比较为中心》,中国政法大学出版社 2002 年版,第 283 页。

目的确定，决定给与的类型，并确定具体行为应予适用的范围。"①面对弗卢梅试图将被表示出来的主观动机列为赠与的原因的做法，拉伦茨等学者作出了极力的批评，认为动机即使被表示出来为他人所知晓，也不应影响法律行为的效力。换句话说，即使动机不合道德或者动机嗣后不能实现，对法律行为的效力依然不受影响。②

（二）主观原因理论

在客观原因理论之后，包括反原因论学者在内的诸多学者从"原因"的虚假性、使用价值等多个方面提出对原因理论（即"客观原因理论"）的质疑，③其中最为有力的质疑声音即是传统原因理论将动机排除在外，而一个违法合同，很少是因为行为方式、标的物不法，违法的通常是行为背后的动机。甚至连支持客观原因理论的卡皮当（Capitant）也曾认为动机不应完全被排斥，"原因与目的同义……目的融合了动机，那些双方所共有的、具有决定性的动机应属原因的范畴"④。于是，在传统客观原因理论的基础上，近代学者将主观上的动机囊括进来，现代原因理论出现在人们的视野中。

根据现代原因理论，"原因"包括近因与远因，"近因"为原因之客观方面，即给与行为的给与目的，具有客观、抽象的特点，同一类型的合同给与目的是相同的。"远因"即当事人为给与行为时的个人目的（动机），具体性、主观性是其特点，⑤因人而异，同样类型的行为远因也可不同。当行为人的动机违法或背俗时，法律不允许此行为产生法律效果，给与行为因原因不法而无效。在这时，所谓"原因"，不过是对违法或违背道德

---

① ［德］恩斯特·伊曼纽尔·贝克尔：《当代学说汇纂法体系》，转引自田士永《物权行为理论研究——以中国法和德国法中所有权变动的比较为中心》，中国政法大学出版社2002年版，第283页。
② 参见徐涤宇《原因理论研究》，中国政法大学出版社2005年版，第209页。
③ 反对论者的理由与论点参见徐涤宇《原因理论研究》，中国政法大学出版社2005年版，第120—122页，在此不赘。
④ V. Henri Capitant, De la Cause des obligations, n4, p. 24.
⑤ 谭启平：《不法原因给付及其制度构建》，《现代法学》2004年第3期。

的动机的一种专门的称呼而已。①

对于学者普遍担忧的对动机的审查难度大且易使法官自由裁量权不受约束的问题，笔者认为可予考察的动机应有一定之要求，即要求这种目的与动机必须通过行为人的言行表示于外，为他人知晓，然后再根据社会一般第三人之判断标准，观其是否可影响法律行为之效力。目的是双方达成一致的动机，而单独的动机则仅为对方知晓，未达成一致。可以说，这里的"目的""动机"都是当事人主观动机的表达，只是是否达成合意不同。未经表示于外、仅存于当事人内心的目的或动机，法律不得加以考量。

二 应为的选择：二元论的原因理论

（一）选择二元论的理由

前文已述，两种原因理论的不同之处在于是否考虑法律行为的"动机"。客观原因理论认为动机是难以把握的，将其排除于影响法律行为效力之范围；主观原因理论下，给与行为的动机作为"远因"也属于法律的考察范围，近因或远因之一违法或背俗即可导致给与行为无效。"明者因时而变，知者随事而制"。应该看到，现代原因理论将动机纳入进来，在动机具有不法性时用以否定法律行为的效力，实现公共利益的维护是因时而变的智慧。因此，鉴于动机在不法原因给付甚至在法律行为效力的把控上有着至关重要的作用，不能因其适用上的难度而否定其正面的作用与价值。只有将动机一并予以考察，方能准确探求当事人的真实意思，进而实现对案件的正确裁判，使法院判决符合社会妥当性。另外，比较法上考察法律行为的动机已经是一种趋势。如美国著名的 Upfill v. Wright 案②中，法院认为（为卖淫而租赁房屋）为不道德行为提供了土壤，该房屋租约是有违道德的，该约定给付是不法的，应予无效。但是任何人无论其从事的职业是否不法或不道德，其都有获取生活必需品的权利，因而向其提供此类

---

① Flour et Aubert, Les obligations. p. 210.
② (1911) 1 K. B. 506.

物品的动机是合法的、道德的①……德国司法界也根据实践之需要，将主观上动机的合法性纳入考量的范围，其结果使得"原因理论成为一种和法国学理一样的广义说"②

（二）原因客观方面的内涵

关于原因客观方面的内涵，不同的法制上确实存在着一些差别。罗马法无合同之一般抽象理论，关于契约的效力是分契约类型进行考察的。③而关于"原因"，罗马法上是将其作为物（res）的同义词来看待的，即"已为给付的客体"④。在中世纪发生了对"原因"界定的转向，中世纪法学家在亚里士多德"德性论"的基础上，以"目的因"来理解"原因"这一概念，并且将其细化为负载伦理价值的"交换正义"与"慷慨"两种，分别作为赋予交换允诺和无偿允诺效力的理由。中世纪法学家通过原因理论将道德意志（Voluntas Moralis）附加于当事人的意志（Voluntas）之上，在伦理上解释法律赋予合同效力的理由。⑤

法国法上的客观原因（也即二元论下的"原因的客观方面"，下同）似乎又回到罗马法的老路上来。法国学者构建的原因理论摆脱了道德意志对意思自治的束缚，仅强调原因的经济价值。法国经典作家认为，在双务合同中，双方的义务互为原因⑥；而在有偿的单务合同中，一方承担义务

---

① Pearle and Another v. Brooks, 见 Smith & Hogen: Criminal Law, 6th edition, p. 460, 转引自何宝玉《英国合同法》，中国政法大学出版社1999年版，第416—417页。

② 沈达明、梁仁洁编著：《德意志法上的法律行为》，对外贸易交易出版社1992年版，第67—68页。转引自李逸豪《论不法原因给付的返还规则》，硕士学位论文，西南政法大学，2012年。

③ 根据之前的结论，罗马法上要式契约的效力根源来源于形式本身，实物契约的效力产生于某物已经被给付的事实，最后被承认的无名契约也被认为是因一方当事人已给付某物或已做某事，无名契约被看成要物契约更为现代的版本。参见徐涤宇《原因理论研究》，中国政法大学出版社2005年版，第55页。

④ 徐涤宇：《原因理论研究》，中国政法大学出版社2005年版，第55页。

⑤ 徐涤宇：《原因理论研究》，中国政法大学出版社2005年版，第55页；李永军、李伟平：《论不法原因给付的制度构造》，《政治与法律》2016年第10期。

⑥ Carbonnier, Les obligations, p. 142.

的原因，是另一方先前所为的给付。[①] 因而在法国经典作家眼里，客观原因被视为"补偿物"（quid proquo），即当事人承担义务所获得的交换物。笔者认为，法国法的将原因客观方面界定为"补偿物"的做法不足取，理由有三：

其一，法国法这种对客观原因的界定，其缺陷是明显的：不能涵盖所有的合同类型，仅适用于双务合同和实践合同之外的单务合同，其对于赠与合同是无解释力的，因而要在这种客观原因之外，为赠与合同找寻其他的正当性基础。而经典学者不得不向"动机"寻求智力支持，将包括赠与在内的无偿合同解释为"是当事人对他人施以'恩惠'的思想的体现，其目的在于证明自己的善良以获得一种精神利益"[②]。很明显，这样做不但不能一体解释原因的客观方面，而且还使原因的客观方面与主观方面发生混同，不能清楚地区分两者。

其二，法国学者构建的这种传统原因理论，实际上是为了迎合19世纪个人自由主义哲学理论，而抽空了中世纪以来学者们赋予的原因理论德性的伦理内容，使其仅具法技术的含义。而通过笔者第二章第二节的分析，德性伦理对于现今民法在调整因给与行为发生之财货变动具有不可或缺的意义——实现对当事人意思自治的真正维护，接纳绝对意思自治的社会条件一去不返，慷慨德性与交换正义的德性在意思自治的实现中扮演着重要角色，因而不能再如1804年《法国民法典》那样将客观原因视为"交换物"。

其三，尽管学理上承认，但法国民法立法上没有物权与债权、物权行为与债权行为的二元区分，原因理论基本上只适用于债权合同，因而将客观原因解释为"交换物"可能即为已足。而德国法族上不同，在财产法中原因理论不仅适用于债权合同，也适用于物权合同，甚至对于给付型不当得利等制度都有解释力。适用范围更广、情形更多的现实需求使得我们不

[①] 尹田：《法国现代合同法》（第二版），法律出版社2009年版，第180页。

[②] Carbonnier, Les obligations, p. 127. 转引自尹田《法国现代合同法》（第二版），法律出版社2009年版，第180页。类似观点，也可参见徐涤宇《原因理论研究》，中国政法大学出版社2005年版，第116页。

能再局限于法国法债权合同的"交换物"。

那么什么是原因的客观方面呢？德国法族的学者似乎有比较清晰而且更好的见解。如德国学者贝克尔认为："给与的'原因'，更为确定的表述是'目的确定'，是当事人追求的具有法律约束力的、表示出的目的。"① 拉伦茨认为，原因是"承担义务的法律目的……同时也表明负担合同所追求的经济目的"②，在赠与、借用、无偿保管等无偿法律行为中比较特殊，其法律原因应为"在约定的直接法律效果外，不产生其他的法律效果"的"约定"③。王泽鉴也将"法律行为之原因"界定为"基于给付所追求之典型通常之交易目的"④。由此可见，德国法族学者通说将给与行为的原因定义为决定给与行为中法律性质的目的。笔者认为，这种界定是符合当下物债二分的框架体系且能实现原因理论的制度功能的，应予采信。在这种构建下，原因的客观方面主要包括以下三种类型：

1. 信用原因/取得原因（Causa Credendi）

它是一种与信目的，是给付人以某种财产的牺牲以图换得对方某一权利或利益之目的。⑤ 通说认为其包括给与人因给与行为取得对方的对待给付、给与人因给与行为取得给与返还请求权、给与人以某种财产的牺牲换得所丧失利益的补偿请求权的三种目的类型。由于最后一种并非发生在狭义的给与行为，因而不在本书的探讨范围，笔者在此仅讨论前两种情形。

（1）取得当事人约定的对待给付的目的

所谓取得当事人约定的对待给付的目的，指给与人目的在于取得与受领人的对待给付。当事人基于该目的通常旨在实现权利或特定价值，此时的给与行为一般通过双务契约的方式进行。如买卖合同，出卖人将标的物

---

① [德]恩斯特·伊曼纽尔·贝克尔：《当代学说汇纂法体系》，转引自田士永《物权行为理论研究——以中国法和德国法中所有权变动的比较为中心》，中国政法大学出版社2002年版，第283页。

② [德]卡尔·拉伦茨：《德国民法通论》（下册），王晓晔等译，法律出版社2003年版，第444页。

③ 徐涤宇：《原因理论研究》，中国政法大学出版社2005年版，第206页。

④ 王泽鉴：《民法学说与判例研究》（第一册），中国政法大学出版社1998年版，第259页。

⑤ 徐涤宇：《原因理论研究》，中国政法大学出版社2005年版，第210页。

的所有权让与买受人，其目的在于取得对方的对待给付——价金给付请求权。①

取得当事人约定的对待给付的目的仅存在于双方互为给付的双务合同中，一般仅在负担行为中出现，而与处分行为无涉，但在对待给付义务被履行时，涉及处分行为的问题，不过这已属于清偿原因的范畴。②

（2）取得给与返还请求权的目的

在此项下，给与原因本身指向的效果，是产生一项给与返还请求权，例如消费借贷、使用借贷、保管、设质等。一方将物或权利转移给他方占有之目的，在于取得他方对于该物或权利的返还义务。

2. 清偿原因（Causa Solendi）

此种给与原因，是给与人履行自己或第三人的债务，以使债务约束获得满足。它涉及两个方面，一是被清偿的负担，二是给与。清偿原因不过是联系给与和被清偿的负担的目的：通过给与，消除负担。

清偿原因是以债的消灭而非债之本身为目的，这也是清偿的给与原因。我们不能笼统地认为债权行为是物权行为的原因，也不能笼统地认为负担行为是处分行为的原因，清偿原因应该是当事人就清偿的意图达成的目的合意。只要当事人该清偿意图达成了合意，后来即使该债不存在或者事后被撤销，亦不会影响该清偿合意之存在，其也是存在主观给与原因（清偿）的，只不过是其主观原因无法客观实现，得成立不当得利。

由于德国法突破了法国法上原因理论仅适用于债法框架的束缚，故在德国法系，基于债的清偿而发生的物权行为的原因都是清偿原因。例如，在买卖当中，出卖人为了履行标的物所有权转移的债务而实施转移所有权的物权行为，该原因就是清偿目的。③ 清偿目的的成立必以给与人有义务

---

① 田士永：《物权行为理论研究——以中国法和德国法中所有权变动的比较为中心》，中国政法大学出版社2002年版，第291页。

② 田士永：《物权行为理论研究——以中国法和德国法中所有权变动的比较为中心》，中国政法大学出版社2002年版，第291页；徐涤宇：《原因理论研究》，中国政法大学出版社2005年版，第212页。

③ 田士永：《物权行为理论研究——以中国法和德国法中所有权变动的比较为中心》，中国政法大学出版社2002年版，第293页。

为先决条件，而这种义务有时不限于法律上的义务，如在有义务无债权的场合，如媒债、赌债、自然之债之情形，给与人仍为清偿原因之给与行为。①

3. 赠与原因（Causa Donandi）

若给与人不以履行债务为目的，也不以取得某种对待给付为目的，而是给与人使受领人增加财产而不必予以补偿的给与目的，则为基于赠与目的之给与行为。基于赠与原因的受领人无偿获得给与人的给与，并且不因受领给与而应为对待给付，也不基于受领该给与而消灭其所负债务。这方面最具代表性的就是赠与行为，赠与目的可发生在赠与负担行为、处分行为中。但在赠与允诺这种情况下，赠与原因存在于给与人应负的给付义务之中，故此时的给与是对先前义务的履行，因而这种给与乃为清偿，而非赠与。因而是为清偿原因，而非赠与原因。

在给与是否为赠与原因的考察中，我们应首先考察一国法制对于赠与行为的制度定位。如果一国法制将赠与行为定位为要物行为，那么赠与行为一经成立，赠与物所有权即发生转移，此时体现的即是赠与原因；但若在将赠与行为定位为诺成行为的法制中，双方签订的赠与合同尚包含的是赠与目的，但及至赠与人履行赠与合同所设定的赠与义务时，其使受赠人取得赠与物所有权的履行行为的原因则是清偿原因，即清偿赠与合同中所负的债务。②从这点也进一步印证了区分合同的订立与合同的履行是有必要的。

4. 客观原因的合并

在某些情况下，客观原因并非独立存在，也可合并发生，即不同类型的原因可在同一给与行为中出现。原因的合并必须要在一个给与行为中，如在买卖合同的订立与履行中尽管存在取得原因（作为负担行为的买卖合同）与清偿原因（作为处分行为的履行合同义务），但它们是分别存在于

---

① 芮沐：《民法法律行为理论之全部（民总债合编）》，中国政法大学出版社2003年版，第221页。

② 芮沐：《民法法律行为理论之全部（民总债合编）》，中国政法大学出版社2003年版，第223页。转引自胡永康《论法律行为的原因》，硕士学位论文，复旦大学，2008年。

三个不同给与行为（一个负担行为，两个处分行为）中，因而不发生客观原因的合并。客观原因的合并一般发生在以下情形中：

（1）赠与原因与取得原因的合并。如"杂性赠与"（negotium mixtum cum donatione）场合，如甲基于赠与的目的将某物明显低价转让于乙，或者以明显高价向乙进行购买。此种给与行为虽然有两个原因，但根据当事人的意思应被视为一个行为，即赠与行为。[1] 此外，在附义务赠与中，除赠与原因外，附带目的是为受赠人设立义务，属于取得原因。[2]

（2）清偿原因与赠与原因的合并。例如，甲对乙负有某种给付的义务，同时又就此取得对乙的某种权利。如在法律规定消费借贷为诺成合同的情况下，则存在这种合并的情形。首先，贷与人基于消费借贷关系享有消费借贷物的返还请求权，贷与人给与行为所包含的原因属于取得原因的范畴，其目的是取得贷与物的返还请求权。其次，贷与人实际转移贷与物之占有的履行行为所包含的原因为清偿原因，因其履行的目的在于清偿其所负担的移转借贷物的占有这一债务。

（三）客观原因的确定

1. 给与原因的合意性

按照芮沐的见解，给与的原因，"通常必于行为当时双方之意思中得之，但在数种情形中，原因亦可由给与人单方决定"[3]。例如在死因赠与、捐助、悬赏等情形中，行为人可单独决定其原因之内容。此外，在债务人的义务存在，但义务的履行又无须债权人参加的履行行为中，如果债务人以清偿的意思履行此等义务，则法律不问债权人的意思如何或是否知晓，

---

[1] 徐涤宇：《原因理论研究》，中国政法大学出版社2005年版，第217页。
[2] 芮沐：《民法法律行为理论之全部（民总债合编）》，中国政法大学出版社2003年版，第224页；田士永：《物权行为理论研究——以中国法和德国法中所有权变动的比较为中心》，中国政法大学出版社2002年版，第293页；徐涤宇：《原因理论研究》，中国政法大学出版社2005年版，第217页。
[3] 芮沐：《民法法律行为理论之全部（民总债合编）》，中国政法大学出版社2003年版，第224页。

其结果皆能成立债务的清偿。①

但在大部分情形中,原因之决定则由双方之合意确定。原因合意者应该是给与人与受领人表示于外的意思(而非内心意思)的一致,也即给与人与受领人就给与原因达成意思表示一致。为什么这么说呢?笔者认为应基于以下理由:

其一,这是有罗马法上实在的证据的。如尤里安在(D. 41,1,36)②中区分了交付与交付原因:当事人有异议的只是交付原因而非交付本身。因此,尤里安认为,存在交付当事人对交付达成合意而对交付原因未达成合意的情形。此外,乌尔比安在 D. 12,1,18③;D. 12,1,18.1④ 中也承认存在原因合意,尽管其与尤里安坚持的原因不合意不影响所有权的移转不同,强调原因不合意不发生原因合意应有的效果。但都可以看出,罗马法上学者是普遍强调原因应达成合意才是有意义的。

其二,如允许单方的给付目的即可决定法律效果则会引起混乱。如果仅以一方之给付目的即可确定是产生清偿、赠与还是取得的效果,在对方不知晓且未同意时,往往对对方不利,并有以一方之意志代替对方意志的嫌疑,也非意思自治的应有之义。如在甲对乙支付某项金额而其意思为借贷者,乙若非基于同样借贷之目的而认为甲是赠与或其他目的而接受金钱,则双方之间难免日后产生争议。又如在债务之履行,双方对此履行一

---

① 芮沐:《民法法律行为理论之全部(民总债合编)》,中国政法大学出版社 2003 年版,第 224 页。
② "当我们同意物的交付而对交付的原因有异议时,我认为交付无效没有道理。例如,我认为根据遗赠我有义务将一块土地交付给你,而你却认为它是根据要式口约被交付给你的;又如我将一笔现金赠与你,而你却将之作为消费借贷而接受。虽然我们对交付和接受交付的原因有异议,但这并不妨碍我将所有权移转给你。"参见 [意] 斯奇巴尼选编《民法大全选译:物与物权》,范怀俊译,中国政法大学出版社 1999 年版,第 48 页。
③ "如果我想送你一笔钱而将这笔钱给了你,而你却以为是消费借贷,那么尤里安认为赠与不成立。我们来看一下消费借贷是否成立。我认为,消费借贷亦不成立,因为,这笔钱不能属于基于不同意愿接受它的人。"
④ "如果我为了寄托交给你一笔款项,而你却认为是作为消费借贷给你的,那么,既不产生寄托的效力,也不能产生消费借贷的效力。同样,如果你是作为消费借贷而给我一笔钱,而我以为是使用借贷,同样不产生任何效力。"参见 [意] 桑德罗·斯契巴尼《契约之债与准契约之债》,丁玫译,中国政法大学出版社 1998 年版,第 65 页。

点也需同意；再如，在存在数个债务之情形，何者应受清偿，也需双方合意定之；同样，在甲乙两人为连带债务人，甲若与丙合意清偿，此时清偿者究竟为甲自己一部分之债，抑或为甲乙两人全部之债务，也需在合意中确定。再如，在代物清偿的情形中，如果不能言明该物之给付是在于清偿原有之债务并为对方所接受，则代物清偿无从成立。[①]

原因合意具有确定性。给与原因一经确定，给与人或受领人一般不能对其进行变更。在负担行为中，若要对原因合意进行变更，则需双方重新达成原因合意，此时也被认为是"债务更新"，旧债务转化为新债务。而在处分行为中，在原处分行为完成后，给与已经生效，其法律效果已经独立于当事人的意思而存在，则需双方重新达成原因合意，完成新的处分行为。

2. 给与原因合意区别于给与合意

那么原因合意与我们平时所认识的意思表示合意是同一含义吗？笔者认为，两者应区别认识。给与人与受领人之间就某法律行为所达成的合意，至少可以分解为两方面：一是对给与本身法律效果的合意（给与合意），即对给与产生债法效果还是物权法效果、负担效果还是处分效果的合意；二是对给与原因的合意（原因合意），例如，该给与产生的所有权移转效果目的在于清偿、取得抑或赠与。[②]

给与合意，实际上是对给与行为本身效果意思的合意，决定给与行为本身之效力：产生债法上的请求权效果还是物权法上的所有权转移效果？产生负担效果还是处分效果？原因合意则不同，它是对原因方面的效果意思的合意，决定给与行为所产生的原因方面的法律效果，是产生取得效果、清偿效果抑或赠与效果？两者标的是不同的，前者是效果意思，后者是就原因达成的一致。因而应当明确区分当事人就何者达成一致。行为人对标的达成合意，就发生该标的合意应有的效果，原因合意与给与合意的

[①] 芮沐：《民法法律行为理论之全部（民总债合编）》，中国政法大学出版社 2003 年版，第 225—226 页。

[②] 田士永：《物权行为理论研究——以中国法和德国法中所有权变动的比较为中心》，中国政法大学出版社 2002 年版，第 297—298 页。

法律效果并不相同。区分当事人合意的标的涉及确定法律效果。①

3. 给与合意与给与原因合意各自在意思表示中的位置

(1) 给与原因合意即是目的意思的合意

对于意思表示究竟包括哪些要素，学界认识不一。② 根据通说理论，意思表示可以分为客观要件和主观要件，客观要件即指表示行为，主观要件即指内心的意思，按照通说见解分为行为意思、表示意识和效果意思。③ 各种学说中的意思表示，其客观要件和主观要件中的行为意思和表示意识都是一样的，且效果意思集中体现着法律行为的效力内容。根据效果意思的不同，法律行为被分成负担行为和处分行为两种不同的种类，被视为体现了法律行为本质特征的最重要的分类，从而产生了债权和物权的不同法律效果。④

对于目的意思是否为意思表示的构成要素，通说持否定观点。根据意思表示的产生过程，应该是先有动机（触动意思发生之事由），然后基于该动机产生一定的目的意思与效果意思，进而产生将该效果意思向外部公开的表示意思，后通过表示行为将意思表示于外。⑤ 笔者认为，第一，在效果意思之外，目的意思同样是不可或缺的意思表示要素，并有其独立的价值。尽管两者可能在某些情况下存在重合，但两者范围上存在很大差异，效果意思绝不可能代替目的意思的作用。举例来说，如

---

① 田士永：《物权行为理论研究——以中国法和德国法中所有权变动的比较为中心》，中国政法大学出版社2002年版，第298—301页。

② 如德国传统民法理论采"五要素说"，认为意思表示的构成要素可抽象为下列五项：(1) 目的意思；(2) 效果意思；(3) 表示意思；(4) 行为意思；(5) 表示行为。我国大陆学者中有主张四要素论者，即效果意思、表示意识、行为意思和表示行为。参见李开国《民法总则研究》，法律出版社2003年版，第228—229页。采三要素说者，如认为意思表示由目的意思、效果意思和表示行为三要素构成。参见董安生《民事法律行为》，中国人民大学出版社2002年版，第163—170页。

③ 参见王泽鉴《民法总则》（增订版），中国政法大学出版社2001年版，第335—337页。林国华《意思表示研究》，博士学位论文，山东大学，2006年；张弛《论意思表示构成要素》，《南昌大学学报》（人文社会科学版）2006年第5期。

④ 转引自周俊霖《物债二分体系解读——以法律行为为切入点》，硕士学位论文，中国政法大学，2009年。

⑤ 徐同远：《意思表示的构造——从目的/效果意思到对目的/效果意思形成阶段的关注》，《西部法学评论》2011年第1期。

在买卖合同当中，买受人的目的意思是期望取得标的物的所有权，出卖人的目的意思是期望获得价金，这点与效果意思相同。① 但诸如标的物瑕疵担保义务等内容只能在效果意思的范畴之列。故一般认为，与效果意思相比，合同目的的范围较窄。② 目的意思的价值在于通过当事人的目的性来确定当事人所欲发生的法律关系的变动效果，而不仅通过当事人的合意来进行推断。借助目的意思探究当事人的真正交易意图，维护真正的意思自治。

第二，诸如意思表示的解释等制度主要是围绕目的意思而设定的制度规范，而非对效果意思之解释。若将目的意思排除于意思表示内容之外，则意思表示的解释规则将失去解释的对象与意义。③

第三，区分目的意思与效果意思，还能对法律行为的发生过程进行阶段性说明，将法律行为的产生过程进行人为合理的切割，帮助初学法律者认识法律行为的发生过程。如当事人在合同成立前磋商尚无约束力的协议内容，因此阶段仅有目的意思而无效果意思，故可解释为何此阶段对当事人不生法律拘束力。而这，仅靠效果意思是无法做到的。正如胡长清所言，"（目的意思与法效意思），一为经济的意思，一为法律的意思，故此两种意思应以分别观察为宜"④。

从比较法上看，国外不少学者对目的意思的独立意义加以认可，并以此为基础提出对意思表示构成的修正见解。如德国学者温德沙伊德在《关于前提的罗马法学说》中提出的"前提学说"即是将当事人未表达出的主观期待称为"前提"，并将其视为"原则上不予考虑的动机和原则上影响

---

① 杨柯：《论我国房屋买卖中房屋所有权的移转》，硕士学位论文，中国政法大学，2004年。
② 崔建远：《论合同目的及其不能实现》，《吉林大学社会科学学报》2015年第3期。
③ 董安生：《民事法律行为》，中国人民大学出版社2002年版，第163—170页。转引自刘新熙《论意思表示的构成要素》，《南昌大学学报》（人文社会科学版）2006年第5期。
④ 转引自徐同远《意思表示的构造——从目的/效果意思到对目的/效果意思形成阶段的关注》，《西部法学评论》2011年第1期。

法律效果的条件之间的一个过渡状态"①。日本学者加藤雅信提出的"三阶层民事行为论",更是提出在效果意思的合意(表层的合意)之外,还存在着深层意思的合意——"前提的合意"②;后者是前者的基础,缺少这种前提的合意,法律行为不生效力。加藤雅信所指的这种"前提"即与我们所说的目的意思在内涵上几乎是一致的。

(2)给与原因合意在要因给与行为、抽象给与行为中的地位与正当性说明

正如徐涤宇所言,相较于法国法上的原因理论,德国法上的要因给与行为中的"原因"更具有法律技术化的特征,这主要表现在它已经转化为意思表示中的目的意思,其真正的价值和意义隐藏在技术化概念的背后。这种要素被归纳为各种典型交易目的,使各种具体合同能够被定性为买卖合同、赠与合同或其他类型的合同。③ 而关于目的意思达成的合意,即是我们所说的给与原因的合意。它区别于效果意思的合意,后者是区分产生物权法效果和债法效果的给与的合意。德国概念法学发展出的物权行为理论将法律行为分为要因行为和无因行为,债权行为和物权行为这对给与行为的下位概念也被分为要因和不要因。笔者认为,要正确认识这里的"要因"和"不要因"(或称"无因"):一切给与行为都是有"原因"(目的)的,凡是给与行为都必有原因作为其正当性基础。只不过出于法技术的原因,将一部分法律行为设定为不要因,而另一部分将原因作为行为的构成要素,保留其法律行为的构成要素价值。

依照法律性质之不同,意思表示其成分可以分为要素、常素或偶素。其中要素为构成意思表示的不可缺少之内容,缺乏它,意思表示不成立;常素为行为人从事某种意思表示或法律行为通常所含有的、内容完全等同

---

① [德]米夏埃尔·马丁内克·伯恩哈德·温德沙伊德:《一位伟大的德国法学家的生平与作品》,载郑永流主编法哲学与法社会学论丛》(六),田士永译,中国政法大学出版社2003年版,第443—490页。

② 孙鹏:《民事法律行为理论之新构造——评加藤雅信教授"三层的民事法律行为论"》,《甘肃社会科学》2006年第2期。转引自徐同远《意思表示的构造——从目的/效果意思到对目的/效果意思形成阶段的关注》,《西部法学评论》2011年第1期。

③ 徐涤宇:《原因理论研究》,中国政法大学出版社2005年版,第232页。

的意思要素；而偶素则指非法律行为必备要素，可有可无，但当事人可以自己之意思与约定而使其成为某行为之要素。① 依据原因合意（目的意思合意）是否作为给与的构成要素，给与行为被分为要因给与与不要因给与。给与以原因为其组成部分的，为要因给与；给与不以原因为其组成部分的，属于不要因给与（抽象给与）。但两种情形都不能否认原因合意之客观存在。

在要因给与行为（大多数负担行为与少数处分行为）中，原因的合意是给与法律行为的必要组成部分，此项合意的存在，为法律行为的要素。此类法律行为中的"原因"也被称为"法律行为或合同必要特征之目的"或"典型交易目的"，欠缺此项目的将导致法律行为或合同因合同要素欠缺而不成立。而给与原因合意本身即是对要因给与行为的给与正当性问题的充分说明。

不过，在要因给与行为中，既然原因为其构成要素，则原因的瑕疵自然构成该行为本身的瑕疵。因此，原因错误等瑕疵均影响此种行为本身的效力。此外，在此种行为中，也存在目的违反法律或公序良俗原则的可能，由此，相应的规则适用会同样影响其效力。②

而在不要因给与行为（如大多数处分行为和少数负担行为）中，法律只要求当事人双方就给与的效果达成合意（给与合意）并事实上完成登记或交付手续，该法律行为即告成立，原因的合意则不被要求是该类给与行为的构成要素，原因合意不影响给与行为本身的效力。此类行为中原因的合意，应为对目的意思中偶素的合意。③ 即除非当事人约定将给与原因合意作为不要因给与行为的必备构成要件，始可成为该约定的不要因给与行为的组成部分，缺少原因合意方使该给与行为不成立。

---

① 董安生：《民事法律行为》，中国人民大学出版社2002年版，第227—231页。董安生进一步指出，"民法对于要素的控制主要通过类型法定方式实现，对于常素的控制主要通过内容法定方式（强行法或推定法）实现，而对于偶素的控制则主要通过特约范围限制方式以禁止性规范实现"。参见董安生《民事法律行为》，中国人民大学出版社2002年版，第168页。

② 徐涤宇：《原因理论研究》，中国政法大学出版社2005年版，第222页。

③ 芮沐：《民法法律行为理论之全部（民总债合编）》，中国政法大学出版社2003年版，第225页。徐涤宇：《原因理论研究》，中国政法大学出版社2005年版，第222—223页。

由于法技术将原因合意从法律行为构成要件中剔除在外，故原因错误等瑕疵不能影响不要因给与行为的效力，但出于公共利益保护的需要，作为原因的给付目的违反法律或公序良俗则亦可影响处分行为的效力。并且作为主观方面原因的动机违法或背俗（需达后文所指的"强反社会性"程度），与要因行为一样，均可使不要因行为无效。

不要因行为的原因合意，并行存在且独立于不要因行为，只要给与达成合意即发生法律效力，从而具有给与的正当性。而原因合意所扮演的角色，则是为受给与人的受取提供保有上的正当性说明。如果该原因合意未实现或不成立，则受让人欠缺保有给与的正当性，应发生不当得利返还。

第二节 "原因"概念与其他概念的辨正

一 原因理论的内部区分：目的与动机

通过前面的分析，笔者认为应该采取二元论的原因理论进行制度构建。即同时采用"原因"客观原因——当事人"给与原因的合意"（"目的合意"）与"原因"主观方面——作出给与行为的动机。那么两者的界限与差异应该如何把握也是应说明的问题。笔者认为，应从以下方面把握两者的不同。

（一）两者的差别与区分

"意图与动机是两种不同的事物，动机如何往往不等于意图如何。"[①]一般来说，动机是目的产生的前置、深层次因素。具体而言，两者存在以下几点主要区别：

1. 内涵方面

给与行为的目的，是行为人在作出给与行为时所希望实现的目标，并决定给与行为中的给与的法律性质，具有典型性；而给与行为动机，则是触动意思发生之事由，是意思表示形成的驱动力量。在通常情况下，行为

---

① ［英］边沁：《道德与立法原理导论》，时殷弘译，商务印书馆2011年版，第145页。

人都是根据一定之动机，进而形成目的意思、效果意思，再将此项意思透过表示行为对外表示，而成为具有法律上拘束力的意思表示。可以说，目的是由动机推动产生的、借助法律行为所希望实现的法律效果。

2. 是否为法律行为（意思表示）的构成要素方面

根据一般见解，动机非为意思表示的构成要素，但目的却是。诸如法律行为解释等规则主要是对行为目的的解释，而不包括对动机的解释。此外，目的错误可以依据错误制度撤销其意思表示，而动机的错误一般不纳入民法的考量范围。仅是为了实现对公共利益的保护，对具有法律意义的非法"动机"纳入法律考量的范围，以否定法律行为之效力。

3. 是否外化方面

行为目的通常是外化的，而动机不是。如在合同中，诸如标明"鉴于""由于"这类字眼的条款往往是合同目的的直接体现。[①] 另外，通过对合同文本的解释，往往亦可将目的通过体系解释等解释方法解读出来。故一般而言，合同目的在合同中是有所体现的。但合同动机不同，其通常不体现于合同条款之上，而仅存于当事人内心，对于当事人动机的判断，更多地需要从其其他的行为活动中去推知。如一个有配偶者向与其同居的异性为财产赠与，要判断其是具有性交易色彩的赠与（动机非法），还是为了感激对方对自己的照料与陪伴的赠与（动机无不法性），我们需要更多地从当事人之间的关系以及他们之间的生活状态所推断。

4. 稳定性方面

在同一类给与行为中，目的总是相同的，必为清偿目的、赠与目的、取得目的三者之一。但给与行为的动机则因其主观性、具体性而千差万别。比如，在买受人向出卖人购买一个书包的买卖合同中，双方的目的分别是——买受人获得书包所有权、出卖人获得价金的所有权，在任何一个以书包为客体的买卖合同中，以上目的都是相同的，即具有典型性目的。但是在不同的买卖合同中，动机则各有不同。如出卖人之动机或为卖掉该书包换得资金购买其他书包，抑或换得资金购买其他生活必需品，甚至是处理积货……买受人购买书包的动机则可能是购买书包为自己使用，也可

[①] 章杰超：《合同目的论》，博士学位论文，中国政法大学，2016年。

能是购买书包为赠与他人作生日礼物,甚至可能是为了收藏……不一而足。有偿合同中是如此,无偿合同中也是如此。如在赠与合同中,赠与的给与目的是使受领人增加财产而不必予以补偿;然其赠与动机则多种多样,可能是体现自己之慷慨、获得精神上的满足,也有可能是为了回报以前对方给予的帮助,甚至亦有可能期待对方将来对自己有所帮助。① 故而,给与行为的目的具有一定的稳定性与固定性,但给与行为的动机并非如此。②

5. 是否具有合意性方面

这是二者最重要的不同之处。如前所述,"目的"是当事人就给与原因达成的合意;而动机存在于当事人的意欲之外,因人而异,具有主观性,一般来说,仅为对方所知晓即可纳入违法与背俗的考量范围,不要求达成当事人的合意或形成"共同性动机"。

试举一例来明晰两者的关系:如在"霍某与某汽车销售公司买卖合同纠纷案"③ 中,原告本欲购买汽车并以之作为其与妻子相识十周年的礼物,但是在汽车买卖合同中,原告未将上述情事告与出卖人,出卖人亦无从知晓该情事,因此只能认为该纪念礼物的情事属于出卖人一方内心的动机,因为未被对方知晓的动机,更没有与作为出卖人的被告达成合意,仍停留在动机阶段而不能转化为"目的"。本案法院根据此种认识拒绝了原告主张"被告迟延履行致使不能实现合同目的"的合同解除请求。这种在实践中正确认识合同"目的"与"动机",并作明确区分的做法,应值赞同。

(二) 两者的转化与融合

虽然目的与动机存在以上多种不同,但是两者并非截然对立,相反,两者在满足一定条件下可以进行转化。

---

① [日] 我妻荣:《债法各论》(中卷一),徐进、李又又译,中国法制出版社 2008 年版,第 3 页。
② 章杰超:《合同目的论》,博士学位论文,中国政法大学,2016 年。
③ 案例参见王信芳主编《民商事合同案例精选》,上海人民出版社 2004 年版,第 220—223 页。

芮沐曾言:"动机与目的可能为同一之意欲,既为发动意思之力量,又为将来希望之事由,两者可能并无分别。"① 根据崔建远的见解,只要当事人明确将缔约的动机告知对方,并将其作为交易的基础或条件,那么该动机是可以被视为合同目的的。② 最高人民法院也表达了同样的认识:"……如果当事人希望其内心动机转化为合同的目的,则应该以明示方式告知相对方。"③

笔者赞同上述认识,由于动机具有主观性、难以把握性,因而在认定动机转化为目的时应该慎重,需要有充分之法律理由。笔者认为,至少应该具有两个基本的要求:一是需要将动机"外化",为他人所知;二是双方应就该动机明确达成一致。即需要一方以明示或默示的方式将内心动机告与对方,在对方知悉该动机并达成合意的情况下,该动机方可转化为合同的目的。④

二 原因理论的外部区分

(一)"原因"与"债因"

关于原因理论中的"原因"与"债因"这一组概念,我国很多民法学者似乎认为两者系同一概念而不作区分使用。如费安玲主编的《罗马法私法学》中在讨论契约成立的要件时,就使用"债因"这一表述来代替作为契约成立要件的"原因",⑤ 并认为罗马法中"原因"("债因")

---

① 芮沐:《民法法律行为理论之全部(民总债合编)》,中国政法大学出版社2003年版,第276页。
② 崔建远:《债权:借鉴与发展》(修订版),中国人民大学出版社2014年版,第555页。
③ 奚晓明主编:《最高人民法院关于买卖合同司法解释理解与适用》,人民法院出版社2012年版,第408页。
④ 赵惠琳:《正确理解和适用合同目的及根本违约规则》,《政治与法律》2003年第5期。
⑤ 在书中,作者指出契约成立的要件包括:(1)两个以上当事人;(2)当事人合意(当合意成为契约要件后,法律对契约订立的"合意"要件即为必需);(3)具有合法的债因;(4)具有法律规定的形式。参见费安玲主编《罗马法私法学》,中国政法大学出版社2009年版,第315页。

指"客观原因",即法律承认的当事人之间客观存在的"关系"。[1] 李永军对客观原因内涵的界定尽管与费安玲有所不同,[2] 但也认为"债因"与"原因"是一回事,他认为"债因或原因在各个国家或地区的民事法律上都有体现,只是表现形式不尽相同:在大陆法上称为'原因',在英美法上称为'约因'"。"只有在债的关系中才要求有的'原因',称为'债因'。"

不仅我国大陆学者对两者不加区分,罗马法学者对这一组概念也存在有时混用的情况,似乎难有一致的见解。如彼得罗·彭梵得在谈到债的发生依据时曾指出:"由之可能产生债关系的法律事实被称为债的渊源,或用罗马法术语被称作'债因'。"[3] 即此时彼得罗将"债因"定位于债的产生根据,并认为如果没有债因的存在,交付的东西就可能被视为"不当得利"。"债因"显然对应的是不当得利或者正当取得的根据,即认为"债因"与"原因"是一回事,是债的发生依据。而在随后关于契约的构成要件时,他指出契约有两个构成要件:原因或者客观事实、当事人之间的协议。[4] 显然,彼得罗在这里所谓的"债因"就与前面所说的"债因"完全不同,它指的是一种"当事人之间的客观关系",而不再是前述的"债的发生原因",也不同于作为契约目的的"原因"。

笔者认为,我们应清晰地把握"原因"的概念内涵,必须明确区分"原因"与"债因"这两个概念。理由如下:

第一,从拉丁语词源上,两者本不是一回事。"债因"是由罗马法上拉丁语 causae obligationum 翻译而来,而"原因"对应的罗马词源是 causa,两者区别是明确的。

---

[1] P. Bonfance, *Corso Di Dirtto Romano*, *Volume Quanto Le Obligazioni*, Milano: Milano Press, 1979, p.288.

[2] 李永军认为,罗马法上的债因或原因,是任何被罗马法承认的契约所反映的客观的交易的外在表现形式。

[3] [意] 彼得罗·彭梵得:《罗马法教科书》,黄风译,中国政法大学出版社 1992 年版,第 306 页。转引自章杰超《合同目的论》,博士学位论文,中国政法大学,2016 年。

[4] [意] 彼德罗·彭梵得:《罗马法教科书》,黄风译,中国政法大学出版社 1992 年版,第 307 页。

第二，在黄风编著的《罗马法词典》中我们可以看到对此二者的明确区分："'债因'（causae obligationum）是法律所列举的导致债（obligation）关系发生的根据，也被称为债的渊源。"① "'原因'（causa）是财产取得行为的要件之一，它使有关的取得行为合法化，表明该行为不构成对他人权利的侵犯，因而经常被称为'正当原因'（iusta causa）。正当原因应当与当事人的主观意愿相统一。'原因'分为有偿原因与无偿原因；一般原因与特殊原因；远因与近因。"② 此外，在"契约"（contractus）这一词条的解释中，黄风明确指出，除当事人间的协议（conventio）外，尚需的另一个构成要件是"原因"（causa）而非"债因"。

第三，笔者认为，造成两者误用的一个重要的原因是，罗马法上可能存在宽泛意义上适用"原因"这一概念的可能。正如有学者指出的那样，"原因"这一词汇本身词义非常广阔，可以适用不同情景，且因人们对表达习惯的"经济性"偏好使得人们乐于以原因替代更具体的追问结果。③ 徐涤宇也在其研究中指出，罗马法中"原因"至少有三种含义：根据或渊源（即"债因"）、客观原因（近因）、"驱动原因"（动机）。④ 因而，笔者认为，罗马法学者本身即有不注重概念归纳而偏好实践的传统，故对于概念之间的模糊运用在所难免。并且出于"原因"这一概念具有极大包容性的特点，因而法学家偏好于将很多原本不属于"原因"的内容也"往里装"，"债因"概念便属其列。尽管两个概念均发端于罗马法，但两者显然是不同的事物："债因"（causae obligationum）应指债的发生原因或发生根据，罗马法上契约、私犯、准私犯、准契约都是债的发生原因，在近现代则主要包括合同、侵权行为、无因管理、不当得利等。故"债因"其实应该是"债的原因"之简称，或者说是"债的发生原因"之简称，指的是合同、侵权行为、无因管理、不当得利等使债产生的源泉，故其与近现代法中的"原因"概念含义并不相同。

---

① 黄风编著：《罗马法词典》，法律出版社2001年版，第47页。
② 黄风编著：《罗马法词典》，法律出版社2001年版，第46页。
③ 参见［意］托马索·达拉·马萨拉《一个理念的诞生：合同原因》，娄爱华、徐铁英译，《私法研究》第18卷，2015年第2期。
④ 徐涤宇：《原因理论研究》，中国政法大学出版社2005年版，第161—164页。

第四，两者的区别还主要基于其特征上的不同。"债因"作为债的发生根据，总是客观的；而"原因"则包括客观与主观两个方面。"债因"仅在债的范畴上进行探讨，而"原因"除在债的范畴（不当得利）上进行探讨外，主要作用领域为包括负担行为、处分行为在内的给与行为。

（二）"原因"与"约因"

1. "约因"概述

英美法系中也有一个与"原因"相类似的制度——"约因"（consideration）[①]。约因制度已有400多年的历史。在约因制度设立之前，英国早期契约法限于约定之形式，认为契约只有符合盖印的形式形成的契约才可被强制执行。这种契约具有正式性，其具有的形式本身就可以被强制执行，也就是说，一项契约如果取得了盖印的形式，则将可以被无条件地强制执行。随着商品经济的发展，盖印形式的令状体制已经不适应经济发展的需要，大量的不具盖印形式的契约需要法律给予调整与回应。法官必须重新发明一种程序，以容纳所有的非令状诉讼[②]。于是英美法规定了"约因"制度，并发展出了可获强制执行的"非正式契约"（informal contract，或称"非盖印契约" simple contract not under seal）。

"约因"是英美法上非正式允诺得以强制执行的多种理由的集合表达，是普通法区分值得保护的允诺和不值得保护的允诺的"标尺"。[③] 在非正式契约中，"约因"与"要约""承诺"一样共同作为其构成要件而存在。在英美合同法中有一个传统的观念：没有"约因"的支持，非正式允诺就没有

[①] 学界也有很多学者习惯将其译作"对价"，陈融认为："将其译为'对价'没能充分表达consideration的本义，容易导致误读；而'约因'一词内涵更加丰富和宽泛。"参见陈融《解读约因：英美合同之效力基石》，法律出版社2010年版，第4页。笔者基于习惯上的译法，在此以"约因"译之。

[②] 李永军：《论私法合同中意志的物化性——一个被我国立法、学理与司法忽视的决定合同生效的因素》，《政法论坛》2003年第10期。

[③] 于月红：《论英美合同法中约因的适用规则及启示》，《河北法学》2015年第1期。

强制力（No informal promise is enforceable if it is without consideration）。① 这也反映在《美国契约法重述》第二版第17条第1项中："……契约的成立必须具备交易，交易包含双方当事人对交换的合意表示和约因。"②

虽然约因制度对于英美契约法的影响至深，但对于其含义历来存有争议，甚至可以说它是一个发展中的概念。英美学者关于约因原则的阐释很丰富，但至今没有确定的，或被奉为权威的关于"约因"的定义。这一方面与"consideration"的一词多义性有关，③ 另一方面也与学者的认识不同有关。甚至有学者认为，"合同法本身随着时代和现实的变化而变化，'约因'只不过是集合了非正式允诺得到强制实施的种种理由……对其作唯一正确的定义是不可能的"④。具有权威性的美国《布莱克法律辞典》（*Black's Law Dictionary*）对其的界定是："允诺人从受诺人处收到的某种有价值的东西……对价或其他替代'允诺禁反言'等对于一个协议的执行是必要的。"⑤ 这里着重强调"约因"的经济性（有价值）。而中国的《元照英美法辞典》则将其界定为"某种与该诺言相对应的回报"，同样是强调"约因"的经济价值。

围绕"约因"的概念，英美法先后发展出了著名的"获益—受损规则"与"互惠约因理论"。前者认为，要约人从交易中的获益或受损，都是其作出允诺的充分约因，获益与受损均为允诺之约因。"获益—受损理论"的基本预设是：一方的利益与另一方的损害是一体两面的问题，有一方受益必定有另一方受损，反之亦然。但现实中出现了很多受益与受损并

---

① A. L. Corbin, Corbin On Contracts, St. Paul: West Publishing Co., 1952, p. 164. 转引自陈融《合同自由与等价交换的博弈——英美"约因无须等价"规则研究》，《北京理工大学学报》（社会科学版）2013年第1期。

② American Law Institute, Restatement, Contract (Second) §17 (1): Except As Stated in Subsection (2), the Formation of a Contract Requires a Bargain in Which There is a Manifestation of Mutual Assent to the Exchange and a Consideration. 转引自刘庆飞《英国1991年"威廉姆斯案"对约因理论的挑战》，《河北法学》2006年第6期。陈融：《论"约因论"在英美法系的衰落》，《现代法学》2007年第4期。

③ Consideration这一英文单词有多种含义，包括考虑、思考、体谅、报酬等含义。

④ A. L. Corbin, Corbin On Contracts, St. Paul: West Publishing Co., 1952, p. 162.

⑤ *Black's Law Dictionary*, 7ed. St. Paul, Minn: West Group, 1999, pp. 300-301.

第三章 原因理论的内涵解说

非——对应的案例,最为经典的是 Hamer v. Sidway 案[1],该案中叔叔是否有获益、侄子是否有受损都是难以明确的,如此类案例便难以用"获益—受损规则"进行解释。除难以明确"获益""受损"要件外,该规则对实质损益的要求与以允诺为中心的交换现实不符,不但体现不出契约法有关市场交易的特征,更使其带有侵权法的色彩,于是"获益—受损规则"逐步被人们所摒弃,取而代之的是"互惠约因理论"(Bargain Theory of Consideration)。

"互惠约因理论"认为约因是一项允诺的交换因素。也就是说,欲成立一个约因,除利益要素外,交换因素则是另一个不可或缺的核心。体现美国合同法理论最高理论成就的美国两次《合同法重述》都采纳了互惠约因理论。[2] 在"互惠约因理论"下,只有同时具备交换与交易的允诺,才是可执行的。赠与等无偿允诺因为缺乏最基本的交换(Exchange)要素,所以是不可执行的。[3]

另外,约因还遭到了其他理论(如允诺禁反言 Promissory Estoppel)的强劲冲击。虽然约因理论的前途未卜,但它在英美合同法的发展过程中无疑起到了极其重要的作用,离开了约因,英美合同法的大厦可能会轰然倒塌。事实上,约因理论内涵的不断变化正显示了这一理论的强大生命力。今天,我们仍然可以将它作为英美国家在法律上构建合同的重要因素,其

---

[1] Hamer v. Sidway, 124 N. Y. 538 (1891). 该案中叔叔为侄子之健康与侄子约定:"如果你直到成年时都不吸烟、不喝酒、不打弹子等,我就给你5000元。"侄子照做了,及至成年时要求叔叔为此支付5000元。

[2] 参见刘成伟译《美国合同法第二次重述(一)》,载梁慧星主编《民商法论丛》(第31卷),法律出版社2004年版,第683页;刘承韪《英美合同法对价理论的形成与流变》,《北大法律评论》2007年第1期。《重述》第71条第2款规定所谓"受诺人的履行和允诺经过交易"是指:允诺人寻求将一个履行或对待允诺作为对其允诺的交换,而受诺人作出了这个履行或对待允诺以换取允诺人的允诺,在实质上应当是一种主观意思的交换。可见,构成对价的东西便是允诺人希望和寻求的,由受诺人作出履行或允诺。转引自刘承韪《英美法对价原则研究:解读英美合同法王国中的"理论与规则之王"》,法律出版社2006年版,第158—159页。

[3] 刘承韪:《英美法对价原则研究:解读英美合同法王国中的"理论与规则之王"》,法律出版社2006年版,第159页;刘承韪:《英美合同法对价理论的形成与流变》,《北大法律评论》2007年第1期。

依旧具有无可替代的说明价值。

2. "原因"与"约因"之异同分析

"约因"与"原因"这两个概念之所以可以进行比较，是因为它们在两大法系扮演着类似的功用。如前所述，"约因"在英美法上最初设立是为了解决因令状的限制而无法获得法律救济的契约纠纷问题，但从实际来看，却发挥了限定契约效力的功用，即约因是允诺是否应被赋予法律的拘束力的一个判断标准，没有约因的允诺是不能被执行的。显然，约因在某种意义上是英美法系中合同效力根源的一个解释要素。[①] 从这点上说，"约因"与传统的客观原因理论的作用是具有一致性的。不管是大陆法系还是英美法系，要成立一个有效合同，在当事人合意之外，还需要其他因素予以支撑，"原因"与"约因"均为这一因素之体现。并且，两者都具有证据、警示[②]、体现交易性质[③]等功能。基于这些功能上的一致性，许多英美法学者甚至将两者等同认为系同一事物。如布莱克通认为"对价"就是大陆法律师们所言的合同交换"原因"[④]。泰勒（Taylor）、斯托里（William Story）的用法也是如此。另据辛普森的观察，19世纪早期的学者也都将对价看成是原因理论的一个地方性的版本（Local Version）。[⑤]

笔者认为，不应将两者等同起来，尽管两者具有功能上的相似性，但不完全等同，至少在原因理论转向包括动机在内的现代原因理论之后，原因理论还扮演着通过对目的与动机的不法性判断来维护公共利益的角色，而这种功能是约因理论所不包括的。此外，两者不能等同的主要原因是两

---

① 徐涤宇：《原因理论研究》，中国政法大学出版社2005年版，第37页。

② 约因之存在，可证明当事人有意缔结具有客观约束力的契约。它能于法院在决定哪些是当事人所意欲成就者，或哪些约定只是出于赠与、恩惠而无强制履行之意思，提供一可资判断的依据。转引自肖杰华《原因理论与约因理论比较研究》，硕士学位论文，西南政法大学，2007年。

③ 即促使当事人谨慎为法律交易，减少交易行为之瑕疵的功能。转引自关玫《法律交易中的原因与约因》，《长春理工大学学报》（社会科学版）2007年第6期。

④ William Blackstone, *Commentaries on the Laws of England*, Chicago: Univ. Chicago Press, 1979, pp. 440–470.

⑤ Simpson, "Innovation in Nineteenth Century Contract Law", Law Quarterly Review (1975), p. 262. 转引自陈融《解读约因：英美合同之效力基石》，法律出版社2010年版，第246—247页。

者在概念内涵等方面的巨大差异：

(1) 概念内涵不同

"原因"与"约因"两大概念都是在历史的发展中不断变化着。在未被抽象化的罗马法时期与自由意志主义滥觞的19世纪都不强调"原因"的伦理价值，而作为"交换物"出现在合同中；而经中世纪法学家改造的、具有伦理道德基础的原因理论则将"原因"界定为当事人的目的——要使一个允诺可以执行（有约束力），则必须具备下列两种原因之一：为了收到某种回报的东西或者出于慷慨。[①] 这种目的首先被客观化为所谓的典型交易目的，随后又被赋予了主观的内涵，[②] 形成了我们所说的"二元原因理论"。所有的变化均围绕当事人的主观意志展开。[③] 而不管是"获益——受损理论"还是"互惠约因理论"，"约因"的概念内涵都没有发生本质上的变化，其终极目标都是强调"约因"的经济价值——可为当事人所交换利益或不利益（Legal Distriment）[④]。从这点来说，"约因"与罗马法时期的概念内涵是相近的。而"原因"更大程度上是双方当事人的内心意志，包括借助给与行为所欲实现的直接目的（近因）或间接目的（远因）。根据类型化之方法，人们总结形成了赠与、取得、清偿等类型的客观原因（近因）。对于体现当事人内心动机的形形色色的远因，只要不违反法律所设置的公共利益这一底线，法律行为（合同）的效力便会得到法律的认可[⑤]。

(2) 适用范围不同

通过前面的分析，我们可以得知原因理论不仅适用于各类法律行为，为给与行为提供效力正当性证明，还在不当得利制度、法律行为的不法性调整方面均有适用的余地，这也是由主客观两方面的"原因"内涵所决定

[①] Cited From James Gordley, Enforcing Promises, 83 Calif. L. Rev (1995), p. 552.

[②] 沈建峰、梁颖：《论约因与原因——一个比较法的视角》，《求是学刊》2005年第6期。

[③] 沈建峰、梁颖：《论约因与原因——一个比较法的视角》，《求是学刊》2005年第6期。

[④] 沈建峰、梁颖：《论约因与原因——一个比较法的视角》，《求是学刊》2005年第6期。

[⑤] 旷佩虎：《对价与原因》，硕士学位论文，湘潭大学，2003年。

的。"原因"可以为合同效力问题的解决提供统一的理论解释。而"约因"的适用范围则较为狭窄,不但仅适用于合同,而且还仅适用于有偿合同,无偿的赠与允诺是不存在约因的,故其效力无法用约因理论进行说明。此外,"约因"只是一个经济上的判断,它本身无法解决非法或者不道德合同等问题,合同非法或不法性的问题只能在"约因"之外寻求其他的解决渠道("不法约定制度"[①])。而原因理论本身就可以解决这些问题。关于"原因"与"约因"的适用范围如表3-1所示:

表3-1　　　　　　　　原因与约因的适用范围对比

		原因	约因
效力正当性说明	有偿合同	适用	适用
	无偿合同	适用	不适用
不当得利制度		适用	不适用
法律行为不法性调整		适用	依"不法约定"解决

在英国,"不法契约"是违反普通法(common law)或制定法(statute)的契约,违反公序良俗的契约则需要法院对是否违反习惯上公序良俗或公共政策(public policy)进行考量。[②] 但在近些年的判例中,似乎已经不再作区分,而统一在公共政策中讨论不法约定的问题,并且认定方式也越来越灵活。关于大陆法的不法原因给付制度与英美法不法约定制度对比如表3-2:

---

① 所谓"不法约定制度",是指基于政府或公共政策目的,以及维护社会公平正义,为法律所禁止,或经由法院宣告无效或无执行力之约定或交易。虽然这种约定具有约因、似应成为合法契约,但因其约定之内容、目的或标的与普通法及制定法的规定相背离,因而被归类为判例法上的"不法约定",法院视之自始不存在。英美法上的不法约定,主要包括以下几种类型:(1)赌博契约;(2)妨碍国交之约定;(3)妨害公务之约定;(4)妨害司法审判之约定;(5)以性为标的之约定;(6)妨害家庭关系之约定;(7)限制商业行为之约定;(8)排斥法院审判权之约定;(9)犯刑事罪名或不法侵害之约定;(10)无执照者缔结之契约。参见杨桢《英美契约法论》,北京大学出版社2007年版,第294页;洪学军《论不法原因给付》,《河北法学》2003年第3期;杨桢《英美契约法论》,北京大学出版社2007年版,第297—314页。

② 李永军、李伟平:《论不法原因给付的制度构造》,《政治与法律》2016年第10期。

表 3-2　　　　　　不法原因给付与不法约定制度的联系与区别

		不法原因给付	不法约定制度
相同		都针对具有违反法律或公共利益的约定	
不同	是否强调有给付行为不同	需要	仅约定即可，不需要
	范围不同	不法约定的范围比不法原因给付广	
	法律后果不同	给付行为无效，已发生的给付"不返还为原则、返还为例外"	约定无效，已发生的给付不得返还

（3）运作方式不同

如前所述，"原因"和"约因"均为双务契约的效力提供正当性进行说明。但两者作用方式有别："原因"是通过当事人的法律行为来推断该行为的目的，只有该法律行为实施的目的是践行慷慨美德或交换正义且无违法或背俗情形，才是法律认可的、发生法律效力的；而"约因"则是通过某种价值的付出与否来证明当事人的某种主观意图的存在，促使当事人谨慎为法律交易。也就是说，"约因"是通过技术性的手段来解决法律上的不利益和交易是否存在的，进而决定是否执行一个允诺，[1] 而"原因"则是通过行为人的表现直接判断当事人的内心真意。

正是基于上述差异，笔者认为有学者称其为"同质异构"[2] 的两种制度的说法是较为客观的。

3. 两种制度差别的由来

那么两种制度果无联系吗？从"约因"理论丰富的实践性与"原因"更为抽象的理论性来看，显似两个不发生任何联系的事物，更难说两者同源。据此，有学者否认原因与约因之间的联系。虽然英美法走向了独立于大陆法的不同道路，但是事实上，其与英美法存在深刻的联系。如艾伦·

---

[1] 沈建峰、梁颖：《论约因与原因——一个比较法的视角》，《求是学刊》2005 年第 6 期。

[2] 关枞：《法律交易中的原因与约因》，《长春理工大学学报》（社会科学版）2007 年第 6 期。

沃森所言："罗马法因素同样渗透于民法法学与普通法系之中。"[①] "英国曾为罗马帝国所征服，直至盎格鲁撒克逊人入侵英国前，罗马法是英国法律的基础。由于种种社会的和政治的原因，罗马法常常受到排斥……虽然如此，罗马法的种子毕竟撒在了英格兰的土地上，在那里开出了奇异的花朵。"[②] 因此，认为英美法约因与大陆法毫无关系的观点是值得怀疑的。但截至目前，似乎没有学者发现两者之间历史上的确切联系，普遍认为约因制度的起源与英国诉讼形式的历史发展有关。[③] 刘承韪的结论笔者认为是一针见血的，即"不管从对价原则的形式词汇还是从其本质内涵来看，对价原则都不可能是来自大陆法的原因理论。大陆法的原因理论或许曾经对英美法对价原则的形成和型塑产生过一定的影响，但绝不是英美法对价原则产生的决定性力量"[④]。

笔者认为，"约因"理论的发展或许受到罗马法的影响，但之所以形成我们当前看到的约因制度主要是英美法不同于大陆法的法思维造就的。在大陆法上，合同这一商品交易的手段，更多的是在债的范畴被加以讨论，作为当事人合意产生的"法锁"，应被双方所遵守。而英美法与之不同，合同法归属于商法，合同更多地被视为商品交易的工具，是商人交往的方式，因此商品交易的经济属性与大陆法相较更被看重与强调，利益的交换受到法律更多的关注。可以说，英美合同法重点在于交换，大陆合同法的重点在于合意。[⑤] 在这两种思想的影响下，极有可能催生出内涵不同的"约因"与"原因"。

---

① ［美］艾伦·沃森：《民法法系的演变与形成》，李静冰、姚新华等译，中国法制出版社2005年版，第258页。
② 梁治平：《英国普通法中的罗马法因素》，《比较法研究》1990年第2期。参见章杰超《合同目的论》，博士学位论文，中国政法大学，2016年。
③ Sir William Holdsworth, *A History of English Law* (Volume Ⅷ), Little, Brown&Co., 1926, p. 8. 傅静坤：《二十世纪契约法》，法律出版社1997年版，第64页；关玫：《法律交易中的原因与约因》，《长春理工大学学报》（社会科学版）2007年第6期。
④ 刘承韪：《英美契约法的变迁与发展》，北京大学出版社2014年版，第51页。
⑤ 肖杰华：《原因理论与约因理论比较研究》，硕士学位论文，西南政法大学，2007年。

（三）"原因"与"标的"

"标的"在法律术语中通常被解释为权利义务指向的对象。债权行为中体现为给付，在物权行为中多体现为物。我国《合同法》与相关司法解释明确将标的作为合同的基本要素之一，欠缺标的的合同并不能成立。根据通说见解，合同标的应具有有益性、确定性、可能性、合法性等特征。[1] 极少数学者在其著作中混用这组概念，将法律行为的标的定义为"指作为意思表示构成要素的效果意思指向的典型交易目的"[2]。而这样的见解明显是错误的，笔者认为，两者至少存在下列主要区别：

1. 含义方面

给与行为的"标的"是行为双方权利义务共同指向的对象。它可以是物，也可以是债务人应为的作为和不作为。它是给与行为目的所指向的对象，且因各种给与行为性质的不同而不同，并且是具体的，如在买卖合同中交付约定的物品、在承揽合同中承揽人完成的特定工作等。[3] 而给与行为"原因"则是给与行为的目的与动机，包括客观与主观两个方面，其中容易与"标的"发生混淆的"原因客观方面"仅关注宏观的东西而不着眼于具体，如在买卖合同中一方给付金钱的目的是取得对方的标的物，而对方的给付目的则是（通过交付标的物所有权）取得对方的金钱，"原因"并不关注具体的货物与金钱是什么，后者是"标的"所要解决的东西。

2. 是否必备要件方面

"标的"对于给与行为来说是不可或缺的，不管是有因行为还是无因行为"标的"都是其构成要素。而给与行为的"原因"，尽管都客观存在于所有的给与行为之上，但对待方式存有差别：在法国法系的传统立法中，被视为合同的构成要件；在区分有因、无因的学理与立法上，其仅为

---

[1] （1）有益性，即标的应当具有经济或其他价值；（2）确定性，标的必须是确定的，否则债务人应当受到约束的事项无法确定，也就不可能存在合同；（3）可能性，指债务人履行义务的可能；（4）合法性，指标的不能违反法律和社会道德。参见尹田《法国现代合同法》，法律出版社2009年版，第174—178页。

[2] 张俊浩：《民法学原理》，中国政法大学出版社1997年版，第224页。

[3] 章杰超：《合同目的论》，博士学位论文，中国政法大学，2016年。

有因行为的构成要素。

3. 功能方面

"标的"是对"所负欠的是什么?"的回答,而"客观原因"是对"为何负债"的回答。①给与行为的原因可在有因给与行为中成立,直接决定合同效力的发生并提供正当性说明,同时给与行为内容即是对给与行为原因(客观原因,即目的)的直接反映。另外,客观方面原因(在各国合同法制上)还涉及合同的履行、解除、解释等方面。而其主观方面原因(功能)还将影响到给与行为的效力等。而给与行为的标的直接决定给与行为是否成立,欠缺此标的,则给与行为不能成立。

此外,在不法性与不合道德性的效力控制进而保护公共利益方面,原因的主观方面与"标的"发挥相同的作用。但在实际操作上,"原因的主观方面"比"标的"更为灵活且适用范围更大。例如,在购买赌场时,合同自因标的不法而无效;但在购买商业用地时,合同不会因标的不法而无效;相反,如果当事人购买商业用地是用于开设赌场,那么该合同将无法因标的不法而否定其效力,但可适用(主观)原因不法而宣布其无效。由此可见,原因因其灵活性而比标的更具生命力。②

坚定区分"原因"与"标的"也进一步证成了为什么法国法上被视为"交换物"的客观原因理论之不合时宜。因为如果将双务合同的"原因"界定为"双方互负的义务"(交换物),那么原因的缺乏与不法和标的的缺乏与不法就难以进行区分。③

(四)"原因"与"意思表示"

在本章第一节我们已经分析过,原因(目的)即是意思表示中的目的意思,在一般意义上属于意思表示的构成要件,在抽象行为中出于法技术操作的需要,将"原因"不作为意思表示的构成要件,而是独立于意思表

---

① 徐涤宇:《原因理论研究》,中国政法大学出版社2005年版,第145页。
② 徐涤宇:《原因理论研究》,中国政法大学出版社2005年版,第145页。
③ 徐涤宇:《法国法系原因理论的形成、发展及其意义》,《环球法律评论》2004年第6期。

示而存在。

原因既然是意思表示的组成部分,"给与的原因,通常必于行为时当时双方意思中得之"①,给与行为中关于当事人就原因方面的合意,一般准用法律行为成立和生效的一般规则;原因合意的解释与探求、行使,自应适用法律关于意思表示的规定。两者之间并无明显的可进行比较的区分,讨论"原因"与"意思表示"的区分问题实际上是意思表示的目的意思("原因")与给与行为效果意思进行比较分析,关于这部分内容笔者已经在本章第一节进行探讨,在此不赘。

第三节 无因性理论的理解与适用

一 无因性理论的理解

(一) 无因行为中"因"的理解

在物债二分的财产权体系下,物权行为与债权行为为什么有不同的效力?根据通说观点,是因为构成意思表示的效果意思不同,并适用于要因主义与无因主义不同的规则。②

根据我们之前的讨论,要因行为与无因行为中的"因"一般指的原因理论的客观方面(给与目的),原因理论的主观方面(动机)仅在违法或背俗时才有讨论的意义。之所以说给与行为"有因"或"无因",并非指该给与行为不存在"原因",而是出于法技术的考虑,将"原因"设置于不同的逻辑层次:在要因给与行为,作为行为构成要件的给与原因合意为行为本身提供法律上的原因,不再需要其他外在于该要因行为的原因提供正当性说明。而无因行为,由于抽象性或无因性原则的存在,使得无因行为不以"原因(合意)"为构成要素,原因合意便成为了外在于无因行为的成分,虽不因原因合意不成立或无效而影响无因行为的效力,但原因合

---

① 芮沐:《民法法律行为理论之全部(民总债合编)》,中国政法大学出版社2003年版,第224页。
② 周俊霖:《物债二分体系解读》,硕士学位论文,中国政法大学,2009年。

意仍为行为的法律效果提供正当性说明。正如图勒所言,"大多数处分行为以及某些负担行为中,出于法技术的原因……不再将原因约定作为(给与)的组成部分而是在给与之外存在的辅助行为,这一类给与,人们称之为'抽象的'(abstrakt)"①。在无因行为中,若外在于无因行为的"原因合意"不成立或不能实现,则通过不当得利制度予以纠正。但须注意的是不当得利制度并不为其提供正当性说明,其正当性还是通过"原因"来加以说明。②

表3-3　　　　　　　　有因行为与无因行为的区别

	有因行为（债权行为为例）	无因行为（物权行为为例）
"原因合意"是否为构成要件	是	否
给与行为本身的效力正当性说明	内在于有因行为的"原因合意"	不需要
导致给与行为法律效果的事由	有因行为的效果意思	无因行为的效果意思
给与行为法律效果正当性说明	内在于有因行为的"原因合意"	外在于无因行为的"原因合意"（"原因合意"不成立或不能实现,则通过不当得利制度予以纠正）

(二) 关于无因行为分离原则与抽象原则的理解

对于无因行为分离原则与抽象原则的理解,我国学者多有不同,这也导致了人们对于物权行为理论理解上的分歧,甚至在我国现有制度是否已规定、民法典要不要规定物权行为理论等问题上语境都是不一致的。因此,正确理解无因性理论的分离原则与抽象原则是首位的、基础性的问题。

---

① 转引自田士永《物权行为理论研究》,中国政法大学出版社2002年版,第303页。
② 周俊霖：《物债二分体系解读——以法律行为为切入点》,硕士学位论文,中国政法大学,2009年。

第三章 原因理论的内涵解说

我们首先来看分离原则。对于分离原则是什么与什么相分离？有学者认为是给与行为与给与原因相分离，而有的学者认为是给与行为与其原因行为相分离，① 甚至还有理解为物权变动的原因与物权变动的结果相分离，② 等等，不一而足。笔者认为，分离原则应该指物权行为与其他因素相互分离而独立存在。与物权行为相分离的，可以说债权行为，也可以是负担行为，也可以是原因。如果强调法律行为的法律效果作用的法律领域，就可认为分离原则指的是物权行为与债权行为相互分离而独立存在；如果强调的物权行为包含处分因素，就可以认为分离原则指的是包含处分因素的处分行为与负担行为相分离而独立存在；如果强调物权行为中包含给与因素，则就可以认为分离原则是包含给与因素的物权行为与其原因相分离而独立存在。③

而所谓抽象原则（无因原则）包括广义说和狭义说两种，前者所要解决的问题是，"物权行为是否需要一个原因性的目的规定（'内容无因性'），以及物权行为之效力，是否取决于义务负担行为之效力（'外部的无因性'）"④。而狭义说仅指外在无因性。"内容无因性"即内部抽象性问题，是关于原因与物权行为的抽象，指原因不是处分行为的构成要素；"外部的无因性"即外在抽象性问题，是指债权行为和物权行为在效力上的抽象，作为原因的债权行为与物权行为在效力上互不连接。⑤ 学界往往

---

① 该种观点认为："所谓独立性，指的是发生物权变动法律效果的法律行为独立于作为变动基础的法律行为而存在。"参见苏永钦《物权行为的独立性与无因性》，载《固有法制与当代民事法学：戴东雄教授六秩华诞祝寿论文集》，三民书局1997年版，第296页。类似观点参见王利明《物权行为若干问题探讨》，《中国法学》1997年第3期。

② 该观点认为："所谓区分原则，即在发生物权变动时，物权变动的原因与物权变动的结果作为两个法律事实，他们的成立生效依据不同的法律原则。"参见孙宪忠《物权变动的原因与结果的区分原则》，《法学研究》1999年第5期。该观点与"物权行为债权行为区分说"不同之处在于是否承认物权行为独立存在是不明确的。参见田士永《物权行为理论研究》，中国政法大学出版社2002年版，第311页。

③ 田士永：《物权行为理论研究》，中国政法大学出版社2002年版，第317—318页。

④ ［德］鲍尔/施蒂尔纳：《德国物权法》（上册），张双根译，法律出版社2004年版，第92页；韩伟、赵晓耕《中国传统契约"原因条款"研究——兼与欧陆民法原因理论之比较》，《北方法学》2014年第6期。

⑤ 参见赵冀韬《负担行为和处分行为的区分——以德国法为考察对象》，法律出版社2006年版，第151—153页。

仅注重其外在抽象性，而忽视其内在无因性。诸如王泽鉴等民法权威学者也都认为物权行为的无因性乃将物权行为从其原因行为（基础行为）中抽离，不以原因行为之欠缺或不存在，致物权行为受其影响。[①] 但依笔者理解，物权行为的抽象性应该包括内在抽象性与外在抽象性两方面。其中，外在抽象性讲的是物权行为在特定场合下（如买卖、互易等涉及所有权转让的行为）与债权行为的关系问题。即物权行为作为一个法律行为，就像我们无法在理论上将两个独立的债权契约的效力相联系一样，我们也不应将一个物权行为和一个债权行为的效力相联系。[②] 所谓的内在抽象性实际上讲的是物权行为本身的性质问题，即物权行为本身在内容上不同于债权行为，其目的意思不是物权行为的构成要件，作出物权行为的当事人无须就物权行为的目的达成一致。故我们应该明确抽象性的两层含义，前者指无因行为的效力和其基础行为的效力互不牵连，后者指无因行为本身构成上的无"目的性"。

申言之，抽象性原则实际上解决了无因行为两方面的问题：一是无因行为效力不受其原因合意的影响（目的意思被从意思表示中抽离）；二是无因行为效力不受其之前的基础行为（又称"原因行为"）的影响，物权之变动不依赖于债权行为之效力，而是物权行为之结果，物权法律关系亦不受债权行为效力之影响。但凡是给与行为都要有原因作为其正当性基础，无因行为作为给与行为之门类，原因也是客观存在的。"无因"主要是指其效力不受"原因"不存在的影响，但可以引发不当得利请求权。[③]

二 无因行为的适用范围

德国民法将法律行为区分为给与行为与非给与行为，并在给与行为中形成了所谓的无因给与体系，大致包括处分行为和无因债权行为。因此，

[①] 王泽鉴：《物权行为无因性理论之检讨》，载《民法学说与判例研究》（第一册），中国政法大学出版社2009年版，第281页。王维拉：《论物权行为的无因性》，硕士学位论文，中国社会科学院研究生院，2003年。

[②] 沈建峰：《论罗马法上的原因理论及其在德国法上的变迁——以原因理论的历史考察为中心》，硕士学位论文，中国政法大学，2006年。

[③] 陈自强：《无因债权契约论》，中国政法大学出版社2002年版，第2页。

本书所关注的无因行为体系，系指大多数的处分行为与少数负担行为。

此处所谓的大多数处分包括物权行为与准物权行为。传统上我们讨论物权行为，实际上是讨论其与的债权行为的关系，而结合我们上面的讨论，应认为上述观点只是无因性之外部无因方面，而内部无因性亦不可忽视，尽管在大多数情况下物权行为是为了先前债权行为的履行，但亦应区分两者中的给与原因。债务尽管由债权行为产生，但债权行为、债务的存在与否不影响物权行为清偿目的的存在与否。换言之，债权合同多为激发当事人物权行为目的（原因）意思的引发器，但它嗣后被撤销、解除、无效不影响后者目的意思的存在。否则仅依靠外部无因性，无法解释无负担行为存在的非债清偿的问题。

而所谓少数负担行为，主要为债务承认、债务负担、票据行为等几种负担行为。首先，票据行为是一种典型的无因性法律行为。我们讨论票据行为，通常是讨论与其相对应的基础法律行为的关系。一个票据行为的发生必定由其基础关系引起，如资金关系、预约关系等。为保障票据的流通性并保障交易安全，故承认其（外在）无因性，票据行为与其内在的原因行为相互分离，二者的关系被割裂，票据行为一旦完成，就与原来的基础关系不再有任何联系。[①] 同样其也是存在内部无因性的，即不以原因合意为构成要件，只不过在票据行为中似乎不必关注内部无因性的问题。

在德国法规定的债务允诺和债务承认[②]这对无因性债权契约中，允诺人所设立的单方负担义务的负担合同，使独立地与作为基础之原因行为相脱离之义务得以成立，因为可以为债权人提供较大的安全可靠性，同时方便诉讼和请求权的实现。[③] 但该规定在德国司法界有着严格的适用范围，即因债务承认而发生的无因债权，为大家所公认的也仅限于交互计算之差

[①] 赵新华：《票据法》，吉林人民出版社1996年版，第48页。

[②] 《德国民法典》第780条："为使以允诺应当独立地设定义务的方式，允诺给付的合同有效，以未规定其他方式为限，需要以书面方式允诺。不得以电子方式允诺。"
第781条："为使承认债务关系的合同（债务承认）有效，需要以书面方式给予承认的表示。对承认其存在之债务关系的成立规定其他方式的，承认合同需要采取此种形式。"

[③] 杜景林、卢谌：《德国民法典评注：总则·债法·物权》，法律出版社2011年版，第441页。

额承认。① 我国民法没有对此问题进行规定，第三人的债务负担是通过《合同法》第84条的债务承担制度进行的调整，但是否适用无因性理论，学界是存有疑问的。

三　无因行为与不当得利

在前面的分析中，我们已经纠正了过去错误的观点——将作为给付行为基础的负担行为（或称"基础行为""基础关系"）作为不当得利法上的"法律上的原因"。正确的见解应采非统一说，区别于给付型不当得利与非给付型不当得利，前者应当以给付行为中的给付目的是否成立与实现作为是否存在不当得利法上"法律上的原因"的认定依据，不能以负担行为作为不当得利法上的"原因"，也不能认为负担行为中的"原因"是不当得利法上的"原因"。后者之所以被否定，是因为这样做也是与给付行为、给付目的相脱离的，与"基础关系说"实质是"换汤不换药"，无法实现、解决好前述对限制行为能力人的特别保护等法律目的与情形。可以说，不当得利法上"法律上原因"是物权行为的"原因"，不是债权行为、负担行为的"原因"，虽然两者在很多情况下是重合的，但仅仅是一种巧合，两者绝不是一回事。

在采取物权行为无因性理论的法制下，外在于物权行为的物权行为之"原因"成为了受让人保有所取得权益的依据，物权行为的"原因"不成立或不能实现，则受让人缺乏保有利益的正当性，因而引发不当得利请求权的追究。故，无因性理论与给付型不当得利制度有着密切的关系。具体包括：

（一）物权行为无因性提高了给付型不当得利的地位

在不承认物权行为无因性理论的法制上，义务负担与所有权转移都是合同的结果，在合同被撤销或无效时，所有权自动回复至给与人，给与人可行使所有物返还请求权，不当得利无适用余地，只有在所有权返还请求

---

① 陈自强：《无因债权契约论》，中国政法大学出版社2002年版，第240页。

权不能行使时，方可才有不当得利的适用余地。因此，不当得利制度不免沦为物上请求权的辅助性救济措施，不当得利的适用范围与功能被极大地限制。"近年来因受德国法学之影响，学者力倡废弃辅助性理论，并重新检讨不当得利请求权之理论基础及构成要件"[1]，承认物权行为无因性理论，受让人基于"交付"这一物权行为取得标的物的所有权，给与人基于给付行为而受有损害，受让人取得利益又欠缺法律上的原因，故负有不当得利的返还义务。如此，给付型不当得利的构成要件在理论上获得了圆满的解释，也使不当得利制度在债法中的地位和功能得到应有的肯定。[2] 在高效率的市场经济条件下，财产利益更多地通过价值形态而非原来的实物形态予以实现，不当得利的适用范围扩张是不争之实。但如无物权行为无因性的支撑，不当得利的适用范围仍会大大缩减。[3]

（二）给付型不当得利制度对无因性原则的补充

无因性原则的最大价值是通过将过程与结果的分离而使得第三人不必对基础法律行为与给付目的进行考察，从而保护了交易安全，保证财富持续地向下游流转。[4] 在采纳无因性原则的法制下，所有具有财产性质的物与权利获得了前所未有的流通性。[5] 但是物权行为效力与其原因分离可能会引发物权变动的不公平性问题，即使自始给付原因不存在或原因不达成，但物权行为发生效力而使一方发生缺乏法律上原因的得利情形，不符合法律所要求的公平正义。而不当得利制度却可用来解决这一问题，即基于无因给与行为，无论其标的为物权、债权抑或是其他财产权，若欠缺法律上的原因，则发生无法律上原因的财产上损益变动关系，给付人可依不

---

[1] 王泽鉴：《不当得利》，北京大学出版社2009年版，第7页。

[2] 王维拉：《论物权行为的无因性》，硕士学位论文，中国社会科学院研究生院，2003年。

[3] 王维拉：《论物权行为的无因性》，硕士学位论文，中国社会科学院研究生院，2003年。

[4] 张强：《有因行为、无因行为之再思考——以行为之"原因"为突破点》，《法学论坛》2007年第4期。

[5] 张强：《有因行为、无因行为之再思考——以行为之"原因"为突破点》，《法学论坛》2007年第4期。

当得利的规定，向受领给付人请求返还其所受领的利益，以尽可能回复到给与行为之前的财产状态。① 此种场合下，不当得利制度即成为无因给与行为共通的实定法基础，并治疗"民法因采物权行为无因性自创之伤痕"②。

总结来说，即在物权行为无因性的认识下，应区分合同的订立与合同的履行，合同的履行是一种物权行为，物权行为的"给与原因"连通着给付型不当得利的"法律上原因"，包括清偿目的、赠与目的、与信目的三种，含义上与合同"原因"一致，但与先前债务负担合同的"原因"是两个不同阶段的"原因"，虽可含义相同但亦应区分。合同履行部分的给付目的体现的是清偿目的，一旦给付行为的给付目的不存在、落空或无法实现，给付行为的正当性即告丧失，受领给付人不能保有给付，从而引发不当得利请求权。而物权行为的给付目的实现便具有正当原因，可以排除不当得利请求权。③

---

① 徐涤宇：《无因性原则之考古》，《法律科学》（西北政法大学学报）2005 年第 3 期。
② Dernburg, Das Bürgerliche Recht, Die Schuldverhältnisse Bd. II/2, 4. Aulf（Berlin 1878）. 转引自王泽鉴《不当得利》（第二版），北京大学出版社 2015 年版，第 48 页。
③ 赵文杰：《给付概念和不当得利返还》，《政治与法律》2012 年第 6 期。

第四章 原因客观方面对负担行为的影响与适用

在前面的章节中，我们已经明确了原因客观方面的内涵及其类型，即取得原因、清偿原因、赠与原因三大原因构成原因客观方面理论的基本内容，不同的原因类型可在同一给与行为中一并进行表达，是为"原因的合并"。那么原因理论究竟在民法理论与实践中产生怎样的影响，或者说其如何与民法其他理论协调适用，则是本章所要解决的问题。本章是关于原因客观方面的民法适用的相关问题，思路是首先交代原因客观方面的一般适用理论，然后在此基础上考察原因的客观方面的虚假对合同效力的影响、原因客观方面在情势变更与合同法定解除中的理论涵摄与解决已有规定司法适用上问题的重要作用与价值，进一步论证原因理论的不可或缺性。

第一节 原因客观方面对合同性质的影响

一 原因合意的成立与实现之一般理论

(一) 原因合意的成立

1. 原因合意的成立与不成立

原因合意乃当事人就原因达成的合意，一般准用合同成立和生效的一般规则，但在理论上，原因的合意可成立单独的观念。① 因此，我们可就原因客观方面的一般适用规则参照合同成立和生效的一般规则加以明确。

与给与合意一样，需要区分合同当事人双方是否确实在同一意义上理解了对方的给与原因。对方当事人在相同意义上理解了给与一方的给与原因，方可构成给与合意，否则即是给与原因的未合意。"合意"不仅是当事人双方实际上所理解的意义的一致，更是他们"内在意思"的一致。② 所谓意思一致即指具备客观的合意及主观的合意。③ 按照这种理解，给与原因的客观合意其实就是对究竟是哪种类型的原因达成一致，而主观合意则应指一方（甲）欲与他方（乙）达成原因合意，而非另一方（丙）达成原因合意，即这里强调的是原因合意缔结的相对性。

原因合意达成一致者，必须为给与人与受领人借助表示行为表示于外的目的意思而达成的合意，而非给与人或受领人内心意思，后者至多可构成动机，更多地为内心保留，两者均无法律上的效力。例如，假设给与人 A 旨在清偿某义务而为给付，但受领人 B 无从察知该给付的目的，则该给付不构成以清偿为原因合意的给与。又如，A 明知自己无债务但明白表示其给付为清偿，而 B 又故意接受此不当得利，则构成清偿原因的合意。④

还有一种原因不能达成合意的，如一方误会地认识了他方的目的意思而为目的意思表示者，虽然一方误认为目的意思达成了合致，但在客观事实上两者的目的意思是不一致的，因而此时原因合意也未成立。典型的例如 A 欲借用 B 的某物而成立借用合同，但 B 以为 A 是欲购买其所拥有的标的物而予以交付，则应认为此时系给与原因的错误，原因合意同样未达

---

① 芮沐：《民法法律行为理论之全部（民总债合编）》，中国政法大学出版社 2003 年版，第 226 页。
② ［德］卡尔·拉伦茨：《德国民法通论》（下册），王晓晔等译，法律出版社 2004 年版，第 732 页。
③ 孙森焱：《民法债编总论》（下册），法律出版社 2006 年版，第 28 页。
④ 芮沐：《民法法律行为理论之全部（民总债合编）》，中国政法大学出版社 2003 年版，第 226 页；徐涤宇：《原因理论研究》，中国政法大学出版社 2005 年版，第 220 页。

成。再如"虚伪行为"①（又称通谋虚伪表示 Scheingeschäft），我们通常说它之所以不生效是因其意思与表示不一致，实际上即是给与原因未达成一致，故不生法律效力；而被虚伪表示掩盖下的被隐蔽的法律行为，则被称为"隐蔽行为"（Verdecktes Geschäft），根据第 117 条第 2 款的要求，其是否有效则需要根据法律行为之有效性的一般规则及法律关于该隐匿行为的独特规定予以判定，② 这其实就是在探寻双方之间是否存在潜在的给与原因合意与给与合意。

2. 给与原因合意与给与合意成立上的先后关系

我们已经在前面的讨论明确了给与原因合意与给与合意的可分离性，两者对应着意思表示中的不同成分的合意。观念上也可将两者区分开来，而成立上的先后顺序则为我们区分两者提供了清晰的认识。

（1）两者同时成立

两者同时成立的情形是占绝大多数的，因为占给与行为半壁江山的要因给与行为是"要因"的，而原因实为给与行为之目的意思的要素，从而原因的合意构成该行为的一部分，即原因合意、给与合意均是其构成要素，故两者在大多数情形中是同时成立的。

但在无因给与行为中，由于原因并非给与行为的成立要素，原因合意独立于意思表示而存在，故两者既可同时成立，也可不同时进行。例如，在普通之赠与，双方当事人对于所有权之移转及赠与原因之合意往往同时成立。给与合意与给与原因合意不同时进行的，如在债权让与中，原因合意可先于债权转移之物权合意，也可后于债权转移之物权合意成立。

（2）原因合意先于给与合意

即当事人双方事先决定其给付之标的物究竟为赠与抑或借贷、清偿等，嗣后在实施给付时即不必再行表示其原因。在此种情形，给与行为受

---

① 《德国民法典》第 117 条规定："（1）应当向他人作出的意思表示，在该意思表示系与他人通谋仅为虚伪地作出时，为无效。（2）以虚伪行为隐藏另外一个法律行为的，适用被隐藏之法律行为的规定。"

② 朱广新：《论"以合法形式掩盖非法目的"的法律行为》，《比较法研究》2016 年第 4 期。

事先约定原因的约束，嗣后的给与行为往往不能废弃原定原因，而换他种原因。①

（3）原因合意后于给与合意

在很多情况下，给与人与受领人在签订债权合同或作出物权行为时并未同时对给付目的进行约定，而是在之后始就原因达成合意，这种情况属于原因约定后于给与合意。笔者认为，这种情形只能发生在无因给与行为中，因为有因给与行为中，原因合意是作为给与行为的构成要件而存在的，故不能迟于要因行为中的给与合意。

在无因给与行为中，当事人可在给与合意之后再达成给与的原因合意。未就给与原因达成合意或者给与原因合意未实现或满足的，虽然给与行为本身的效力不受影响，但该给付构成不当得利，受领人应返还受到的给付。例如，甲将一定数额的款项转账于乙，但未声明该款项支付之目的，后甲以信函声明其给付乃为清偿之目的，若乙明示或默示接受该原因，则甲之给付产生正面效力，否则，即构成不当得利。②

3. 给与原因合意的变更

给与原因合意达成后，一般不得变更，但得双方一致另行达成原因合意而进行变更。③ 例如，甲支付一笔款项于乙，若双方约定为消费借贷，则其中包含原因为取得给付返还请求权，此时，给与生效，乙取得该款项的所有权，而甲对乙享有给付返还请求权。若事后甲表示该金额为赠与，乙对此也表示同意，则应解释为甲乙之间就乙的债务免除另行达成合意，该合意以赠与为原因，而不应解释为甲乙就原给付达成赠与原因之合意，因为原消费借贷已经生效，其法律效果已经独立于当事人的意思而存在。④

---

① 芮沐：《民法法律行为理论之全部（民总债合编）》，中国政法大学出版社2003年版，第227页。
② 芮沐：《民法法律行为理论之全部（民总债合编）》，中国政法大学出版社2003年版，第227—228页。
③ 芮沐：《民法法律行为理论之全部（民总债合编）》，中国政法大学出版社2003年版，第226页。
④ 田士永：《物权行为理论研究》，中国政法大学出版社2002年版，第302页；芮沐：《民法法律行为理论之全部（民总债合编）》，中国政法大学出版社2003年版，第228页。

因此，为维持交易关系的稳定与财货变动的有序进行，给与原因应有相当程度上的稳定性与确定性，一般不允许当事人予以变更。但在负担行为中，当事人如确需就原因合意作出变更，则可取道债法上的债务更新（Novatio）之方法来加以应对，将旧债务转化为新债务。

（二）原因合意的实现

1. 原因合意的达成方式：明示同意、默示同意

原因既属意思表示的一部分，故原因合意的成立也可参照意思表示的"要约—承诺"规则进行解释。我国《民法典》合同编规定了承诺可依通知（明示）或默示（行为）的方式作出。① 因而对于意思表示的承诺则可通过明示或默示的方式作出。

以明确的方式作出的对对方原因的同意比较常见，受领一方应明确将对对方原因的同意告知对方，对此可类比"承诺通知（Annahmeerkläung）"，可以采用口头方式，也可以采用书面方式，只要能够明确同意接受对方的给与目的意思即可。

根据意思表示理论，默示的意思表示根据表达方式的不同，分为积极的默示与消极的默示两种：以自己的行为来表明自己同意之意思的为积极默示；而以不行为方式表示自己同意之意思的为消极默示（或称"沉默"）②。且根据学理的普遍认识，为维持秩序的稳定，"沉默只有在有法律规定、当事人约定或者符合当事人之间的交易习惯时，才可以视为意思表示"。（《民法典》第140条第2款）。类比给与原因合意的情形中，如果对方当事人在知晓对方的给与目的时积极地为履行做准备或积极进行给付，应认为属于积极的默示同意。而对于消极默示则应严格进行限定，即需要通过法律解释，发掘存在的默示原因合意。例如，一方为清偿债务而他方未提出异议者，往往即认可已有清偿的默示合意。再如，甲乙之间仅

---

① 《民法典》第480条规定："承诺应当以通知的方式作出；但是，根据交易习惯或者要约表明可以通过行为作出承诺的除外。"类似规定参见《德国民法典》第151条第1款；《联合国国际货物销售合同公约》第18条。

② 张昕：《论默示意思表示的认定》，《聊城大学学报》（社会科学版）2009年第2期。

有买卖某物的合同而无其他法律关系,则在甲转移标的物所有权于乙时,纵使双方对该行为的原因均无明示,也应解释为该所有权转移中的给与,乃以甲清偿其基于买卖合同而负担的债务为默示原因。①

2. 原因合意可通过代理达成

代理制度即在于利用代理人之才智,为本人处理事务,以扩张其生活范围与私法自治。从该点来看,其与原因理论制度并不发生冲突。原因理论虽然是对于意思自治的一种内涵限制,但也是调整意思自治的合理边界,使其更好地发挥民法基石作用,"原因"与"约因"一样,都是宣扬并保障私法自治的合理展开,故与代理制度之宗旨不相冲突。又加之"原因"作为意思表示之一部,而意思表示可代理进行,故原因之达成也可通过代理实现:给与人可通过他人为原因合意,受领人可以通过他人代为合意。②

3. 原因合意的瑕疵与错误纠正

原因合意的错误与瑕疵的处理,与一般意思表示的处理方法等同。但这在有因行为与无因行为中应该是区别对待的,因为后者中原因合意非为其构成要件,故原因合意的瑕疵与错误不能影响其效力;而在有因给与行为中,原因合意的瑕疵与错误则应相当于"无原因",有因给与行为因而不能有效成立。关于该点,笔者在后文中将有详细阐述。

二 负担行为原因的查明与负担行为类型的认定

(一) 负担行为类型的探求——现有制度之弊

给与行为原因,在负担行为中又可被看作法律行为的目的,决定着法律行为的性质,在法律行为中具有突出重要的地位。"当事人所欲达之目的,实为决定法律行为内容之指南。"③ 以合同为例,合同目的是当事人实

---

① 芮沐:《民法法律行为理论之全部(民总债合编)》,中国政法大学出版社2003年版,第226页。
② 田士永:《物权行为理论研究》,中国政法大学出版社2002年版,第302页。
③ 史尚宽:《民法总论》,台湾正大印书馆1980年版,第6页。

施合同行为所欲实现的基本意图。作为原因客观方面的给与目的合意处于合同的总纲地位……而其他合同条款则是其具体体现……（并且可以对）合同其他条款的漏洞、缺陷起到弥补的作用。① 它对合同效力、合同履行、合同解释等诸多合同基本问题都有决定性意义。②

合同的给与目的决定着合同的法律性质。前文已述，效果意思的合意只能决定产生物权法效果还是债法效果——是变动物权还是使对方取得对己的请求权。债权请求权基于买卖还是赠与而取得，则需要依靠合同目的（客观原因合意）加以确定。例如，甲以金钱交付某乙以收利，通常固多为借贷，然在法律上也可成为合伙……在此种情形下，司法者只能依当事人意思中之确定成分，自动认定其为何种行为，万不能随当事人所用不正确的名称及谬误观念而予以表面上的效力……而所谓真正表示，乃是就此实际事实法律上应认为具有表示之名称者。③ 如果没有目的意思，则意思表示就缺乏目的性，表意人所意欲发生的法律关系变动的效果则难以确定。④ 因此合同目的应当获得相应的法律地位。

在合同关系中，应着重审查当事人订立合同的目的。⑤ 虽然给与原因合意在合同等法律行为中具有如此重要的地位，但就现实来看，给与原因合意（合同目的）常常被合同当事人所忽略。合同当事人通常仅关注合同约定的权利与义务，而对于为何订立合同则因各种因素不愿"挑明"或者约定过细，待到纠纷发生时，当事人便会基于自身的趋利避害性，不会诚实地承认自己当初的真实目的与意思，这就使得在发生纠纷时很难确定当事人的目的合意。

而法律对于合同目的规范的缺失也增加了认定上的难度。《民法典》合同编对合同目的虽有多处规定，但却无明确界定，更无区分标准，学说

---

① 马忠法：《"合同目的"的案例解析》，《法商研究》2006年第3期。
② 吴庭刚：《论合同目的的查明》，《山东社会科学》2006年第9期。
③ 芮沐：《民法法律行为理论之全部（民总债合编）》，中国政法大学出版社2003年版，第72页。
④ 王利明：《民法总则研究》，中国人民大学出版社2003年版，第537—539页。转引自刘新熙《论意思表示的构成要素》，《南昌大学学报》（人文社会科学版）2006年第5期。
⑤ 吴庭刚：《论合同目的的查明》，《山东社会科学》2006年第9期。

上也仅是强调对当事人内心意思的探求，而没有明确从哪些方面、对何种目的进行探求。在司法实践中，合同目的的内涵依赖于法官的解释，由于缺乏必要的依据与标准，由此带来诸多问题。在许多纠纷中，当事人对于某一债务人债务出具的"欠条"是设立保证义务还是债务承担、实践中诸如"借名买房""名买实赠"、企业间"阴阳合同"到底该如何定性？这都是需要厘清的问题。因此，我们应当明确一定的方法与标准，对当事人的真实目的合意进行探求，在尊重并实现当事人意思自治的基础上，限制法官以解释"合同目的"为由，滥用自由裁量权。

（二）适用原因理论探求合同类型

笔者认为，通过对原因合意的解释即可解决上述问题。即不再将合同目的笼统地放在意思表示解释中去探求，而应取道原因理论并依照一定的方法单独地对其探求，以明确当事人的合同（法律行为）的目的，进而确定当事人所为合同（法律行为）的性质与类型。根据我们上面的分析，合同目的（客观原因）包括取得原因、赠与原因、清偿原因等以及它们之间的合并。合同的原因（合同目的）不限于经济目的[①]，也可能包括精神上、道德上的目的。[②]"合同目的……既可以是为物质利益的追求，也可以是非物质利益。"[③] 同样保护精神权利与物质权利，也是建设和谐社会、实现精神上和谐的要求。[④] 赠与原因体现的即一种"慷慨"的精神利益——一种精神上的满足。如情人节买花之目的在于鲜花所寄托的恋人间的美好感情和精神向往，再如文物、字画等，无一不是寄托着当事人的精神权利。

1. 合同原因合意何处寻？

我们在此以合同为例，简要探析一下原因合意的查明方法。一般而言，在合同中，应该从以下几个方面去探寻给与原因的合意。

[①] 江平：《中华人民共和国合同法精解》，中国政法大学出版社1999年版，第77页。隋彭生：《合同法要义》（第四版），中国人民大学出版社2015年版，第15页。

[②] 施启扬：《民法总则》，三民书局2009年版，第281页。

[③] 奚晓明主编：《最高人民法院关于买卖合同司法解释理解与适用》，人民法院出版社2012年版，第407—408页。

[④] 马忠法：《"合同目的"的案例解析》，《法商研究》2006年第3期。

(1) 合同的目的条款

最先以及最容易直观发现给与原因的合意的，是合同中常常出现的对合同目的专门加以约定的"合同的目的条款"。这些专门规定合同目的的条款有的出现在合同的正文里，有的出现在首部的引言中。[1] 这些目的条款往往在合同中扮演着重要的作用，将合同目的直接"公示"出来，作为当事人解释合同条款的直接依据，减少争议的发生。并且，在纠纷发生时，可供当事人与法院准确认定当事人权利义务的；当合同中出现互相矛盾的条款时，可以直接依据该目的条款否定当中某些条款的效力。[2] 合同目的条款可以直观地将当事人达成一致的给与原因合意展现出来，直接反映当事人双方认可的真实需求，因而是最直接的给与原因合意的"来源"。

(2) 合同一般条款的解释

在"合同目的条款"之外，还有一些一般条款间接性地体现着当事人订约目的（给与原因合意）。如一些条款中常常带有诸如"为了""由于""鉴于"这类模态词，这些条款实际上表明了合同的签订背景与订约目的，实际上扮演着体现当事人订约目的的角色，也在事实上承担了很大一部分合同目的条款的功能。如"借款方为进行生产（或经营活动），向贷款方申请借款……"[3] 等。

此外，对于合同一般条款中当事人权利义务等事项的约定也是推知合同给与原因的另一个方面。合同是关于当事人权利义务的约定，因此这些对权利义务约定的条款也会在一定程度上体现着合同的目的。每一个合同条款都体现了当事人的意图。[4]《民法典》第470条规定了合同一般应当包含的条款，而这其中的标的、数量、质量、价款或报酬都可能与合同目的相关。[5]

---

[1] 吴江水：《完美的合同》，北京大学出版社2010年版，第274页。
[2] 章杰超：《合同目的论》，博士学位论文，中国政法大学，2016年；马忠法：《"合同目的"的案例解析》，《法商研究》2006年第3期。
[3] 转引自吴庭刚《论合同目的的查明》，《山东社会科学》2006年第9期。
[4] 何宝玉：《英国合同法》，中国政法大学出版社1999年版，第349页。
[5] 章杰超：《合同目的论》，博士学位论文，中国政法大学，2016年；马忠法：《"合同目的"的案例解析》，《法商研究》2006年第3期。

而对于这些一般条款中合同目的的探求,则离不开合同解释规则的适用。合同解释的目的即是探求当事人真意,根据"意思说"和"表示说"这两个不同的出发点,近现代民法并为此提出了合同解释的主观和客观两种标准,当前各国普遍采取客观主义为主、主观主义为辅的解释标准。而通过合同解释,对于带有"为了""由于""鉴于"模态词的条款,结合当事人对于权利义务等事项的具体内容来探求合同目的,较为全面地考察合同的给与原因。

(3) 通过当事人的交易过程、交易习惯等外部信息推知

在无以上可以辨别合同给与原因(目的)的条款时,我们只能从当事人的交易过程、交易习惯等外部信息推知给与原因合意是什么。合同目的尽管未规定于合同文本中,但"从合同以及当事人订立合同时具体情况,以及合同成立后当事人对合同履行情况,往往能辨认出当事人的目的来"①。

具体以言,在当事人缔约的过程中,诸如磋商记录、会议纪要等订立合同过程中的往来信息,法院都可以用来了解合同的目的。而当事人之间先前的交易习惯,也可用来推知当事人的真实意思,这点在《民法典》第466条即有所体现和认可。在"阴阳合同""名买实赠"等名实不副的合同中探究当事人的真实目的尤为重要,甚至还取代"合同目的条款"的约定,成为对"不法目的"探寻的真实来源。在实践中,法院还常常根据这种通过交易过程、交易习惯等外部信息推知的合同目的来否定合同文本之表明含义。② 如在"广东黄河实业集团有限公司与北京然自中医药科技发展中心股权转让纠纷案"③ 中,合同表面约定的是股权转让,但法院根据各方面信息认定当事人是"借股权转让之外壳行土地使用权转让之实",该处理应值赞同。尤其是在我国未规定通谋虚伪行为的当下,这样的做法更是一定程度上起到了通谋虚伪行为的替代作用。

---

① 江平:《中华人民共和国合同法精解》,中国政法大学出版社1999年版,第103页。
② 徐涤宇:《法律适用中的合同解释》,《阴山学刊》2004年第4期。
③ 最高人民法院(2008)民二终字第62号民事判决书。

2. 当事人的举证责任

在民事纠纷解决的过程中,法律如何分配当事人的举证责任,关系到民事诉讼目标之实现与否以及纠纷是否能妥善解决,还是一种诉讼风险的分配,败诉的当事人应当承担败诉的不利后果。

在有因行为中,当事人除需要对主张的法律事实、证据事实的存在进行举证外,还应对有因给与行为的原因进行举证。对于现实中常见的没有标明原因的负债字据①,法院并不能仅凭此字据而认定债务关系是否存在。在此情况下,原告除在证明借据的真实性外,还应对借据背后的原因负举证责任,否则就应承担不利的法律后果②。

3. 合同原因的认定是法院的工作

除合同目的条款直接表明的合同原因外,剩余的探知合同原因的工作则需要依赖民法解释学的方法对当事人的合同目的(原因)进行认定。而合同解释,虽可由包括当事人在内的任何主体进行,但发生法律效力的解释应该是法院所作的解释。"合同解释的主体,严格来说,应专指受理案件的法庭或仲裁庭。"③

对于意思表示的解释,学说上有"意思说"与"表示说"两种不同的价值取向。前者重在探求当事人的真实意思;后者重视客观表示,主要以显现于外的客观表示来"代替"当事人的真实意思,表示的内容即使与真意相反,仍以表示的意思为准。④ 通常认为,对于经合意的表示应作客观

---

① 如有一则真实的案例,案例内容如下:刘男和刘女原是一对夫妻,然二人于2005年9月13日离婚,且是双方签订离婚协议后协议离婚,离婚原因是刘男在婚姻存续期间,违背夫妻义务,与他人同居;9月15日,为补偿女方,男方为女方出具了10万元的欠条;同年9月26日,男方为女方出具一个欠条,写明男方欠女方6万元钱,于2006年12月结清,欠款人为男方姓名。然而,男方未按照欠条标注的日期还款,女方遂将男方起诉至法院,要求男方履行还款义务。但是,男方却以当时女方扣押户口本为借口,拒绝付款,自称是为了户口的迁移而立下的借据。转引自潘中华、江中帆《鸳鸯离婚协议戏鸳鸯》,《政府法制》2007年第10期。
② 张潇琪:《论有因行为与无因行为的区分》,硕士学位论文,郑州大学,2015年。
③ 崔建远:《合同法》(修订本),法律出版社2000年版,第324页。转引自徐涤宇《法律适用中的合同解释》,《阴山学刊》2004年第4期。
④ [日]富井政章:《民法原论》(第一卷),陈海瀛、陈海超译,杨廷栋修正,王兰萍点校,中国政法大学出版社2003年版,第241页。

上的解释①,"合同是当事人的合意,但这并不意味着他们必须在内心意思上完全一致"②。但是,笔者认为,隐含在合同中的合同目的同样不容忽视,它对于正确还原当事人真实意图具有至关重要的价值。③ 为防止出现当事人利益极度失衡的情况,应使主观主义有一定之空间。

对合同一般条款的解释的方法与通过当事人的交易过程、交易习惯等外部信息推知的方法都坚持的是一种客观标准,即以一个通情达理的第三人处于合同当事人的地位时应该具有的期望为标准。法院在理性第三人的基础上,应仔细分析合同之内容,找出确能体现当事人试图通过合同所要实现的预期利益,以此准确确定合同的目的。④

总而言之,法院在探求当事人合同目的时,应把握以下原则:(1)合同目的应为双方达成一致而确定之目的。对合同目的的探求也是当事人原因层面上的共同真意,决定着合同的性质与类型。(2)对合同目的探求,应主要以"表示说"为基准,以善意第三人的标准去探求当事人的原因真意。(3)在客观主义基本上可以为一个原则的基础之上,主观主义仍有一定的空间,主观主义起到对客观主义纠偏的作用,以防止出现当事人利益极度失衡的情况出现。

第二节 原因客观方面的虚假对合同效力的影响

在要因给与行为,既然原因为其构成要素,则原因的瑕疵自然构成该行为本身的瑕疵。因此,原因错误等瑕疵均影响此种行为本身的效力。德国学者 Varela 指出:"原因在于法律行为的典型目的之中,当这一目的因任何理由而丧失,因法律行为而生之债便不具有原因……在我国私法里,

---

① 韩世远:《合同法总论》(第二版),法律出版社 2008 年版,第 523 页。

② Melvin Aron Eisenberg, "The Responsive Model of Contract Law", *Stanford Law Review*, Vol. 36, 1984, p. 1117.

③ See Brain A. Blum, "Assent and Accountability in Contract: An Analysis of Objective Standards in Contemporary Contract Adjudication", *St. John's Law Review*. Vol. 59, Fall, 1984, p. 44.

④ 吴庭刚:《论合同目的的查明》,《山东社会科学》2006 年第 5 期。

法律行为原则上具有要因性质，法律行为典型原因是其内容的组成部分，故原因属于一个内在的原因（eine innere Rechtgrund），而其固有瑕疵会导致整个法律行为无效或解除。"[1] 根据现代原因理论，学者认为"原因瑕疵"包括"对原因的错误"与"伪装的或通谋的原因"两者。"对原因的错误"，要么是对直接目的（近因）的错误，要么是对动机（远因）的错误。[2] "伪装的或通谋的原因"则是双方当事人订立表见合同（contrat apparent），但通过秘密协议（contre-lettre）声明所订立的合同实际上依其条件属于另一种合同，这种对原因的虚构就构成伪装的或通谋的原因。例如，在表面是买卖（伪装的）而实际为赠与（真实的）的合同中，当事人之间基于买卖而成立的义务构成伪装的原因。[3] 由于负担合同客观原因（给付目的）错误相当于"无原因"，实际上应属于"无原因"之一种而导致合同无效，故此点无独立之意义，不需要单独讨论。笔者在此主要讨论"动机错误"与"伪装的或通谋的原因"两者。"动机错误"因属主观原因的范畴，故笔者将其放在下一章与"动机不法"一同讨论，在此先讨论客观原因虚假的相关问题。

一　负担合同客观原因（给付目的）虚假

（一）各国民法对给付目的虚假的规制

1. 法国民法

按照《法国民法典》第1131条的规定，存在伪装原因的债无效。但无效并不是绝对意义上的。如有学者就指出，第1131条之规定和第1321条[4]的规定相冲突，因为按照后者的规定，秘密协议在缔约人之间是具有完全效力的，只有在少数情形，根据特别规定，秘密协议在当事人之间方

---

[1] 唐晓晴：《原因理论在葡萄牙（澳门）民法中的应用》，《苏州大学学报》（法学版）2016年第1期。
[2] 徐涤宇：《原因理论研究》，中国政法大学出版社2005年版，第142页。
[3] 徐涤宇：《原因理论研究》，中国政法大学出版社2005年版，第142页。
[4] 该条规定："订有取消修改合同的秘密协议者，仅在当事人之间有效，对于第三人不发生效力。"

为无效。如在 1978 年的一个案件中，某信用公司为一辆汽车的购买而提供部分融资，该公司让取得人和自己就该汽车订立了按季度支付租金的租赁协议。后来，取得人未支付租金，信用公司遂意图保有汽车的所有权。该请求被法院驳回，其理由是：该项业务中，汽车的使用人乃以汽车购买的融资为目的，而信用公司所主张的租赁以及所有权不因伪装的原因而成立。① 对于该案，如果按照第 1131 条的规定，那么依秘密协议而成立的融资之债不能有效成立，因为它存在伪装的原因。显然，法院其实是根据第 1321 条的规定否认了租赁这一表见合同的效力，而承认了融资（秘密协议）的效力。

由此可见，在法国法上，伪装的原因并不必然导致债的无效，此时尚需探讨支持债的真正原因。如果真正的原因合法，就应该承认秘密协议的效力。因此，有学者认为，《法国民法典》第 1131 条的规定对于虚伪原因是不适用的。②

2. 德国民法

德国民法是通过虚伪行为对这一问题进行规范的。"虚伪行为"，又称"通谋虚伪表示"（Scheingeschäft），它是立足于意思与表示是否一致的观念，来决定法律行为效力之有无的一项制度，在《德国民法典》第 117 条进行了规定。③ 基于意思主义的考虑，虚伪的意思表示本身没有真正的内在效果意思④，故视其于当事人间自始不存在；而被虚伪表示掩盖下的被隐藏的法律行为，则被称为"隐藏行为"（Verdecktes Geschäft），根据第 117 条第 2 款，其是否有效则需要根据法律行为之有效性的一般规则及法律关于该隐匿行为的独特规定予以判定。⑤ 以"名为买卖，实为赠与"的

---

① V. Henri Roland et Laurent Boyer, Droit civil, Obligations, 2. Contrat, n. 718, pp. 309 - 310.

② 徐涤宇：《原因理论研究》，中国政法大学出版社 2005 年版，第 143 页。

③ 《德国民法典》第 117 条规定："（1）应当向他人作出的意思表示，在该意思表示系与他人通谋仅为虚伪地作出时，为无效。（2）以虚伪行为隐藏另外一个法律行为的，适用被隐藏之法律行为的规定。"

④ 属于故意的意思与表示不一致。

⑤ 朱广新：《论"以合法形式掩盖非法目的"的法律行为》，《比较法研究》2016 年第 4 期。

合同为例，其中，显现于外部、旨在达到欺骗目的的"虚伪表示"（买卖合同）无效，而对其背后隐藏的"隐蔽行为"（赠与行为）的效力应按照第823条、第826条去判断其效力的有无，并应考虑法律关于赠与的特别规定。

(二) 中国民法对给付目的虚假的规制及其不足

《民法通则》《合同法》对通谋虚伪表示未予规定。《民法总则》始有对这一问题的明确规范，并规定在第146条①之中，并为《民法典》所承继。在此之前的司法实践中，对类似问题多是通过《合同法》第52条第3项来处理的，通过对该条的解释引申出虚伪表示无效，一定程度上弥补了现行法对此规范的漏洞。② 但是，从体系上看，这样的解释难免存在难以弥合的矛盾。通谋虚伪行为与《合同法》第52条第3页"以合法形式掩盖非法目的"分属截然不同的两制度，其差别是明显的。

首先，从制度的出发点来看。虚伪表示是基于意思与表示不一致的制度设计，是意思表示瑕疵的形态之一种，该制度并不关心意思表示的真正目的是什么，更不以"非法目的"的存在为条件，更不考虑意思表示是否在形式、内容上的违法与否的问题。③ 而《合同法》第52条第3项一个不可忽视的要素即为"非法目的"，因此两者内涵上并不重合。其次，在比较法上虚伪表示并非一定无效；其包括两类虚伪行为——通谋的虚伪表示和单方的虚伪表示；两种虚伪行为应有不同的制度设计：前者是无效的，后者不一定无效。而《合同法》第52条第3项规定的法律后果仅无效一种，从效果上反推，第52条第3项规定难以涵盖虚伪表示的全部内容。因此就立法论而言，应当是对虚伪表示作出直接规定，而不能试图希望通过

---

① 《民法总则》第146条："行为人与相对人以虚假的意思表示实施的法律行为无效。以虚假的意思表示隐藏的民事法律行为的效力，依照有关法律规定处理。"

② 耿林：《强制规范与合同效力——以合同法第52条第5项为中心》，博士学位论文，清华大学，2006年。转引自黄忠《无效法律行为制度研究》，博士学位论文，西南政法大学，2009年。

③ 朱广新：《论"以合法形式掩盖非法目的"的法律行为》，《比较法研究》2016年第4期。

《合同法》第 52 条第 3 项对此予以准用。① 最后，从法律效果上看，在法律行为涉及第三人时，通说认为虚伪表示的无效不得对抗善意第三人，采取的相对无效说，而《合同法》第 52 条第 3 项采取的却是绝对无效的做法。综上三者，两者难做同一解释。

因此，过去用《合同法》第 52 条第 3 项来处理德国法上通谋虚伪表示的有关问题是不恰当的。《民法总则》的立法者敏锐地捕捉到了这一问题，在第 146 条将德国法上通谋虚伪表示这一重大问题进行明确的规范，同时删除了原《合同法》第 52 条第 3 项"以合法行为掩盖非法目的"这一无效事由。相较于赞同删除"以合同行为掩盖非法目的"这一无效事由的态度②，笔者主张该条有其独立的意义，即可将其解释为调整客观目的与主观动机的违法或背俗问题③，因而可"恶意串通""通谋虚伪行为"并行不悖，在本书第五章第二节会进行阐述。而在并行规定"恶意串通""通谋虚伪行为"的《民法典》的规范模式下，并非不存在问题：即在第 146 条明确规范"通谋虚伪表示"的同时，第 154 条还同时保留了大陆法上罕见的"恶意串通"导致无效制度，自《民法通则》颁布实施以来，"恶意串通"这一行为因其内涵的不确定性以及司法实践中运用的乱象而饱受诟病，且"恶意串通"与"通谋虚伪行为"又不免存在适用上的竞合④与理解上的混乱⑤。因此，如何在现有的《民法典》框架下厘清第 146 条、第 154 条各自的适用范围，尤为必要。

---

① 黄忠：《无效法律行为制度研究》，博士学位论文，西南政法大学，2009 年。
② 陈小君：《民事法律行为效力之立法研究》，《法学家》2016 年第 5 期；冉克平：《"恶意串通"与"合法形式掩盖非法目的"在民法典总则中的构造——兼评〈民法总则〉之规定》，《现代法学》2017 年第 4 期。在此问题上，学者认识不一，其中赞同保留"以合法方式掩盖非法目的"条款的，如杨代雄：《恶意串通行为的立法取舍——以恶意串通、脱法行为与通谋虚伪表示的关系为视角》，《比较法研究》2014 年第 4 期。
③ 李伟平：《论"以合法形式掩盖非法目的"之法律行为无效条款的独立意义》，《法律适用》2019 年第 8 期。
④ 李永军：《虚假意思表示之法律行为刍议——对于〈民法总则〉第 146 条及第 154 条的讨论》，《中国政法大学学报》2017 年第 4 期。
⑤ 陈小君：《民事法律行为效力之立法研究》，《法学家》2016 年第 5 期。

二 "恶意串通"之概念内涵驳正

(一)"恶意串通"认识及适用上的混乱

根据学者的见解,通谋虚伪行为的核心在于当事人意思表示不一致,其属于意思表示有瑕疵的民事法律行为范畴[1],自不存在什么问题,而对大陆法上未有示例的"恶意串通"所造成的不同认识,使得其与通谋虚伪行为往往有千丝万缕的联系。

1. 对"恶意串通"的学理见解

(1) 主客观结合行为说。该说认为,"恶意串通"行为由主、客观两个因素构成:主观上要求当事人具有损害国家、集体或第三人利益的目的,这种目的以行为双方通过协议的方式达成合意为必要;客观上该行为损害了国家、集体或第三人的利益。[2] 在该种解释下,"恶意串通"明显区别于"通谋虚伪表示",因为后者的核心在于表意人之意思与表示不一致。[3]

(2) 通谋虚伪表示说。该说认为,恶意串通是一种特殊的"通谋虚伪表示"。作为"通谋虚伪表示"的一种特别情形,"恶意串通"除故意使意思与表示不一致外,还需要以损害第三人为目的,有侵害他人的恶意。因而恶意串通属于一种以诈害第三人为目的的虚假行为或通谋虚假行为。[4]

(3) 违法合同说。该说着眼于恶意串通的不法性,其以诈害第三人的故意为必要,这一点是不同于通谋虚伪行为的关键之点,因为后者只是缺乏真实的效果意思,不以加害他人为目的。[5]

---

[1] 冉克平:《"恶意串通"与"合法形式掩盖非法目的"在民法典总则中的构造——兼评〈民法总则〉之规定》,《现代法学》2017年第4期。

[2] 韩世远:《合同法总论》,法律出版社2011年版,第172页;王泽鉴:《民法总则》,北京大学出版社2009年版,第285—286页;冉克平:《"恶意串通"与"合法形式掩盖非法目的"在民法典总则中的构造——兼评〈民法总则〉之规定》,《现代法学》2017年第4期。

[3] 冉克平:《"恶意串通"与"合法形式掩盖非法目的"在民法典总则中的构造——兼评〈民法总则〉之规定》,《现代法学》2017年第4期。

[4] 王利明:《合同法研究》,中国人民大学出版社2011年版,第655—657页。

[5] 转引自王利明:《民法总则研究》,中国人民大学出版社2012年版,第602页。

2. 司法实务对"恶意串通"使用的情况

相较于学说上对"恶意串通"的认识混乱，司法实务上的混乱尤甚。诸如在欺诈、违法双方代理、恶意串通实施财产权转让、恶意串通逃避债务等情况中，都有以"恶意串通"作为裁判依据的情况发生，似乎把"恶意串通"当作可用于认定法律行为无效的万能钥匙，从而使恶意串通行为成为民法上一个最不确定的概念。① 甚至在实务中常与通谋虚伪行为发生碰撞。②

（二）"恶意串通"之应有内涵厘定

那么我国规定的大陆法系与英美法系均未曾有过的"恶意串通"到底该如何理解？

在此问题上，笔者赞同杨代雄的观点，在我国民法学说与立法史上，恶意串通行为最初并无如此宽泛的含义，③ 现实中法院所认定的七种恶意串通行为在民法制度和理论体系中都有其各自的归属与制度进行调整。④ 从《民法通则》通过前的版本来看，多将"恶意串通"认定为"一方采取……恶意串通的手段，使对方违背本人意志事实的法律行为"⑤，可见在

---

① 杨代雄：《恶意串通行为的立法取舍——以恶意串通、脱法行为与通谋虚伪表示的关系为视角》，《比较法研究》2014年第4期；赵申豪：《借名购房行为效力判定路径之辨识》，《法治研究》2017年第4期。

② 即在杨代雄所列举的第三类——恶意串通逃避债务中，认为：（1）如果符合第74条的构成要件，其利益受到损害的债权人可以行使债权人撤销权；（2）如果不符合债权人撤销权的构成要件，比如债务人与第三人串通以表面上合理的价格转让财产，实际上未支付价款但却谎称已支付，或者故意约定1年后才付清价款，受到损害的债权人可以主张该转让行为属于通谋虚伪行为。参见杨代雄《恶意串通行为的立法取舍——以恶意串通、脱法行为与通谋虚伪表示的关系为视角》，《比较法研究》2014年第4期；朱建农《论民法上恶意串通行为之效力》，《当代法学》2007年第6期。

③ 杨代雄：《恶意串通行为的立法取舍——以恶意串通、脱法行为与通谋虚伪表示的关系为视角》，《比较法研究》2014年第4期。

④ 杨代雄：《恶意串通行为的立法取舍——以恶意串通、脱法行为与通谋虚伪表示的关系为视角》，《比较法研究》2014年第4期。

⑤ 1980年8月《中华人民共和国民法草案（征求意见稿）》第一编"总则"第50条第1款。

第四章 原因客观方面对负担行为的影响与适用

当时立法者是将其作为导致意思表示瑕疵的事由之一而对待的。[1] 在当时学者的教材、著作中也是如此界定的。[2] 而根据民法通则讲话编写组编写的《民法通则讲话》更是明确将恶意串通限定为一方当事人与相对人的代理人间实施的串通损害相对人利益的法律行为。[3] 在这些史料面前，为何在《民法通则》及以后的立法版本（如《合同法》）被改为"恶意串通，损害国家、集体或第三人利益的（无效）"，我们无从可知。而后者的这种规定，也造就了今天司法实践中对该条款的适用范围不断扩张，被乱用进而侵蚀其他制度领域范围的后果。笔者原本赞同"废除说"，并基于以下三点理由：（1）从司法适用上看，"恶意串通"条款证明难度过高，可适性低；（2）从体系上看，"恶意串通"条款无存在之必要；（3）从逻辑上看，"恶意串通"条款易产生逻辑上的混乱。[4] 其中，最主要的原因即是第二点。《民法典》采取法律行为无效一元论的立场，在已就"损害社会公共利益"无效作出规定的情况下，没有必要再对欺诈、胁迫、恶意串通等无效事由单独给以规定。而现有的"恶意串通损害国家、集体或者第三人利益的"的情况，也可分别交给"损害社会公共利益"无效制度、债的保全制度、滥用代理权、无权处分、欺诈等制度加以解决，并在《民法典》中增设现有制度无法替代的通谋虚伪行为制度，以消解民法制度之间的抵牾与重复，提高《民法典》制度规定的科学性与统一性。[5] 既然《民

---

[1] 杨代雄：《恶意串通行为的立法取舍——以恶意串通、脱法行为与通谋虚伪表示的关系为视角》，《比较法研究》2014年第4期。

[2] 江平等编：《中华人民共和国民法通则讲话》，中国政法大学出版社1986年版，第106页。

[3] 民法通则讲话编写组编写的《民法通则讲话》指出："值得一提的是恶意串通，损害国家、集体或者第三人利益的民事行为。在经济生活中，有些人见利忘义，坑害国家、集体和他人利益，中饱私囊。包括一些代理人和他人合谋，侵害被代理人利益的行为。《民法通则》专门规定恶意串通的民事行为无效，保护了国家、集体的利益，保护了公民的合法权益，对建立正常的经济秩序作用甚大。"参见民法通则讲话编写组《民法通则讲话》，经济科学出版社1986年版，第54页。转引自杨代雄《恶意串通行为的立法取舍——以恶意串通、脱法行为与通谋虚伪表示的关系为视角》，《比较法研究》2014年第4期。

[4] 李伟平：《债务人低价转让资产逃避债务的法律适用——以最高人民法院第33号指导案例为分析视角》，《安徽大学法律评论》2016年第1辑。

[5] 李伟平：《债务人低价转让资产逃避债务的法律适用——以最高人民法院第33号指导案例为分析视角》，《安徽大学法律评论》2016年第1辑。

法典》保留了"恶意串通"的规定,则为其避免与其他制度相重合,应将其限缩、还原为仅规范"一方当事人与相对人的代理人恶意串通"的问题,而原先司法实务中诸多适用"恶意串通"的情形则交由适用情形、概念边界清晰的欺诈、无权处分、债权人撤销、通谋虚伪行为、以合法方式掩盖非法目的等制度进行处理。

三 通谋虚伪行为之定性与适用

(一)通谋虚伪行为之无效原因

根据德国通说见解,所谓"通谋虚伪行为",是指在意思表示需要受领的法律行为中,表意人与受领人一致同意(同谋)而作出的旨在掩盖另外一项法律行为的外在的法律行为。① 就如德国学者拉伦茨所指出的,它是双方当事人一致同意仅仅造成订立某项法律行为的表面假象,而实际上并不想使有关法律行为的法律效果产生。② 通谋的虚伪行为包括虚伪行为和隐藏行为。《民法典》第146条第1款规定的是虚伪行为,无效;而第2款规范的是隐藏行为,其效力之有无根据有无违法或背俗等因素再进一步判断。

对于虚伪行为为何无效,其依据是什么,学界有不同的解释。一是效果意思缺失说。如陈小君认为,是因其本身并无受此法律行为约束的法效意思。③ 李永军亦持此说。④ 另一种是目的意思欠缺。这其实就是以原因理论对此予以解释。笔者认为,在现行物债二分的法律行为制度框架下,采

---

① 李永军:《虚假意思表示之法律行为刍议——对于〈民法总则〉第146条及第154条的讨论》,《中国政法大学学报》2017年第4期。
② [德] 卡尔·拉伦茨:《德国民法通论》,王晓晔等译,法律出版社2003年版,第479页。
③ 陈小君:《民事法律行为效力之立法研究》,《法学家》2016年第5期。
④ 李永军对此论述道:"在虚假的法律行为中,双方当事人虽然有意思表示的外观,但不具有意思表示中的效果意思,也就是说,双方当事人不具有使法律行为发生预期效果的真实意思。相反,当事人可能会隐藏另一种法律行为,欲使另一种法律行为发生效力,即另一种法律行为具有效果意思,因此,一般来说,另一种被隐藏的法律行为可能会发生效力(《民法总则》第146条第2款)。"参见李永军《虚假意思表示之法律行为刍议——对于〈民法总则〉第146条及第154条的讨论》,《中国政法大学学报》2017年第4期。

用目的意思（合意）的欠缺对虚伪行为效力缺失的解释，是更优的。理由如下：

法律行为本质上是意思表示，意思表示的集合构成一个整体意义上的意思表示（买卖），而每个单独的意思表示（出卖人的给与行为、买受人的给与行为）同样是一个意思表示。给与行为这一概念的提出就是旨在探究每一个以给与行为为内容的意思表示的原因，以完成对法律行为的正当性的论证。[1] 探求其原因的基本逻辑在于，该意思表示必须具有某种原因，才可证明给与行为人损害自己的利益是正当的，相应的行为可以产生法律拘束力。[2] 正如笔者在前文已经表达的那样，给与行为拘束力来源主要是客观原因（即"给与目的"），而非我们所惯常所认识的效果意思。后者仅决定给与行为发生物权法效果还是债权法效果，而对于为何这其中某种法律效果要发生法律拘束力，则是目的意思所要解决的问题。因而在精细化区分目的意思与效果意思的基础上，应当认为虚伪行为之所以不发生法律拘束力，不是因为其缺失效果意思，而应该是真实目的合意的缺乏。由于当事人虚构的目的合意，故不使显现于外的虚伪行为发生效力。在表面是买卖（伪装的）而实际为赠与（真实的）的合同中，表面的买卖合同是有效果意思的——发生物所有权的变动，其之所以无效，是因为缺乏真实的目的合意——其取得金钱对价的合意是虚假的。但是由于双方之间有着潜在的赠与目的合意，故隐藏行为如未有违法或背俗之情形，且符合赠与合同等有关规定，则发生赠与行为的效力。

我国有学者尽管没有明确提出用原因理论来解释这一问题，但其表述亦类似于原因理论的表述内涵。如杨代雄将虚伪行为之无效归因于"约束意思"（Bindungswille）之欠缺[3]，并认为"……是否存在约束意思，取决

---

[1] 娄爱华：《大陆法系民法中原因理论的应用模式研究》，中国政法大学出版社2012年版，第110页。

[2] 娄爱华：《大陆法系民法中原因理论的应用模式研究》，中国政法大学出版社2012年版，第109—110页。

[3] 杨代雄：《恶意串通行为的立法取舍——以恶意串通、脱法行为与通谋虚伪表示的关系为视角》，《比较法研究》2014年第4期。

于当事人事实上、认真地想追求什么"①。可以说,杨老师在这里实际上是要求法官去判断当事人的给付目的是什么。

(二) 通谋虚伪行为之适用——与脱法行为之区分

"规避法律的行为"(Umgehungsgeschäft),又称"脱法行为",它是传统大陆法系民法中的一个概念,是指当事人为了躲避法律障碍、禁止性法律规范或负担,试图借助其他法律构造形式实现同样的法律或经济效果。②它的本质是"当事人技术化地避免其行为直接违反法律,但行为目的却违背了法律精神"③。也即其不是直接地违反法律之精神,而是以迂回的方式违法。在实践中一般通过对相关的禁止性法律规范予以解释,将系争的脱法行为纳入其适用范围,判定为无效。④

但应注意,大陆法系民法中规避法律的行为并不是一律无效,而是依据合同解释和法律解释确定其效力之有无,故被认为没有独立规范的意义而无须在实证法上加以反映。法官可以在法律基本原则的指引下,通过相关法律制度立法目的的阐释来评价法律规避行为的性质和效力。⑤ 即并不是所有的法律规避行为都会被解释为违法行为。尤其是随着时代的发展,很多民事规定可能与时代的需求不相符合,当事人选择规避法律的行为实际是现实正当需求的体现,"避法行为牵涉创新与违法、自由与强制的分界"⑥,如果要以法律原则或一般条款的形式对其效力问题进行统一规定,

---

① 杨代雄:《恶意串通行为的立法取舍——以恶意串通、脱法行为与通谋虚伪表示的关系为视角》,《比较法研究》2014 年第 4 期。

② Singer, in: Herbert Roth (Hrsg.), Staudigers Kommentar zum Bürgerlichen Gesetzbuch, Buch 1, 14. Aufl., 2004 Rn. 15. 转引自杨代雄《恶意串通行为的立法取舍》,《比较法研究》2014 年第 4 期。

③ Jim Leitzel, *The Political Economy of Rule Evasion and Policy Reform*, London; New York: Routledge Press, 2003, p. 3.

④ 杨代雄:《恶意串通行为的立法取舍——以恶意串通、脱法行为与通谋虚伪表示的关系为视角》,《比较法研究》2014 年第 4 期。

⑤ 如法律"工具主义"(View of Instrumentalism) 强调,从立法到司法的过程中,法官的任务是尽力实现法律规定的目的; See Brain Z. Tamanaha, *Law as a Mean to and End: Threat to the Rule of Law*, Cambridge: Cambridge Uinversity Press, 2006, p. 108。

⑥ 王军:《法律规避行为及其裁判方法》,《中外法学》2015 年第 3 期。

第四章 原因客观方面对负担行为的影响与适用

在立法技术上确实不易操作，容易出现"挂一漏万"的问题。[①] 故尽管近代德国民法学界不乏脱法行为"独立类型说"的声音，但历代主流观点仍认为独立的脱法行为理论根本不能存在，只能通过解释来明确其效力的有无。其与我国的《民法通则》《合同法》中"以合法形式掩盖非法目的"亦不相同。因为从法律后果上，后者所规范的行为都是一概、绝对无效的，并且后者是解决法律行为原因与动机的违法或背俗问题，因而具有独立规范之意义。

脱法行为与通谋虚伪行为的不同之处在于：通谋虚伪行为是当事人不希望外在的意思表示发生法律效果，而希望被掩盖的真实意思发生法律效力，也即是当事人虚构了一项法律行为来掩盖其真实的目的，而其并不希望发生虚构的行为的法律后果；与之不同，脱法行为不要求当事人虚构一个虚假的法律行为，而是当事人只是实施某种形式合法的法律行为并"真诚地期待约定的结果发生"[②]。

通谋虚伪行为之隐藏行为的效力可能与脱法行为存在交叉，即如果虚伪表示隐藏的行为旨在规避法律，则它同时也构成脱法行为，发生竞合。[③] 如果当事人在公开的合同中订立条款，又暗中达成与其中部分条款相反的条款。后者条款是当事人的真实缔约目的之所在（隐藏行为），所谓的前述公开条款只是他们的虚伪行为。由于该合同既规避法律、同时也是隐藏行为，故构成脱法行为与隐藏行为的竞合。学理上保留脱法行为这一概念即是要求法院对这类行为的效力仔细进行判断，以决定其效力之有无，而不像虚伪行为、恶意串通一样，构成后者的必然后果即是无效。对隐藏行为效力之有无的判断，则应根据二元原因理论，从其给与目的与动机是否违法与背俗的角度进行判断（脱法行为仅涉及效力性强制性规定无效事由的判断，不涉及公序良俗）。对虚伪行为的辨别也应根据客观的给与目的进行判断是否有给与目的的合意。而对合同给与目的的判断与确定方法在

[①] 董淳锷：《在合法与违法之间——国内法领域法律规避现象的实证考察》，中国政法大学出版社 2015 年版，第 29 页。

[②] Palandt/Herinrichs, a. a. O. § 117, Rn. 5.

[③] 杨代雄：《恶意串通行为的立法取舍——以恶意串通、脱法行为与通谋虚伪表示的关系为视角》，《比较法研究》2014 年第 4 期。

本章第一、二节已有论述，在此不赘。

（三）客观原因缺失、虚假的法律后果

那么"无原因"到底应该如何调整与救济呢？徐国栋的《绿色民法典草案》中对原因理论的制度设计借鉴了法国民法和阿根廷民法中的原因理论，在《草案》第50条和第54条中规定"虚假的原因""原因不存在"的法律后果是无效。而在2005年法国《债法及时效法改革草案》第1124-1条却采用了另一种思路，即规定"无原因导致的协议相对无效"[①]。比较两者，笔者认为后一种处理方式为优。即对于"无原因"的法律行为，应该赋予当事人以撤销权，当且仅当当事人行使撤销权时合同才归于无效。原因在于，第一，客观原因理论侧重的是对当事人个人利益的保护，更多地涉及当事人间的意思自治，很少涉及公共利益的保护，故出于对个人意志的尊重、私法自治的维护，不应使其绝对无效，而应使其相对无效，由当事人主张撤销。当事人是自身利益的最佳判断者与维护者。如果当事人双方认为这种无物化意志支撑的法律行为对双方有利，那么即可通过不行使撤销权的方式来达成所愿即可，此为其一。第二，从另一个方面讲，"原因错误"的上位概念"错误"制度，其所包含的表达错误、内容错误等表示错误类型本身即是通过与意思错误一样的撤销权来加以救济的。而"原因错误"作为"无原因"的一种特殊类型，原因对错问题还是要依靠"原因有无"来加以解决，故将"无原因"设计成可撤销，可维持错误制度内部的体系和谐。

在法律后果的承担上，应遵循现行法关于撤销权行使的法律后果，即当事人行使撤销权后，已给付的应予返还，有过错的一方须赔偿对方所遭受的损失，自不存在疑问。

[①] 参见娄爱华《大陆法系民法中原因理论的应用模式研究》，中国政法大学出版社2012年版，第150—160页。

第三节　原因客观方面与合同解除

一　问题的提出

合同的解除，是指在合同有效成立之后，当解除的条件具备时，因当事人一方或者双方的意思表示将合同予以解除的行为。在我国现行的民事立法中，合同解除是导致合同关系终止的原因之一，主要包括《民法典》第562条规定的协议解除、约定解除与《民法典》第563条的法定解除，以及第533条规定的基于情势变更原则裁决解除四种类型。[①] 其中，法定解除是指当法律直接规定的解除权产生条件具备时，解除权人行使解除权解除合同的行为。裁判机关基于情势变更原则裁决解除，实际上就是法定解除的变式，归根结底还是法定解除。《合同法》第94条是在原来三部合同法基础上结合司法实践，借鉴大陆法系和英美法系的相关制度后整合修订而成的，采用列举与概括的立法方式，规定了五种法定解除的事由[②]，《民法典》第563条第1款予以延续和维持。

自《合同法》施行至今，第94条虽列举规定了五种合同法定解除事由，但仍被学者认为规定过于高度抽象概括，使得司法实践中在适用该制度时存在很大的分歧，合同当事人在实务过程中就可能出现"不会用"或者"滥用"相关条款来主张自己权利的情形。从立法技术上讲，兼采两大法系合同解除事由的第94条在不同法系的制度嫁接与融合中存在很大的问题，出现了来源于不同法系的功能相近制度重复规定等问题。笔者认为，《民法典》第563条第1款延续《合同法》第94条之规定采用类型化的方法对法定解除的类型进行列举规定，有明晰解除事由、方便司法适用、减少裁判恣意的价值，但对于这些事由列举的标准是什么不甚明确，因而在新的情形出现时难以对其进行涵摄解释，学界也一直存在着对于第一项不

[①] 需要说明的是，《民法典》合同编对于合同解除制度变化不大，在基本沿用《合同法》第93条、第94条、《合同法司法解释（二）》第26条的相关规定的基础上略作修改而成。

[②] 《合同法》第94条规定的五种法定解除事由为：（1）不可抗力导致合同目的不能实现；（2）预期违约；（3）迟延履行主要债务，经催告后仍不履行；（4）其他违约行为致使合同目的不能实现；（5）法律规定的其他情形。

可抗力是否有必要单独列为一项合同法定解除事由的争论。因而这点在法理念与制度构建上，不可不察，尤其是在《民法典》合同编对合同法定解除事由的规范上，也是具有先领性的问题。

对此，原因理论提供了一种可借鉴的视角。即不同于传统原因理论的原因欠缺仅仅影响到合同的有效成立之见解，现代原因理论认为原因同时还是合同之债中的持续性要素。以卡皮当为代表的现代原因理论学者们看来，"原因"不仅是合同成立的要件与正当性证明，它还是合同存续的内在基础，为债的持续有效存在提供正当性证明。此种正当性理由为嗣后失去原因的双务合同之债的法定解除机制或终止机制奠定了基础。[①] 他们把双务合同之债中的相互依存和原因理论联系在一起，其结论是给付目的的嗣后欠缺导致原因的消灭，最终导致已经成立合同的崩溃。[②] 当给付的原因嗣后欠缺时，合同目的无法实现，故合同无存在之必要，当予解除。而在原因理论模式下，根据交换原因，由于出卖人的对待给付义务消灭，此时对待给付的原因与目的已不复存在，买受人不必再为给付，进而解决了因给付不能的对待给付义务的消失问题。

如在 Schoh v. Klein 案中，Schoh 先生与 Klein 夫人签订单身陪伴度假合同，约定 Klein 夫人陪 Schoh 先生度假，Klein 夫人将自己的汽车用于度假，后汽车数次抛锚，Schoh 先生遂花费 3.5 万法郎购买了一辆新车，后两人发生冲突，Schoh 要求 Klein 返还 3.5 万法郎，法院最终判决 Klein 赔偿 3 万法郎于 Schoh，理由是原陪伴合同嗣后无原因。法院进一步认为：Klein 夫人未履行继续性的给付义务，因此，Schoh 先生请求部分返还他在履行其相应义务时支付的款项是正当的。[③]

二 以客观原因理论对合同法定解除事由进行解释

那么，我国的合同法定解除事由可否用原因理论进行解释呢？笔者前文探讨了原因的客观方面在合同成立与效力正当性依据、解决动机错误等

---

① Henri Roland et Laurent Boyer, Droit civil, Obligations, 2. Contrat, n. 696, p. 301.
② 徐涤宇：《原因理论研究》，中国政法大学出版社 2005 年版，第 138 页。
③ Henri Roland et Laurent Boyer, Droit civil, Obligations, 2. Contrat, n. 696, p. 301. 转引自徐涤宇《原因理论研究》，中国政法大学出版社 2005 年版，第 138—139 页。

方面的重要作用，同样，"原因"仍可解释在合同存续期间因客观情况的变化、违约的发生而导致的合同解除依据问题。尤其是在我国债法理论存在诸多问题的今天，以原因理论作为解释工具，在解释合同解除事由与正当性方面，有重要的意义。

（一）合同法定解除的决定性要件——不能实现合同目的

1.《民法典》第563条第1款各项的构成要件检视

我们首先来分别看一下《民法典》第563条第1款规定的几种类型的合同法定解除情形。

（1）《民法典》第563条第1款第1项之"因不可抗力致使不能实现合同目的"

我国《合同法》与《民法典》规定的一般法定解除事由有两种：一是客观原因；二是合同当事人违约。其中《民法典》第563条第1款第1项就是因客观原因导致的履行不能而引发的解除权。根据该项，我们可知引发此项之解除权需满足以下两个条件：一是不可抗力；二是导致不能实现合同目的。也即是说，作为一种免责事由，单纯的不可抗力尚不足发生解除权，不可抗力需导致不能实现合同目的，即合同目的不达。

从此点以言，"不能实现合同目的"扮演着因不可抗力而解除合同的限定与最后一道"阀门"作用。不可抗力对合同履行的影响是多类型的：有的将导致合同完全不能履行；有的仅导致合同可部分履行；有的则导致合同履行必须得延期，等等，不一而足。就上述后两种情形，如果部分履行、另行延期履行对合同目的的实现未予影响的，则被认为是合同没有解除之必要，否则将是擅自解除合同，与合同神圣、合同严守的原则相悖。

根据"合同目的实现"对不可抗力的限定，笔者认为该条适用于以下几种情形：①如果不可抗力导致合同完全不能履行，合同目的根本不能实现，则是《民法典》第563条第1款第1项明确规定的情形，合同可被解除；②如果不可抗力只是导致合同部分不能履行，则可导致合同的变更；但部分履行已严重影响当事人所追求的合同目的，应该承认有解除权的发生；③如果不可抗力只是暂时阻碍了合同的履行，债务人可以延期履行，但延期履行已严重影响当事人所追求的合同目的的，也应承认解除权的发生；④如果不可抗力导致合同的履行方式发生更改，是否可以解除合同，也要以可否实现合同目的作为最后的判断依据。

（2）《民法典》第563条第1款第2项之"在履行期限届满前，当事人一方明确表示或者以自己的行为表明不履行主要债务"

该项即学界所言的预期拒绝履行致合同解除的情形，被认为是借鉴英美法的预期违约制度而进行的制度设计。[①] 与英美法预期违约制度不同，我国《民法典》第563条第1款第2项不但包括前者所调整的"期前"拒绝履行，也包括"届期"的履行拒绝，即如果在履行期限届满之前，当事人一方以明示或默示的方式明确表示或者以自己的行动表明不履行主要债务且无正当理由的，当事人可以解除合同。

笔者认为，当一方以明示或默示的方式明确其不会履行合同，那么他（她）的行为构成了对合同义务的根本性违反，合同目的会因此不达，故该项也可以说是贯彻了合同解除的标准：合同目的不能实现。[②]

（3）《民法典》第563条第1款第3项之"当事人一方迟延履行主要债务，经催告后在合理期限内仍未履行"与第4项之前半段"当事人一方迟延履行债务……致使不能实现合同目的"

合同生效后，往往不会立即履行，一般都会约定一个履行期限，如果债务人在履行期限届满时没有履行自己的义务，构成迟延履行。不是所有的迟延履行都可以解除合同。本条第3项与第4项分别规定了两种情形下的因迟延履行造成的合同解除。即迟延履行直接影响合同目的实现的，不必经过催告合同径行解除；而如果时间因素对合同不是那么重要时，则需

---

① 预期违约是指在合同生效后，约定的履行期限届至前，合同一方没有正当理由却向对方确定地表明自己将来不会再履行合同，或者是一方根据当时的客观事实，发现另一方在履行期限届满后不能履行契约的情形。参见刘迎霞《论合同法定解除事由》，硕士学位论文，华东政法大学，2015年。

② 刘迎霞：《论合同法定解除事由》，硕士学位论文，华东政法大学，2015年。

第四章　原因客观方面对负担行为的影响与适用

要经过催告后，仍然未履行的，才可解除合同。[1] 也就是说，在这里应该区分履行时间因素对于合同目的实现的重要性程度。

我们先来看普通的履行迟延。当事人迟延履行后，经催告且仍未在合理期限内履行，说明义务人已可能不会履行义务，债权人合同的主要权利或者说合同目的可能无法实现，义务人已经构成根本违约，债权人可以解除合同。最终解除的事由也可落脚于"合同目的无法实现"。具言之，第一，能够达成"合同目的无法实现"的迟延履行的义务，一般来讲应该为作为主要合同义务的给付义务，附随义务的迟延履行一般不发生合同解除权。第二，迟延履行给付义务，但迟延的只是其中一小部分，不影响合同目的达成，不因此认定发生解除权。第三，催告的期间定多久合适？也应结合实现合同目的而定。第四，催告时间经过，在对方实际行使解除权以解除合同之前，债务人依照债务本旨履行了债务，应认为合同目的达成，解除权消灭。凡此种种，都围绕"合同目的无法实现"来忖度是否可以解除合同。

而另外一种履行迟延解除——无催告的即时解除，则是借鉴了英美法上的根本违约制度[2]，在因迟延履行债务致使不能实现合同目的时，无须催告而即时解除。可以看出，这种情形其实是强调了履行时间因素对于合同目的的实现的重要性与决定性。该类合同履行迟延将造成严重之后果，直接被视为"合同目的不能实现"，合同经行解除。

比较法上，这种履行迟延无须经过催告而直接解除的情形又被称为"定期行为场合的履行迟延解除"。根据时间因素之重要性是由法律性质决定还是依当事人约定的不同，被分成"绝对定期行为"（Absolutes Fixgeschäft）和"相对定期行为"（Relatives Fixgeschäft）。[3] 这两类合同中，合同"按期履行"具有非常重要的意义。其中前者需按期履行是由合同的性质决定的，主要涉及一些季节性、时效性比较强的标的物，如中秋月饼的购买；后者则是根据依当事人的意思表示决定的，将按期履行置于相当

---

[1] 王利明：《合同法研究》（第二卷），中国人民大学出版社2011年版，第309—313页。
[2] 韩世远：《合同法总论》，法律出版社2011年版，第517页。
[3] 转引自韩世远《合同法总论》，法律出版社2011年版，第517页。

重要的地位，如为庆贺结婚十周年纪念日而购买戒指，这种主观上期限的重要性应为交易对方所知，如果仅存在于内心并不告知于对方，则属动机的范畴，不能成为对合同解除有影响的"相对的定期"。

从这两类无须催告的解除来看，贯穿始终的也是"合同目的不能实现"，是否发生解除权、当事人解除合同是否恰当，也必定以如不解除合同则合同目的能否实现来作为评定标准。

（4）《民法典》第563条第1款第4项之后半段"（当事人一方）有其他违约行为致使不能实现合同目的"

第4项之后半段规定，实际是对在迟延履行之外的其他违约情形得解除合同的兜底规定，因而不免种类庞杂，难以列举。该项下合同法定解除的构成要件为：①存在违约行为；②违约行为导致不能实现合同目的。它使所有未列明的违约情形有了统一适用合同解除的可能性，确保了法律本身的适应性和开放性。[①]

有学者认为这是英美法系根本违约制度的表述，即"不能实现合同目的"实质上是从另一种视角对根本违约的另一种表述：前者关注行为本身，衡量标准是违约的严重程度；而后者是从违约行为给合同造成的损害结果来切入的。[②] 众所周知，两大法系在合同解除方面有融合的趋势，大陆法上已经越来越明确要借鉴根本违约制度，另外，英美法系在判断某一行为是否构成根本违约时，也在发生着从形式标准到实质标准（违约及其后果的严重程度）的转变，故笔者认为，采用根本违约来理解该项是不存在什么问题的。

而第二个要件"不能实现合同目的"则是从违约后果方面对前述违约可导致合同解除的条件进行限定，即除迟延履行之外的其他违约情形，只要违约使合同目的不能实现，则合同即可解除。在具体实践的判断中，应结合违约的具体形态与案件情况，具体进行斟酌。根据学者的总结，至少应考虑下列因素："违约部分的金额或价值与整个合同金额或价值之间的比例；违约部分对合同目的的实现的影响程度；在迟延履行中，时间因素对

---

① 朱丽：《论合同的解除权》，硕士行为论文，对外经济贸易大学，2005年。
② 刘迎霞：《论合同法定解除事由》，硕士学位论文，华东政法大学，2015年。

合同目的实现的影响程度；违约的后果及损害能否得到补救等。"[①]

2. 合同解除的终极原因——不能实现合同目的

因目的不达而解除合同，可以说古今有之。罗马法上即始有这方面的规定。[②]《法国民法典》明确将合同目的的不能达到作为解除合同的要件。[③]《德国民法典》与《日本民法典》相类似，即将违约分为两类——履行不能与履行迟延。其中，履行不能即意味着债权人的利益不能实现，其订约目的不能达到，即构成严重违约；一部分不能履行，而另一部分的履行对债权人无利益，则表明债权人的订约目的的不能实现，同样属严重违约。根据《德国民法典》第326条之规定，履行迟延也与我国《民法典》对履行迟延而解除合同的规定相类似，不管是经催告后的解除还是定期行为的直接解除，都要求迟延的后果足以影响债权人订约目的、利益的实现。英美法上的根本违约制度也是一样，如今在联合国国际货物销售合同公约、国际商事合同通则、欧洲合同法原则等中均有其身影。

所谓根本违约，"是指当事人一方的违约行为，严重影响了另一方订立合同时所期待的利益，使另一方当事人通过订立和履行合同，最终期望获得的利益、享有的权利、得到的东西、达到的结果或状态不能实现，另一方当事人可据此诉请赔偿，并有权解除合同"[④]。王利明用"合同目的"分析根本违约，并指出该"制度出发点是因违约行为导致债权人订立合同的目的不能实现，这样合同的存在对债权人来说已经不具有实质意义，应当允许债权人……从已经被严重违反的合同中解脱出来"[⑤]。故解释上可以

[①] 奚晓明主编：《最高人民法院关于买卖合同司法解释理解与适用》，人民法院出版社2012年版，第409页；章杰超：《合同目的论》，博士学位论文，中国政法大学，2016年。

[②] D. 12, 4, 16. "我给你一笔钱，目的是让你移转给我对一个奴隶的所有权，如果这个奴隶死亡了，我可以要回为了让你移转给我所有权而给付的金钱。"参见［古罗马］杰尔苏《学说汇纂》（第十二卷），翟远见译，［意］纪蔚民校，中国政法大学出版社2012年版，第127页。

[③] 尹田对此论述道，"对于法国立法者和法官来说，合同之所以可因一方不履行义务而解除，并非基于当事人有过错，而是因为合同所应达到的经济目的已经不能达到"。尹田：《法国现代合同法》，法律出版社1995年版，第349页。

[④] 徐玉梅：《根本违约论》，博士学位论文，黑龙江大学，2010年。

[⑤] 王利明：《论根本违约与合同解除的关系》，《中国法学》1995年第3期。

认为两大法系实际上均是以"不能实现合同目的"作为合同法定解除的后果标准。

我们再来看我国立法。而通过以上分析,我们可以明确:尽管《民法典》第563条第1款列举的合同法定解除的情形各有不同、构成有异,但通过进一步分析和提炼后可知它们背后的衡量标准是一致的,即都是"合同目的不能实现"。通过前述所列的司法解释,也可以看出司法实务界也是持这一标准和认识。因而可以说,整个《民法典》第563条第1款所规定的解除事由都可以归结于一点:不能实现合同目的。而这里的合同目的,即是我们二元论原因理论之客观方面在合同方面的体现和反映,即诸如取得原因、清偿原因、赠与原因等客观原因不能实现时,则合同之效力不应被继续维系,合同应予以解除。前文已述,在债法体系尚未完备的我国民法,在合同法定解除的要件中抽象出客观原因不达这一要件,除有立法、学说上涵摄的功能,符合大陆法抽象化的风格之外,其还能解决我国因给付不能制度缺位带来的诸多问题,如解释合同解除后对待给付义务为何亦归于消失的问题。

(二) 不能实现合同目的——根本违约的结果要件

那么我们该如何理解这里的"不能实现合同目的"呢?笔者主张可用英美法根本违约制度来理解。即我国应在《民法典》合同法编中改变当下兼采大陆法与英美法带来的混乱立法之规定,在合同解除方面全面规定根本违约制度,而根本违约的结果要件即这里的"不能实现合同目的",也即法典所贯彻的原因理论之客观原因不能实现。在将来法律完善的过程中,宜以根本违约作为违约解除的连接根据。[①] 理由如下:

第一,通过比较法上来看,尽管在法定的解除事由上两大法系各有不同,但两大法系愈发有融合的趋势。一方面,大陆法以给付障碍类型列举为进路的立法模式弊端越发凸显,对于非违约方的保护越发显现其不周延性,因而逐渐地向英美法系以根本违约为连接根据的模式演变。CISG、PECL、PICC、DCFR 等国际公约与国际或地区统一规则也都采根本违约作

---

① 李晓钰:《合同解除制度研究》,博士学位论文,西南政法大学,2014年。

为合同解除依据,故从比较法的融合趋势与国际司法实践的交往需要来看,我国以根本违约作为合同法定解除的标准与依据,甚为必要。

第二,有助于理解我国《民法典》第563条第1款规定的"不能实现合同目的"。特别是对于合同目的缺乏统一规范、司法实践对于如何理解"不能实现合同目的"更是各行其是的我国合同法立法与实践,利用根本违约制度来理解与解释"不能实现合同目的",也具有必要性。并能进一步整理、统合现有的合同法定解除事由,纠正过去同时借鉴两大法系合同解除制度所带来的矛盾与重复性规定及认识。

第三,从可行性上讲,也是不存在问题的。根本违约制度在20世纪90年代的《涉外经济合同法》中就予以吸收规定,1999年《合同法》中也采纳了这一制度(主要是第94条第4项后半句)[①]。《民法典》第563条第1款虽然没有明确规定"根本违约"或"重大违约"等字眼,但我们根据上文分析,可以将"合同目的不能实现"解释为根本违约。对于有学者所坚持的《民法典》第563条第1款规定的是两种法定解除事由(不可抗力与根本违约)的观点,笔者认为此谓之两种事由可作统一解释,即由于我国合同法采取无过错的违约责任,违约行为不以过错为要件,只要未及时、恰当地履行均构成违约。因此,从这点来说,因不可抗力而不能实现合同目的也属于根本违约之一种。申言之,《民法典》第563条第1款实际规范的是因违约导致的合同目的不达的合同解除,这里的违约既包括各种违约行为(预期违约、迟延履行及其他类型的违约),也包括违约的事实(不可抗力等)。因而用根本违约统领现行《民法典》第563条第1款的各项违约事由是在解释上是不存在问题的。

需要明确的是,在坚持"不能实现合同目的"这一根本违约上位概念的基础上,坚持《民法典》第563条第1款的类型化列举是必要的。根本违约的模糊性本就是其根本特性,[②] 完全的类型化是不现实的,而一定程度的类型化有助于司法适用,并能帮助我们理解根本违约的构成。故《民法典》第563条第1款采取的列举与概括的立法方式应予坚持。

---

① 韩世远:《根本违约论》,《吉林大学社会科学学报》1999年第4期。
② 李晓钰:《合同解除制度研究》,博士学位论文,西南政法大学,2014年。

三 因合同目的不能实现而解除合同之司法适用

合同的解除是废弃合同的一种制度,在罗马法那样对合同赋予严格拘束力的法制下是未获得法律的承认的。近现代法制一方面要求合同严守,另一方面允许因主观或客观情况的变化,当事人一方或双方的合同目的无法实现,而允许合同解除。然合同解除面临着交易秩序与交易安全的平衡,既要依法赋予非违约方的合同解除权,又应防止非违约方利用该制度恶意解除合同,影响交易秩序的稳定。[1] 因此,司法实践中既要避免法官过大的自由裁量权,也要充分发挥合同解除制度的应有作用。这其中关键之关键,即在于准确把握"不能实现合同目的"之程度。在司法实践中,如何理解"合同目的"并把握其不能实现之"程度",存在着很大的不确定性。[2] 笔者认为,把握因合同目的不能实现而解除合同之司法适用的限度与范围时,应当以合同法鼓励交易与维护公平的价值取向为皈依,把握好应有的司法适用限度。

(一) 前提:何种义务之违反方可达致"不能实现合同目的"

首先,应该明确,何种义务的违反可以解除合同。主流观点认为应为"主要义务之违反",而对于从给付义务与附随义务之违反是否可解除合同,则存有争议。赞成者,如崔建远,认为从义务及附随义务之违反仅在致合同目的落空时,可以解除合同。[3] 韩世远认为,仅在"附随义务成为了合同的要素,其不履行会导致合同目的不达场合,可例外地承认解除权的发生"[4]。

但笔者认为,依据违反的义务是附随义务还是主要义务来判定是否构成合同解除的说法不妥。首先,合同解除的设立目的是维护守约方的权益。违约方只要不按照合同的约定履行义务就是违约。不管是何种义务的

---

[1] 顾瑞:《论〈合同法〉中的合同目的》,《辽宁师范大学学报》(社会科学版) 2006 年第 1 期。
[2] 原蓉蓉:《论合同解除中的合同目的不能实现》,《学术论坛》2012 年第 3 期。
[3] 崔建远主编:《合同法》(第三版),法律出版社 2003 年版,第 193 页。
[4] 转引自韩世远《合同法总论》,法律出版社 2011 年版,第 519 页。

违反，都有可能造成合同目的无法实现，如果非要区分义务之类型而区别对待，无法有效维护守约方的权益。再者，不考虑义务种类，以违约的程度或者结果作为判断解除权是否产生的唯一依据已成各国通例。① 故不应区分义务类型，统一适用违约的后果是否能达到"不能实现合同目的"的程度，若为肯定答案，则应肯定解除权的发生。

(二) 核心："不能实现合同目的"之要件把握

1. 因不可抗力不能实现合同目的

对于不可抗力的认识，人们一般仅将其与自然或社会因素引起的事故画等号。其实，除上述两大类外，不可抗力还应包括另一大类——第三人的行为，尽管学界不乏反对的声音。② 但笔者认为第三人的行为成为不可抗力之一种情形有着充分的理由与现实需要。

第一，从法律属性上看，第三人行为也是可能满足不可抗力之不能预见、不能避免、不能克服"三性"的。并且不可抗力的认定应结合具体的事故具体地加以判断，而不能仅凭事故的性质当然地归类，因为即使是地震也不一定属于不当得利。将不可抗力一般限于自然灾害、社会原因的事件，也仅是给出了一个不可抗力大致的范围，并不尽然代表第三人的行为绝对不构成不可抗力。③ 第二，将不可抗力扩及于第三人的行为有坚实的实定法基础与范例。如《海商法》第51条即将"政府或主管部门的行为"明确纳入对不可抗力范围。第三，实践中当事人常在有第三人介入并发生违约的情况下主张因合同目的不能实现而解除合同的做法。比较常见的是政府行为或上级机关的原因这类第三人行为。

2. 履行迟延中绝对定期行为的认定

前文已述，"定期行为场合的履行迟延解除"分为"绝对定期行为""相对定期行为"两类，前者如季节性、时效性比较强的标的物，如中秋

---

① 赵文霞：《论合同解除制度》，硕士学位论文，华东政法大学，2007年。

② 王利明：《民商法研究》（第3辑），法律出版社2004年，第628页。王利明认为第三人的行为不具有外在于人的行为的客观性的特点，其行为不能作为不可抗力对待。

③ 李永军、李伟平：《因第三人原因造成的违约与责任承担——兼论〈合同法〉第121条的理论解构》，《山东大学学报》（哲学社会科学版）2017年第5期。

月饼。"属于相对定期行为者,必须契约当事人间有严守履行期间之合意,并对此期间之重要(契约目的之所在)有所认识,例如甲向乙定制手工艺品一套并告知其系为本月五日出国赠送亲友之用,必须于本月四日交付"①。

在一则著名的案例中,原告中亿宏信公司以被告华闻影视中心迟延履行合同,导致原告为纪念建党90周年制作的《中国共产党历史图像年编》错过最佳出版发行时间,致使合同目的不能实现为由,请求法院判令解除合同。法院拒绝了原告的诉求,并认为从整个合同的条款以及合同的客观性质来看……该案合同目的的实现不以某个具体日期是否经过为前提。②

笔者认为法院的判决应值赞同。因为就本案而言,虽然本案合同的时间因素有一定之重要性,建党90周年的日期与音像制品的出版发行有一定之关联,但事实是在此之后的发行,仍然会取得相应的经济利益,只不过可能因为没有在最佳发行时间发行而收益有所降低,但并不会对节目的播出产生根本性影响。因而本案这种情况不应认为是绝对定期行为,亦非相对定期行为。建党90周年的日期的错过,只是使经济利益有所降低,而非合同的履行失去意义。③

而在另外一则有影响力的案例④中,桂冠电力公司委托泳臣房地产公司为其建设办公综合楼和商品住宅小区,协议对付款时间和工程进度进行了约定,桂冠电力公司亦依约按时付款,但泳臣房地产公司存在工期延误、质量不合格等违约行为。且因泳臣房地产公司对具体工程施工方未付款,导致停工,至合同约定交付之日起至2008年2月29日已根本无法实际交付。两审法院均认为泳臣房地产公司的行为致使桂冠电力公司购买办公楼的目的不能实现,泳臣房地产公司构成履行合同中的根本违约,符合

---

① 姚志明:《契约法总论》,台北元照出版有限公司2014年版,第252—253页。
② "北京中亿宏信商务咨询有限公司诉华闻影视中心著作权合同纠纷"案,北京市西城区人民法院(2011)西民初字第16481号民事判决书。
③ 梁晓月:《论合同目的》,硕士学位论文,中国社会科学院研究生院,2012年。
④ "广西泳臣房地产开发有限公司(简称泳臣房地产公司)与广西桂冠电力有限公司(简称桂冠电力公司)房屋买卖合同纠纷案"。参见最高人民法院(2009)民一终字第23号民事判决书。

法定解除合同的条件，合同应予解除。

笔者认为，上述判例结果及理由均值得商榷。在建设工程施工合同中，因为某些原因中途停工的情况常有发生，况且本案的建设标的如此巨大，情况出现中途停工与延期交付的情况是很常见的。且本案合同约定的房屋交付时间为2008年，在此情况下，桂冠电力公司在施工方2006年年底停工时当即提出要求解除合同，难谓符合常理。从本案合同的约定来看，对于房屋交付的期限既非绝对定期行为，亦非相对定期行为，这一期限对于当事人合同目的的不能实现不会构成实质影响，故法院的判决其实是存在极大不合理性的。

通过以上两案的比较分析，可以看出定期行为的认定对于合同解除权的发生与否尤为重要。但应须相对人有严守履行期间之合意与对期间之重要性的主观认识。不构成以上定期行为之要件的，均为一般之履行时间，不得径行解除合同。虽然这些一般之履行日期可影响合同目的之实现，但这种影响只是使目的实现略遭波折，而非使合同目的不能实现、合同无履行之必要。因而为维持交易安全计，不能赋予当事人合同解除权。对于绝对定期、相对定期、一般日期之区分判断应发挥法官的主观能动性，积极根据合同条款、实际情况以及相关经验进行综合判断。①

3. 因标的物质量瑕疵导致合同目的不能实现

《民法典》第563条第1款未列举的其他违约行为在不能实现合同目的时亦可解除合同。下面讨论几种常见情形的司法适用。首先比较常见的是标的物的质量瑕疵对合同解除的影响。根据合同法的有关规定，瑕疵包括物的瑕疵与权利瑕疵两种类型。关于瑕疵担保责任的性质，学界主要有"担保说"与"履行说"两种，前者认为物或权利瑕疵是一种附加担保责任，后者认为是一种债务不履行的违约责任②。梁慧星赞同"履行说"，并认为瑕疵担保责任系债务不履行责任的一种，是关于买卖合同的特则。③

---

① 梁晓月：《论合同目的》，硕士学位论文，中国社会科学院研究生院，2012年。
② "履行说"认为买受人支付价金的目的在于获得无瑕疵之标的物，标的物无瑕疵是全面履约的应有之义，否则就应该承担赔偿责任。
③ 梁慧星：《论出卖人的瑕疵担保责任》，《比较法研究》1991年第3期。

笔者认为，不管持上述哪种认识，毫无争议的一点即标的物存在瑕疵，就可能会对当事人目的的实现产生不利影响。而是否能够达到合同解除的程度，根据国外尤其是英美法系国家的观点，则应考虑违约部分价值占整个合同价值之比例；违约部分对合同目的实现的影响程度①，即应该根据瑕疵的程度、瑕疵物占标的物的比例等因素加以确定。如果程度严重，瑕疵标的物之于标的物总量占比较大，则可以认定合同目的不能实现，如果不是，则不应认定合同目的落空。

如在"新疆亚坤商贸有限公司（简称亚坤商贸公司）与新疆精河县康瑞棉花加工有限公司（简称康瑞棉花公司）买卖合同纠纷案"②中即体现了这一思想。最高人民法院二审认为，康瑞棉花公司少交货和与合同约定质量不相符部分的货物价值约占了合同总额的8%，并未因此实质剥夺亚坤商贸公司再次转售从而获取利润的机会，并不影响亚坤商贸公司合同目的的实现。康瑞棉花公司不适当履行合同仅构成一般违约，而非根本违约，并不影响亚坤商贸公司合同目的的实现，故本案不构成《合同法》第94条（今《民法典》第563条第1款）所规定的解除合同的法定条件，从而纠正了一审作出的解除合同的判决。笔者认为应值赞同。

（三）合同解除的方式

合同解除方式不外乎下列三种：诉讼解除、经意思通知解除、（符合解除权条件时）自动解除。③从我国《合同法》（现《民法典》合同编）的规定来看，我国采取的是经意思通知解除模式。④笔者认为，就我国现有的债法立法水平来看，其他两种模式的采用存在着一些巨大的弊端，故现行意思通知解除模式应予坚持。

---

① 奚晓明主编：《最高人民法院关于买卖合同司法解释理解与适用》，人民法院出版社2012年版，第409页；李先波、陈杨：《根本违约构成要件探析》，《湖南社会科学》2005年第5期。

② 参见最高人民法院（2006）民二终字第111号民事判决书。

③ 薛文成：《论合同解除及合同解除权的行使》，《东方法学》2008年第1期。

④ 我国《合同法》第96条的规定来分析，合同解除权的行使需要解除权人通知对方，不必请求法院为宣告解除的形成判决。参见韩世远《合同法总论》，法律出版社2004年版，第612页；赵文霞《论合同解除制度》，硕士学位论文，华东政法大学，2007年。

首先，关于自动解除，其适用之前提是法律要有明晰的合同违约与免责条件，并且有明确的风险负担规则。如此，在明确的合同消灭时间、妥善的善后下，才可放心采用合同自动解除制度。而我国《民法典》合同编无统一的风险负担规则，只在买卖、租赁、技术开发合同等场合作出了规定[1]，因而没有充分的制度来保障这一解除方式。

其次，诉讼解除，尽管通过司法程序来解除合同具有更强的权威性、避免合同解除权的滥用等优势，但是其弊端也是明显的，主要有二：一是司法程序的长周期不能赋予当事人迅速摆脱合同拘束之便利；二是等待法院裁决的过程，当事人的交易处于不稳定状态[2]，不利当事人利益之保护。

最后，意思通知合同解除模式除避免以上不足外，还更能体现意思自治的精神和要旨，解除权人是否行使解除权是合同当事人意思自治的体现。每个人是自己利益的最佳判断者，当合同解除权发生的法定事由出现时，当事人可以根据实际利益判断，希望合同继续有效。意思通知解除模式不同于自动解除模式，能最大程度上尊重解除权人的意思自治，尊重当事人行使或放弃解除权的权利。此外，意思通知模式还能使违约方可以及时知道对方解除合同的决定，以便其不再继续履行合同，避免其进一步损失的发生。这一点，也正是自动解除之最大劣势。[3]

（四）对待给付何以灭失的问题

由于我国给付不能制度的缺位，《民法典》合同编中缺乏给付不能后债权人对待给付义务存续问题的规范，这对于非违约方之利益保护甚为不利。比较法上有"代偿请求权"[4]是否要有所规定的争论，笔者认为若规

---

[1] 崔建远：《合同解除的疑问与解答》，《法学》2005年第9期。

[2] 赵文霞：《论合同解除制度》，硕士学位论文，华东政法大学，2007年；曾祥生：《论解除权之行使》，《法学评论》2010年第2期。

[3] 在自动履行中，常可因双方当事人的信息资源不一致，出现一方当事人认为合同已自动解除，而另一方当事人认为合同继续有效，并为合同的履行积极地做准备的情形，从而产生合同争议。参见赵文霞《论合同解除制度》，硕士学位论文，华东政法大学，2007年。

[4] 所谓"代偿请求权"，系指债务人因与发生履行不能的同一原因，取得给付标的的代偿利益时，债权人对于债务人可以请求偿还其代偿利益的权利。参见韩世远《履行障碍法的体系》，法律出版社2006年版，第93页。

定代偿请求权，则意味着相应的债权人的对待给付义务继续存在，这对债权人或非违约方来说尤为不利。故代偿请求权首先不能进行规定，其次，合同目的无法实现时债权人的对待给付义务不应继续存在。但此义务消失的依据是什么呢？有学者认为是解除权的行使使对待给付从付义务中摆脱出来。[①] 这是其中一种解释，还有一种解释认为应当参考《德国民法典》第326条第1款的法律效果，消灭债权人的对待给付义务。[②] 但笔者认为，既然我们采取了以原因理论来解释合同目的的解释路径，故用原因理论来解释对待给付的消灭正当性问题最恰当不过了。如在买卖合同中，因一方的违约行为致合同目的不能实现时，交换原因不能实现，出卖人之给付义务灭失，买受人支付价款的原因已经不存在，自然也无须再为支付。[③]

---

① 王洪亮：《我国给付不能制度体系之考察》，《法律科学（西北政法学院学报）》2007年第5期。
② 丁佳佳：《论目的不达及目的实现》，硕士学位论文，中国政法大学，2015年。
③ 冯洁语：《论原因在合同效力中的功能》，《华东政法大学学报》2016年第2期。

第五章 原因的主观方面之民法适用

第一节 原因主观方面的错误对合同效力的影响

一 问题的提出

根据学者的一般见解,动机是指当事人对相关问题的一种观念和预想,它是推动主体实施法律行为的内在驱动力。[1] 一般认为,动机是一种存在于意思形成阶段的内心观念,且一般情况下被隐藏于当事人的内心而不为外界所察觉,且并非意思表示的内容,为维持交易安全与司法稳定计,动机原则上被排除于法律的视野之外。但自罗马法至今,动机错误的问题并非完全被立法与实践所排斥,学者并未切断动机错误对于意思表示的影响。"……如果动机方面出现了错误,在一定程度上会影响表意人通过意思表示来安排自己生活的最初愿望。"[2] 各国民法均采取一般动机错误不予处理,仅对特殊类型之动机错误给以关注,将符合一定条件的动机错误使法律行为无效或可撤销的做法。但具体何种"动机"无效或可撤销、无效或可撤销须达到的程度、条件是什么,各国各有不同。我国在这方面的规范更是缺失,《合同法》第54条与《民法通则》第59条均没有对何为"重大误解"给以解释,《民

---

[1] 金锦萍:《论法律行为的动机》,《华东政法学院学报》2005年第4期。
[2] 宋晓君:《论动机错误》,硕士学位论文,中国政法大学,2006年。

通意见》第 71 条①尽管以司法解释的形式对"重大误解"进行了规范，但也没有明确言明是否包括动机方面的错误也可被上述条文所调整。《民法典》也没有对这一问题进行明确规范。从现有的法律文本中，我们可以发现所列举的事项基本相当于德国法上可被救济的"表示错误"，而看不到动机错误的影子。但也有学者通过对《民通意见》第 71 条的"等"字作出扩大解释，认为我国的"重大误解"统一包括了表示错误与动机错误。但这种解释又被指出存在超本书解释、违背逻辑的问题，即动机错误毕竟与表示错误属于两种性质不同的"错误"，后者属于意思表示的错误，而前者不是②；《民通意见》第 71 条指的是包含内容错误在内的宽泛意义上的"表示错误"，"对于我国法的规定作扩大解释，也只能限于对行为的内容部分作宽泛的解释，一旦超出该范围，就构成了无效的解释或者说违法的解释"③。笔者赞同后者见解，并也认为，将现有规范作扩大解释的"解释论"路径是行不通的，因为《民通意见》第 71 条未给解释论留有空间。我们所能希冀的是，在理论上通过学者的努力，加强"表示错误"与"动机错误"的理论区分，正确区分"表示错误"和"动机错误"，并以此构建相应的理论基础。在此基础上，在《民法典》合同编中能落实对这两者的区分以及各自的规则体系，以期有利于司法实践。笔者不揣浅陋，尝试从学理的角度对动机错误的理论基础与规则设定做一些初步的探讨，以明确何种动机的错误在我国可否被救济，以及在什么程度上可被救济等相关问题。

二 动机错误在各国民法上的地位与调整：比较法的视角

（一）历史探源：罗马法对动机错误的救济

罗马法已经开始对有关的动机错误问题予以关注。虽然罗马人没有抽

---

① 《民通意见》第 71 条规定："行为人因对行为的性质、对方当事人、标的物的品种、质量、规格和数量等的错误认识，使行为的后果与自己的意思相悖，并造成较大损失的，可以认定为重大误解。"

② 正因如此，《德国民法典》第 119 条第 2 款采用法律拟制的手法，将"重要性质错误"这类动机错误"视为"表示内容错误。

③ 郏献涛：《意思表示动机错误研究》，硕士学位论文，厦门大学，2009 年。

象化思维的偏好，因而没有产生"动机错误"的概念，但《学说汇纂》中出现的诸多与动机错误相关的个案体现着罗马人对这一问题的重视。

早期罗马法，形式对于法律的重要性使得当事人意思不为法律所考虑，当然该意思之错误更在所不问。① 随着社会的发展，形式的重要性退居其次，罗马法逐渐摈弃纯粹形式主义的态度转而采取意思主义。② 罗马法将错误分为实质错误与非实质错误两类，对于前者，法律允许当事人予以更正或者撤销；而后者，原则上不应使其影响法律行为的效力，以保护交易安全、稳定社会经济秩序。③

在罗马法上实质错误一般包括行为性质的错误（error in negotio）、相对人同一性错误、对标的物本身的错误，构成了现在内容错误（表示错误）的制度雏形。而单纯的动机错误与相对人姓名的错误、标的物名称、数量、价格的错误、法律上的错误一道被视为非实质错误，不影响法律行为的效力。④ 但也有动机错误可成为实质错误，比如属于法律上重要的对相对人的资格或才能的错误，该单纯动机错误被上升为实质错误。⑤ 比如当事人之信用高低在很多交易中是作为非实质要素存在的，而对于借贷来说，就成为需要考量的重要因素了。⑥ 此外，物之性质错误这类动机错误也是如此。契约若是以具有特定性质的物为标的物时，实际上所应交付或所能交付的标的物未具有该特定性质时，则契约也因性质错误无法成立。换句话说，当时的法律要求双方当事人就契约标的物应具有何种性质，应有一致的认识与合意。⑦

由此可见，罗马法虽不存在动机错误的称谓，也不存在动机错误的系

---

① 周枏：《罗马法原论》，商务印书馆1994年版，第634页。
② 刘守豹：《意思表示瑕疵的比较研究》，载梁慧星主编《民商法论丛》，法律出版社1994年版，第63页。
③ 周枏：《罗马法原论》，商务印书馆1994年版，第634页。
④ 宋晓君：《意思表示错误的类型化分析》，载李大元主编《民商法论文精粹》，中国法制出版社2000年版，第39页。
⑤ 宋晓君：《论动机错误》，硕士学位论文，中国政法大学，2006年。
⑥ [意]彼德罗·彭梵得：《罗马法教科书》，黄风译，中国政法大学出版社1992年版，第70—71页。
⑦ 郏献涛：《意思表示动机错误研究》，硕士学位论文，厦门大学，2009年。

统规定，但其对于动机错误是否应予救济已有规定与理念的萌芽。根据动机错误在法律上的影响是实质性的还是非实质性的来判断是否应予救济是罗马法的做法[①]。且罗马法上至少对相对人的资格与才能、对标的物之性质两种动机错误如属重要时，才可对法律行为的效力发生影响。

（二）大陆法对动机错误的救济

1. 法国法

关于意思表示错误，《法国民法典》第 1110 条、第 1131 条进行了规定[②]，据此，在法国法上只存在两种错误：标的物的本质错误和人的错误，人的错误又包括人的同一性错误和人的身份错误[③]。它们属于无效性错误。

在法国，动机错误问题是和原因理论交织在一起的。第一章也曾分析过，无论是"一元论"还是"二元论"的原因理论，均有对当事人主观动机的考虑，并将其作为法律行为的"远因"而调整。与各国法制一样，法国法上也并非所有的法律行为的动机都可被法律纳入考量之列，被考量的是"决定性动机"，而"次要性动机"则被法律所排斥。对"决定性动机"的判断则成为司法实践中的一个重要问题。就司法实践来说，法院很难去断定哪个动机是具有决定性的、哪个是次要的，往往倾向于只要是发生了错误的动机，便认为其具有"决定性"，因而这就会使得几乎所有的动机错误都被纳入法律的考虑范围，区分"决定性"与"次要性"动机没有实质意义，且导致动机错误未加限制而至被滥用的风险。

此外，《法国民法典》第 1110 条未区分动机错误与表示错误，而是采用"决定性"标准让法官在实践中具体判断是否让合同归于无效。但从立法架构上看，法典通过"决定性错误"的解释，对动机错误考察的范围局

[①] 宋晓君：《论动机错误》，硕士学位论文，中国政法大学，2006 年。
[②] 第 1131 条规定："……基于错误原因……的债，不发生任何效力。"其第 1110 条规定："错误，仅在涉及合同标的物本质时，始构成无效的原因。如错误仅涉及当事人一方愿与之缔结合同的他方当事人个人时，不成为无效的原因；但他方当事人个人被认为是合同的主要原因时，不在此限。"
[③] 尹田：《法国现代合同法》，法律出版社 1995 年版，第 72—73 页。

限于人或物的性质错误,和德国法的重要性质错误有异曲同工之妙。①

2. 德国法

德国主流法学家将意思表示依次分为意思形成、意思构造(选择符号)、对外表达、意思运送、意思受领②几个阶段。而其中把意思形成阶段的错误称为动机错误,在其后四种表达阶段产生的错误称为"表示错误",从而构建起精细的以阶段论为基础的意思表示错误制度,即"二元构成说"③。

所谓"二元构成说",即区分动机错误和表示错误。前者包括表示行为内容与表示行为上的错误、误传,这都是可撤销的对象。而动机错误在德国民法开始的立法中是不予考虑的,在法典的第二草案中才将其纳入规范与考量,并最终规定于第119条第2款(第1款是表示错误)中。根据第119条第2款,受法律调整的动机错误即"重要性质错误"(Irrtum ueber Wesentliche Eigenschaften),包括以下两类:交易上认为重要的人之资格错误(也称"同一性错误",Identitaetsirrtum)以及交易上认为重要的物的性质错误(Eigenschaftsirrtum)。④ 此外,根据拉伦茨对动机错误的分类,动机错误分为不被法律所调整的"纯粹动机错误"⑤ 和对于意思表示效力具有影响的动机错误,而后者又包括两类——重要性质错误、对主观行为基础的双方错误等⑥。

而关于第119条第2款所指的"重要性质错误"这样的抽象界定也引发了司法适用中的一些问题,即对于什么是该条的"人或物的性质"的

---

① 王业华:《论法律行为的动机》,硕士学位论文,烟台大学,2009年。
② [德]迪特尔·梅迪库斯:《德国民法总论》,邵建东译,法律出版社2001年版,第565页。
③ 张清:《论民法上的错误——以动机错误为中心》,《江苏社会科学》2008年第2期。
④ 宋晓君:《论动机错误》,硕士学位论文,中国政法大学,2006年;[德]卡尔·拉伦茨:《德国民法通论》(下册),王晓晔等译,法律出版社2003年版,第518页。
⑤ 拉伦茨认为:"纯粹的动机错误,是指除内容错误、表达错误及重要性质错误外的其他一切动机错误。"参见[德]卡尔·拉伦茨《德国民法通论》(下册),王晓晔等译,法律出版社2003年版,第524页。
⑥ [德]卡尔·拉伦茨:《德国民法通论》(下册),王晓晔等译,法律出版社2003年版,第525页。

"范围"的问题,以及这种错误需达什么程度才可被撤销的"度"的问题。

关于何为"人或物的性质"问题,史尚宽认为德国法上的关于人的性质(资格),谓人之性别、年龄、财产、信用能力等人之性状,得为精神的或肉体的,法律的或事实的,并不以表意人为限,对于自己和第三人的资格错误也可以构成法律意义上的重大性质错误。所谓物之性质,不独其自然之性质。事实上或法律之关系,对于物之用途或价值有影响者,也为物之性质。而且关于物之性质有适用者,对于其他法律行为之标的物,也得扩张使用。① 即德国法上对于这里"物"的认识不局限于动产、不动产上,包括权利、集合物在内,均属于这里的"物"。正如拉伦茨所言:"司法判例已经不在第90条(即《德国民法典》第90条)的意义上理解物,而是在更广泛的概念上理解这一概念的:'物'是指'行为标的'。"②

而另外一个重要方面,即如何理解这里所谓的"交易上重要"。通说认为对于重要性质错误的认定应以具体客观标准为据。即在一般人认识的基础上,在特定情形中就具体的交易进行确定,只有交易上认为对具体法律行为具有相当影响力的人或物的性质错误,才可构成重要错误。③

第二类应受法律调整的动机错误——主观行为基础错误。主观行为基础理论是拉伦茨在温德沙伊德"前提要件论"与厄尔特曼(Oertmann)的"行为基础理论"的基础上发展而来的,它的要旨是所谓"主观行为基础",是指双方当事人为法律行为时,所依据的对双方意思决定有影响的共同预想。如果双方对这种预想发生错误认识,则构成主观行为基础的错误。主观行为基础的错误起初与客观行为基础(指某种特定事项的存在或继续存在,涉及合同履行中的给付障碍问题)的变更一道,共同被纳入诚实信用原则之下进行调整,后来经《债法现代化法》的改造,主观行为基础的错误有了具体的法律依据——《德国民法典》第313条的情势变更规

---

① 史尚宽:《民法总论》,中国政法大学出版社2000年版,第407—408页。
② [德]卡尔·拉伦茨:《德国民法通论》(下册),王晓晔等译,法律出版社2003年版,第519页。
③ 龙卫球:《民法总论》,中国法制出版社2002年版,第512页;马永祥:《意思表示错误的法律后果》,《河南社会科学》2012年第3期。

则，而不再以诚实信用原则为依据。①

申言之，在德国法上，受法律调整的动机错误被确定为重要性质错误和主观行为基础错误两种类型，并在实践中发展出一定的界定标准与类型。

3. 日本法

其他大陆法系国家也并未明确何种动机错误应予调整的问题。如《日本民法典》第95条是对错误制度的规范，其规定"法律行为的要素有错误时，意思表示无效……"但就文义而言，动机错误似乎可以解释为被第95条所包含。就此形成了错误理论的"一元论"，即法律行为的要素错误包括动机错误，对于所有的错误均应设置统一的要件予以规范②，加之区分动机错误与表示错误是困难的，尤其是同一性错误与性质错误。与之相对，另一种理论和判例的观点即"二元论"，认为第95条所说的错误原则上不包括动机错误，对动机错误的保护是通过特殊的例外情况，即当动机表示于外并成为意思表示的内容时，适用第95条，意思表示无效，这一点曾得到了相关判例的采纳。③

总的来说，在对重要性质错误这类动机错误的救济上，日本法与德国法、法国法大体是没有差别的，唯其不同，在于日本法对一般救济错误给予更多的关注，即在日本法中，如果动机表示于外，被相对方知悉时即可构成法律行为要素，此时的动机错误即成为意思表示内容错误，从而导致该意思表示无效。④

（三）英美法对动机错误的救济

根据美国《第一次合同法重述》第500条对"错误"的定义，错误指

---

① [德]迪特尔·施瓦布：《民法导论》，郑冲译，法律出版社2006年版，第450页。
② 张清：《论民法中的错误——以动机错误为中心》，《江苏社会科学》2008年第2期。
③ 根据日本通说和判例主要采纳的"动机表示必要说"的立场：倘若动机仅深藏于表意者的内心而不表露出来，就不构成法律行为的要素错误；一旦表示于外使受领人知悉，动机错误就转化为法律行为内容的错误。参见小林一俊《意思欠缺与动机错误》，《外国法评译》1996年第4期。
④ 龚赛：《民法动机错误研究》，硕士学位论文，四川省社会科学院研究生院，2010年。

"与事实不符的心理状态"①。根据此一定义，我们无法推知英美法是否明确调整动机错误，因为这一概念是如此的宽泛，只要当事人缔约的想法与真实想法不符即属于这里的"错误"，"欺诈"甚至也可被囊括进来。但立法规定的缺失也并没有影响到英美法对相关问题的司法裁判。相反，英美法将各种类型的动机错误之救济融入一个个具体的案件类型之中。

英美法奉行"买（卖）者当心"的原则，错误也被作为合同缔结的内心风险看待，"若允许当事人基于自己的错误而否定合同的效力，就如同允许当事人以单方意志成立合同一样不公正"②。因而英美普通法认为只有双方的错误才是有影响力的错误。但这种绝对排斥救济单方错误的做法被认为是不恰当的，会造成错误制度价值的下降。于是，英美法规定了一些"有影响力的单方错误"，但前提是要对这种单方错误进行严格的限制。③综合英美法判例，主要有以下三种"有影响力的单方错误"：（1）对合同条款的单方错误；（2）对合同性质的单方错误；（3）对对方当事人身份的单方错误。④前两种是大陆法上的内容错误的体现，只有第三种是一种动机错误。

英美法认为对于这种"有影响力的"对对方当事人身份的单方错误，要被法院所救济需要满足以下条件：第一，当事人的身份对于合同的签订具有"重要性"。也就是说，当事人只想与某个特定的人签订合同，即从理性第三人的角度看，当事人的身份对于合同的签订无可替代⑤。第二，

---

① ［美］A. L. 科宾：《科宾论合同》（上），王卫国等译，中国大百科全书出版社 1997 年版，第 677 页。

② ［英］A. G. 盖斯特：《英国合同法与案例》，张文镇等译，中国大百科全书出版社 1998 年版，第 258 页。

③ 即发生单方错误的表意人要想获得救济还须证明以下任何一点：第一，对方当事人知道或者应该知道发生了错误；第二，履行合同将导致过分或者说违背良心（unconscionable）的结果，即法官通常还会比较双方因合同是否被撤销而各自产生的经济后果。See Claude D. Rohwer & Anthony M. Skroki, *Contracts in a Nutshell* (Fifth Edition), St. Paul: West Group Publishing, 2000, p. 293.

④ 关于此三种类型的"有影响力的单方错误"的介绍，可参见赖贵新《契约错误制度之比较研究》，硕士学位论文，对外经济贸易大学，2006 年。

⑤ 其典型案例是博尔顿诉琼斯案。转引自［英］A. G. 盖斯特《英国合同法与案例》，张文镇等译，中国大百科全书出版社 1998 年版，第 278 页。

第五章　原因的主观方面之民法适用

受害方已尽谨慎义务。第三，对方当事人知道或者应该知道发生了错误。也即是说，当事人的意图、注意义务、对方当事人的主观状态等情况都是英美法在考察当事人身份错误是否为本质错误时必须要考虑的因素。①

而英美法的双方性错误，又分为"相互错误"（mutual mistake）与"共同错误"（common mistake）两种。此两者都属于应予救济的、有影响力的错误。前者是指发生在当事人之间就不同的标的达成合同的情形，如甲以为乙出卖的是台灯，而乙以为甲所欲购买的是吊灯，因成错误。② 此种错误其实就是对应大陆法上的标的物同一性错误。共同错误主要包括以下几类：（1）关于标的存在方面的错误；（2）关于标的所有权的错误；（3）关于标的性质的错误。③

上述共同错误之情形中，关涉动机错误的是关于标的性质的错误。英美法上的"标的性质"涵盖范围较为广泛，包括当事人订立契约所要达成的最终目的，也包括了德国法上的标的物性质范畴。④ 不同于相互错误的无条件被救济，对此种错误，原则上是不被救济的，其与单方错误一样，"买者当心"是立法者首要的考虑。在这类错误的判断中，对于标的物的"实质错误"与"特性错误"的区分就成了关键。只有"实质错误"的标的性质错误方可被救济。而"特性错误"则是仅关于标的质量或价值的错误，此种错误一般不影响当事人合意的成立，故合同效力不受影响。如何区分标的性质错误究竟属于"实质错误"还是"特征错误"，英国法上有很多案例，如可妊之牛与不可妊之牛、公牛与母牛间的区别是实质性的，

---

① 孙雪：《论意思表示的动机错误》，硕士学位论文，中国政法大学，2010年。

② 有关相互错误最著名的案例是英国1864年拉弗尔斯诉威切豪斯一案。See Raffles v. Wichelhause (1864) 2H & C906. 学界对其的经典定义是："相互错误是指双方当事人虽然在表面上达成了合意，但是他们各自所确定的是不同的标的。由于此种错误决定了当事人之间并无一致的意思表示，合意无从谈起，因此该契约不成立。"转引自孙雪《论意思表示的动机错误》，硕士学位论文，中国政法大学，2010年。

③ ［英］A.G.盖斯特：《英国合同法与案例》，张文镇等译，中国大百科全书出版社1998年版，第265页；俞建林：《意思表示错误与法律行为的效力》，硕士学位论文，吉林大学，2007年；孙雪：《论意思表示的动机错误》，硕士学位论文，中国政法大学，2010年。

④ ［英］A.G.盖斯特：《英国合同法与案例》，张文镇等译，中国大百科全书出版社1998年版，第265页。

而非仅特征的不同。①

(四) 小结

通过上面的分析，我们看到英美法与大陆法尽管错误制度的法律架构存在很大的差异，面对动机错误与表示错误之间的关系，有采取区别对待的如德国的"二元构成说"、日本如今通说的"二元论"，区分表示错误和动机错误、以"错误的重大性"为补充，但此种做法带来适用上新的问题。② 而在以《意大利民法典》第1429条、《瑞士债务法典》第23、24条为代表的"一元论"的立法模式下，不区分表示错误与动机错误，统一用"错误"加以涵盖，并且都以错误"重大性"作为合同效力的判断标准，只有"实质性错误"才可以撤销。第三种做法即法国法的路径，从原因理论出发，第1110条包括"近因"与"远因"，在不区分表示错误与动机错误的前提下，统一采用"重大性"为标准，认为仅对交易具有实质性影响的错误才可获法律的救济。

尽管不同法制间的调整路径不同，但殊途同归，被纳入法律调整范围的动机错误类型基本相同——单方面的动机错误不予救济，将可救济的单方错误仅限于标的物的性质错误、对方相对人的身份错误两类且要求具有"重要性"③，此外还包括主观交易基础错误（英美法上称为"共同错误"）这类动机错误。也即是说，两大法系对于可救济的动机错误的类型是一致的，且都有程度上的要求（"重要性"）。但两大法系在"重要性"动机错误的具体适用上各有其问题：如英美法上"实质错误"与"特征错误"之间实际上是很难划清界限的，德国法上同样面临如何判断标的物性质与对方当事人身份的错误这类动机错误构成"交易上认为重要"的困境。

那么究竟动机错误与意思表示错误应采"一元论"还是"二元论"，

---

① See Sherwood v. Walker, Sureme Court of Michigan, 66 Mich. 568, 33 N. W. 919 (1887).
② 张清：《论民法中的错误——以动机错误为中心》，《江苏社会科学》2008年第2期。
③ 不同法制上对"重要性"的称谓不同，如德国法上"交易上重要者"，罗马法、法国、瑞士法、英美法学理上都要求对标的物的性质、对方当事人的身份之错误具有"实质性"或"重大性"。

动机错误在何种情况下可被救济,则需要仔细的考量。以上法制为我们提供了可供借鉴的立法范本,但其内在的各种问题也不应忽视,我们应该在此基础上结合我国现有的法律行为错误制度,探求我国法制上对动机错误可行的调整模式。

三 动机错误的制度构造:原因理论的解释模式

(一) 动机错误与表示错误的非同质性

有意义的错误才可撤销,这是各国法制所共有的原则。故区分有意义的错误与无意义的错误就显得尤为必要。动机错误一般情况下为无意义的错误,仅有少数动机错误是"有意义的",而包含表示内容错误、表达错误、误传在内的表示错误均是"有意义的",可被撤销,因而对两者区分规定是必要的。除此之外,两者区分规定的最重要之处在于"错误"的本质属性不同。根据我们前面的分析,动机不是意思表示的组成部分,它仅为促成意思表示形成的一种心理上的考虑,因而动机错误应为在意思表示形成阶段对存在的事实发生的错误认识;而意思表示错误强调的是内心真意与客观表示的不一致,因而两者是截然不同的事物,性质上应予区分。而这种性质上的不同也带来其制度价值取向的不同。

在解决表意人内心意思与客观意思不一致所带来的问题时,立法上素有两种不同的立场与价值取向:意思主义与表示主义。意思主义从表意人意思维护的角度讲,重在维护表意人利益;表示主义则更注重相对人利益的维护与交易安全的保护。错误制度实际上是在意思表示与交易安全两个民法基本价值理念之间进行价值衡量,属于价值判断的方面。在这两种冲突的价值间,我们需要寻找一个平衡点去对两者加以缓和。[1]近现代大陆法系国家在处理意思表示错误的问题上,都采取了以表示主义为主、意思主义为辅的思路,如德国法一般以表示主义为主,同时又用意思主义对表示主义以一定的限制。但动机错误与意思表示表示错误是否可在同一框架下加以解决呢?笔者是持反对态度的。这是因为动机类型多样

---

[1] 张清:《论民法中的错误——以动机错误为中心》,《江苏社会科学》2008 年第 2 期。

且一般仅存于当事人内心而难以为外界所察觉,且本身的错误不同于意思表示那样而直接影响法律行为的效力,故对动机错误进行调整时较之表示错误应对其更应体现出对于相对人信赖利益、交易安全的保护,在交易安全方面,动机错误相较于表示错误而言,应该受到更加严格的保护,故对其含混概括式的规定是不合适的,"二元论"对两者的区别规定是应该坚持的。

(二) 原因理论对动机错误的解释力

在我国,立法与理论上缺乏对表示错误与动机错误的明确界分,更没有合理明确的规则体系。本书认为,二元论原因理论应为《民法典》所采纳,并作为法律行为的一条主线贯穿于《民法典》法律行为制度中。动机错误即为二元论下的"远因"错误,给原因理论的错误制度以正当性说明。表示错误为意思表示错误制度所解释。这是基于对交易安全侧重程度的不同进行分别的制度安排。在意思表示错误制度中,应包括表示内容错误、表达错误、误传。

在动机(远因)错误中,纳入法律调整范围的动机错误将是应被严格限制的,至少应具备"为对方当事人所知晓""属于法律所规定的有意义的动机错误的类型"、后果要求等几个方面的限制。在类型上,应借鉴大陆法的做法,采取严格解释,将具有法律意义的单方动机错误仅限于对人或物的性质的认识错误。而对于双方动机错误(亦即主观行为基础错误)的问题上,我国对此关注更为稀少。笔者认为,在这个问题上,结合目前我们国家的立法和司法实践现状,应采用德国20世纪30年代后的判例规则和我国台湾地区的现行做法:以诚实信用原则为联结点来处理共同动机错误的问题。[1]

---

[1] 李永军:《合同法上的错误及其法律救济》,《山东审判》2003年第3期。"双方当事人既然对合同的同一基本点有共同错误,一方要求对方履行合同会触犯诚实信用原则,就会构成权利的滥用。"参见沈达明《德意志法上的法律行为》,对外贸易教育出版社1992年版,第134页。

四　表示错误与动机错误的区分构造

（一）类型上的区分

1. 表示错误的类型

（1）内容错误

意思表示所针对的内容一般包括当事人、标的物以及法律行为性质，因而内容错误一般包括当事人同一性错误、标的物同一性错误和法律行为性质同一性错误。[①] 首先，发生当事人同一性错误并非均可被撤销，仅在对方当事人的身份成为合同实质性要素时，才属于可撤销的合同范围。其次，标的物同一性错误以及法律行为性质错误都确定属于可被撤销的错误范畴。法律行为性质错误是指对签订的合同种类发生错误认识，例如将借贷误认为赠与，将保管误认为消费借贷等。[②] 法律行为性质错误具有天然的严重性，一旦被认定是法律行为性质错误，则即符合重大性、根本性的要求，无须其他证明。[③] 标的物同一性错误即我们所言的"误认此物为彼物"，典型的如德国法上的"薄印花棉布"案[④]，表意人本欲购买"印花装饰布"，而误购买了外表相似的"薄印花棉布"，法院认定此属于标的物同一性错误，继而撤销合同。可见，标的物同一性错误与法律行为行为错误一样，天然地具有"重大性"，因而应予撤销。

（2）表达错误

表达错误发生在意思表示对外表达阶段，在将内心表示符号表示于外的过程中发生了错误。[⑤] 典型的即"误写""误说"。表达错误是实践中的认定容易与内容错误相混淆，德国法上是明确区分两者的，表示错误属于

[①] 张成军：《错误表示中信赖利益保护问题研究》，硕士学位论文，中南财经政法大学，2015年。

[②] 童蕾：《合同法中的错误制度研究》，博士学位论文，复旦大学，2013年。

[③] 童蕾：《合同法中的错误制度研究》，博士学位论文，复旦大学，2013年。

[④] H. Brauer, Der Eigenschaftsirrtum（Hambiiig, 1941）, § 4 S. 24.

[⑤] 侯巍：《民事权利外观的信赖保护——以财产权继受取得为视角》，人民出版社2012年版。

动作上的失误,而内容错误原则上属于表意人观念上的错误。① 无论是写错字还是说错话,如果立刻能够发现,并不存在相对人受领错误的情形;但若对方已受领了该错误表示,并已产生合理信赖,则需要法律介入进行调控。②

2. 动机错误的类型

前文已述,在动机(远因)错误中,纳入法律调整范围的动机错误应被严格限制,至少应具备"为对方当事人所知晓""属于法律所规定的有意义的动机错误的类型"、后果要求等几个方面的限制。在类型上,应借鉴大陆法的做法,采取严格解释,将具有法律意义的单方动机错误仅限于对人或物的性质的认识错误。

(二)撤销权行使的条件

1. 何者享有撤销权

关于何者享有撤销权,《民法通则》《合同法》规定的是"当事人一方",《民法典》采用的"行为人"之表述。笔者主张应该解释为双方均有撤销权,即在表示错误与动机错误中,撤销权应为双方所享有。这是因为无论何种错误,都有可能在双方之间发生,表意人有权撤销合同当为不言自明的,而基于错误订立的合同对相对人的利益影响甚大,只要是属于表示错误的范围,或属于可为对方所知悉的动机错误,那么相对人亦应具有撤销的权利。

2. 两种"错误"撤销权行使时的主观状态

关于错误制度撤销权行使时对表意人主观状态的要求,历来有不同的做法与主张。第一种做法是德国法、法国法的做法,表意人过失不影响撤销权的行使;第二种做法要求表意人无过失,如我国台湾地区;③ 第三种做法如《日本民法典》,其要求"表意人无重大过失"作为撤销权的行使

---

① 张成军:《错误表示中信赖利益保护问题研究》,硕士学位论文,中南财经政法大学,2015年。

② 张成军:《错误表示中信赖利益保护问题研究》,硕士学位论文,中南财经政法大学,2015年。

③ 王泽鉴:《民法总则》,中国政法大学出版社2001年版,第382页。

条件。在此问题上,我国先前的《民法通则》与《合同法》以及《民法典》均无对因重大误解而行使撤销权的主观状态的有关要求和表示,是为法律漏洞。

从错误制度撤销权的设置来看,对表意人主观状态的要求构成对表意人撤销权的一种限制,而这种限制是利益衡量、价值判断的结果。[①] 由于错误一般是表意人自身的过失导致的,可以说,有"错误"一般至少必有表意人的"轻过失",故我国学者对一般过失不影响撤销权并无争议,难以统一的是表意人重大过失可否主张重大误解。笔者认为,"动机错误"作为一种可被撤销的"错误特例",应比作为"根正苗红"的意思表示错误的限制更为严格,以防止撤销权的滥用,危害交易安全。因而在笔者看来,区分表示错误与动机错误的一大标志是除了对其类型、一般构成要件进行区分外,还要明确两者撤销权的不同主观条件要求,即对于表示错误,表意人重大过失不影响其撤销权的行使,而在动机错误的情形中,因对其应具有严格限制,故在表意人具有重大过失情形中,表意人不得行使撤销权。

具体而言,在表示错误的情形中,与《德国民法典》第119条相同,表意人过失不是限制表意人撤销权的理由。这是因为表示错误是意思表示内容或表达上的错误,本应予以撤销,故撤销权不应作过多的限制,况且在表意人撤销合同后对对方信赖利益的赔偿,即可实现对交易安全和秩序的照顾。

而在动机错误中,在具有法律意义的单方动机错误时还应考虑表意人是否具有过失,即表意人只有具有轻过失时才可撤销合同。明确区分表示错误与动机错误当事人可行使撤销权的主观过错状态,表示错误对表意人的过失没有限制;而动机错误要求表意人不能有重大过失,表意人的重大过失是排除撤销权的行使的。在动机错误中,除类型限制外,还应从"可辨识性"及"可归责性"作为赋予撤销权的限制。即要求有法律意义的错误动机必须为相对人所知晓,此时的动机才是可以撤销的,并且发生动机错误的一方不具有重大过失。

---

① 杨帆:《错误与误解制度比较研究》,《湖北第二师范学院学报》2011年第11期。

第二节　主观原因的不法性：不法原因给付制度的解释适用

一　我国处理不法原因给付问题的规定及其不足

对于因各种不法原因而发生的给付，如为赌博或嫖娼所约定的给付、因与"小三"分手之青春损失费赠与、为达各种不法目的而为的金钱给付等，如何处理这些约定之效力及财产之归属，是各国法制历来聚讼集纷的问题。大陆法上各国主要依据不当得利的例外规则来处理这一问题。[①] 我国没有规定不法原因给付制度，实践中处理这一问题依靠的是《民法通则》第58、61条和《合同法》第52、58、59条，也即"行为无效+已为给付返还+恶意串通收缴"的处理模式。但这样的处理方式存在很大的问题，主要有三：

第一，在适用范围上，我国法律行为无效的概念过于宽泛，而不法原因给付的情形众多、纷繁复杂，反社会性程度不一，统一作无效处理是不应被主张的。而恶意串通则更是仅针对反社会性最高的那种不法原因的给付。因而在实践中那些不应该被作无效处理的不法原因的给付而无法得到法律的回应；作无效处理，则法律有过于严苛之嫌；完全不处理它们，作完全有效的给付关系、债之关系，则又与公平正义相悖。

第二，在法律效果上，"收缴"作为一种典型的公法干预处理方式，存在于法律行为无效后果的纠正中，被普遍认为有"公法干预私法"之嫌。[②] 通观各国立法，多以不得返还为一般，允许返还为例外。而对不法原因给付进行追缴的处理模式多存于前东欧社会主义国家。[③] 笔者认为，追缴的处理模式多为计划经济时代国家掌管一切理念的"遗留"，也是当时公法、私法不分，私法理念薄弱的产物。私法发展至今天，已经完全是

[①] 即若仅受领人一方存在不法原因，当事人可主张不当得利的返还；若不法原因存在于给付人一方或给付人与受领人双方，则不得要求返还。

[②] 参见谭启平《不法原因给付及其制度构建》，《现代法学》2004年第3期；李永军、李伟平《论不法原因给付的制度构造》，《政治与法律》2016年第10期；靳南南《不法原因给付问题研究》，硕士学位论文，吉林大学，2013年。

[③] 参见洪学军《不当得利制度研究》，中国检察出版社2004年版，第234—236页。

市场经济下的一项社会规范，民众也培养起了充分的法律意识，法律不必再如计划经济时代"大包大揽"，而应交由当事人自决。因而，在此类问题的法律效果上，也应予以纠正。

第三，社会的道德标准和观念随着时代的发展是在不断变化着的，有的在过去被视为反社会性高的行为在今天可能则被认为不那么"可恶"，因而没有必要严苛加以处理。如在我国台湾地区，对于约定的婚姻居间报酬，在20世纪80年代以前多被作为"违反善良风俗的无效"处理，而在此之后则无一不作为自然之债加以对待。这种转变不可不察。那么，法律如何保持其应有的弹性来合理调整这些问题，则是一个需要加以仔细考虑的问题。时至今日，类似"泸州二奶继承案"[①]的处理在我国仍难有定论。笔者认为，实质在于我国民法缺乏对目的与动机不法的调整规范。前文已述，二元论的原因理论构建对于我国民法之体系有着巨大的价值与作用。在很多情况下，有伤风化的往往是其背后的动机。[②] 违法或背俗的，不仅是行为方式、主体、客体、标的物等客观情势，而且应当包括当事人主观目的与动机之主观不法。二元论下"近因"（给付目的）与"远因"（动机）之不法，即不法原因给付制度的构建基础，尤其是动机之不法，则更是需要法律仔细斟酌与调整的。

二　不法原因给付制度的设计理念与基础

（一）不法原因给付的调整客体——目的与动机的不法性

前文已述，二元论的原因理论兼顾社会公共利益与个人利益的保护。不法原因给付制度被认为是为公共利益的保护为目的的制度设计。而侵犯公共利益的，不仅有客体、标的物等客观因素的不法性，更有主观上的不法性。对于前者，已经有充分的法律依据加以调整，无须赘言。唯对于主

---

① 参见四川省泸州市纳溪区人民法院（2001）纳溪民初字第561号民事判决书；四川省泸州市中级人民法院（2001）泸民一终字第621号民事判决书。
② 于飞：《公序良俗原则研究——以基本原则的具体化为中心》，北京大学出版社2006年版，第106—107页。

观上当事人目的或动机的不法，始终游走于法律的边缘，司法裁判更是见解不一，是为法律漏洞。在很长一段时间内，由于一元原因论的影响，动机不被立法者和司法实践者纳入法律行为效力的考察视野；而二元论则可兼顾法律行为的客观给与原因（给与目的合意）与主观给与原因（动机），即所谓的"原因"包括决定法律行为类型的"近因"（目的）与作为当事人动机的"远因"，两者违法或背俗均可导致法律行为无效。[①]

在现代二元制的原因理论下，当事人的行为动机与行为方式、行为标的一并被考量，从而实现意思自治与社会秩序的兼顾。当然，为实现这一目标必须对这种主观心态有一定的要求，使对其宣布无效不致危害必要的交易安全，这就要求这种目的与动机必须通过行为人的言行表示于外，为他人知晓，然后再根据社会一般第三人之判断标准，观其是否可影响法律行为之效力。目的是双方达成一致的动机，而单独的动机则仅为对方知晓，未达成一致。可以说，这里的"目的""动机"都是当事人主观动机的表达，只是是否达成合意不同。未经表示于外、仅存于当事人内心的目的或动机，法律不得加以考量。

（二）不法原因给付制度的适用范围——给与行为

在第三章的讨论中，我们已经得出下列结论：原因理论不仅适用于负担行为，对于处分行为也有适用的余地。只不过处分行为在法技术的"操作"下，使其与客观给与原因（目的合意）相分离，其效力不受客观原因缺失、错误之影响，但并非是其不具备客观原因；主观原因（动机）本身游离于意思表示之外，不为意思表示的构成要素，这点在负担行为、处分行为中都是一样的。因而，不论是处分行为还是负担行为，都应在不法性方面考虑其目的合意与动机。对于那些目的与动机违法或背俗的给与行为（包括负担行为与处分行为），都应坚决否定其效力，以此维护公共秩序与公共利益。

---

① 李永军、李伟平：《论不法原因给付的制度构造》，《政治与法律》2016 年第 10 期。

（三）不法原因给付的双层构建思路

作为不法原因给付制度之依据的，无非就是我国立法中的强制性规定与公序良俗规范。用于否定法律行为效力的强制性规范，学说上称为"效力性强制性规范"，此者范围已有实定法给以框定，在此不赘。值得探讨的，是范围随着社会不断发展变化、适用上存在极大争议的公序良俗条款。

公序良俗，乃公共秩序与善良风俗的简称，分别对应社会一般利益与是社会一般道德。[①] 通过公序良俗原则（条款）将这些非法律规范引入民法体系，实现对个人权利及意思自治的一定限制，使民法的权利本位与社会本位相结合。[②] 而法律并非是设立圣贤之标准，实乃为中人而设。道德也分层次，公序良俗所调整的道德并非全部社会伦理道德，而仅是作为一般道德或社会最低伦理标准之一部。[③] 这部分道德"从道德秩序中裁剪下来"，"被烙上法律印记"。[④] 因而并非所有有违社会秩序或社会道德的行为都是违反公序良俗（而无效）的。

另外，从不法原因给付的角度说，不法原因给付包含各种各样纷繁复杂的具体情形，这其中反社会性程度亦千差万别，不可一律判定行为无效。而道德标准和社会观念也在随着时代的发展而改变，如前述我国台湾地区"民法"对于约定的婚姻居间报酬就历经了由"违反善良风俗，无效"到认可为自然之债的转变。而社会现象无穷，立法者无法对所有的效力应被否定的行为无一遗漏地进行列举，因而必定需要公序良俗这一具有弹性的概括条款，再辅之以社会习惯进行具体认定。从此点以言，并非所有的不法原因给付情形都应归于无效。笔者认为，社会公共利益作为对个

[①] 于飞：《公序良俗原则研究——以基本原则的具体化为中心》，北京大学出版社2006年版，第1页。

[②] 于飞：《公序良俗原则研究——以基本原则的具体化为中心》，北京大学出版社2006年版，第1—2页。

[③] 夏青：《公私法接轨视角下公序良俗原则研究》，硕士学位论文，湖南大学，2009年。

[④] 于飞：《公序良俗原则研究——以基本原则的具体化为中心》，北京大学出版社2006年版，第21页。

人意志、个人自治的限制，应该有一定之限度，否则有过分侵扰私法自治、动摇民法根基之嫌。因而为避免公共利益维护之滥用，应对法律行为之反社会性（有学者称为"社会妥当性"）给予区分，法律只需对那些具有强反社会性的行为宣布其无效，而将那些具有弱反社会行为的法律行为给予放行。如梅迪库斯认为，性行为可分为市场化的性交易与私人领域的性关系两大类，前者如卖淫合同、以展示性行为为行业的行为（所谓"窥视秀"［Peep-show］）等，都是无效的。而私人领域的性关系的反社会性是有不同的，在婚外同居关系中，一方对与之婚外同居者的赠与合同中，究竟是对先前性行为的酬谢（强反社会性）还是对对方给予生活上照顾的感谢（弱反社会性），反社会性强度是不同的，这就要考察当事人主观上的目的与动机来进行判断。除目的或动机违反效力性强制性规定与符合公序良俗条款内涵的法律行为归于无效外，违反管理性强制性规定、违反公序良俗规定之一般道德之外的法律行为应承认其效力，并认可由此产生的民事债。[①]

三 路径构建：以"以合法形式掩盖非法目的"作为不法原因给付无效的制度依据

（一）《合同法》第52条第3项在理解与适用上存在的问题

《合同法》第52条第3项之"以合法形式掩盖非法目的"此一合同无效事由自《合同法》通过至今即存有争议。对于此项规定，有学者认为系比较法上的脱法行为[②]，有的认为系隐匿行为[③]，有的认为系伪装行为[④]，更有学者认为其属于《德国民法典》、我国台湾地区"民法"上所称的

[①] 李永军、李伟平：《论不法原因给付的制度构造》，《政治与法律》2016年第10期。

[②] 参见梁慧星《中国民法典草案建议稿附理由：总则篇》，法律出版社2004年版，第148页。梅夏英、邹启钊《法律规避行为：以合法形式掩盖非法目的——解释与评析》，《中国社会科学院研究生院学报》2013年第4期。

[③] 王利明：《合同法研究》（第一卷），中国人民大学出版社2002年版，第650页。

[④] 如龙卫球认为"以合法方式掩盖非法目的"系"伪装行为，是法律行为违法的一种情形"。参见龙卫球《民法总论》，中国法制出版社2002年版，第517页。

"虚伪表示"①，等等，各类观点不一而足。总体来看，学界、实务界存在着该条是立足于意思表示瑕疵还是法律行为的内容规制来展开法律思维②的不同理解，不免存在司法实务中对于该项适用的乱象。③《民法典》中删除了原《民法通则》第58条第7项"以合法形式掩盖非法目的"的规定，并增加了"通谋虚伪表示的规定"（《民法典》第146条），但正如学者所言，《民法典》对于通谋虚伪表示的规定与《民法通则》中"以合法形式掩盖非法目的"的规定属于不同性质的规范，不可互相替代④。那么，《民法典》的变化是对"以合法形式掩盖非法目的"在否定法律行为效力上的作用的否定，还是将该项规定内置于第六章第三节的其他规范中去实现其功能？此外，"非法目的"在法律行为效力的把控上是否应有一席之地？其与比较法上"通谋虚伪表示"和"脱法行为"的关系又该如何把握？实践中诸如"借名买房""名买实赠"、企业间"阴阳合同"到底该如何定性？这都是需要厘清的问题。

（二）《合同法》第52条第3项的法律文本解读

1. 理解的偏差溯源：立法借鉴"模板"概念体系混乱

要准确把握《合同法》第52条第3项的制度功能，应先去探寻《合同法》第52条第3项（或《民法通则》第58条第6项）的立法理由和立法目的。

"以合法形式掩盖非法目的"的说法最早出现在我国《民法通则》之

---

① 参见李永军《民法总论》，法律出版社2006年版，第514页。转引自朱广新《论"以合法形式掩盖非法目的"的法律行为》，《比较法研究》2016年第4期。

② 自德国民法开始，便将"虚伪表示行为"与"规避行为"区分开，认为前者是意思与表示的故意不一致，属于意思表示的瑕疵，表面上呈现的行为因无真实的意思表示而无效，而隐藏于其下的隐匿行为效力则需要进一步考察；而后者是价值中立的，具体的法律行为是否无效，需依据合同（法律行为）解释与法律解释确定效力的有无。

③ 根据杨代雄的实证研究，发现有的判例认为"以合法形式掩盖非法目的"指的是"脱法行为"，有的认为"既是脱法行为，又是隐藏行为"，有的认为是"通谋虚伪表示"，有的则是"为实施犯罪而采用的手段"。参见杨代雄《恶意串通行为的立法取舍》，《比较法研究》2014年第4期。类似实证考察，也可参见朱广新《论"以合法形式掩盖非法目的"的法律行为》，《比较法研究》2016年第4期，第165—169页。

④ 陈小君：《民事法律行为效力之立法研究》，《法学家》2016年第5期。

中，由于我国在立法时没有同时出具"立法理由书"的传统，根据现有的文献，我们很难直接查知《民法通则》的立法者在规定此项内容时的内心想法，学者们也只能间接地利用法律解释方法来揣摩立法者的意图。对我国独创之"以合法形式掩盖非法目的"条款，在缺乏比较法制借鉴的基础上，则更需要对该规定予以历史性回溯以探求该项的设立目的。

根据有关学者介绍，《民法通则》在制定的过程中大量借鉴了苏联等国家的立法。[①] 朱广新通过对苏联立法的考察，试图找寻当前学界对该项规定产生不同解释的原因。他认为《苏俄民法典》自《德国民法典》中借鉴了德国民法中的法律行为制度，同时又对德国法中法律行为制度的错误"改造"，造成了法律行为体系上、解释上的混乱。受苏俄民事立法的"误导"，是我们难以给"以合法形式掩盖非法目的"在比较法秩序中找寻恰当位置的主要原因。朱广新指出，1923 年《苏俄民法典》在将德国法"虚伪行为"一分为"虚假法律行为""伪装法律行为"的基础上，还规定了"规避法律行为"[②]。从《苏俄民法典》对于改造自德国民法"虚伪行为"的"伪装的法律行为"，与从德国民法照搬过来的"规避法律的行为"的规定来看，这两个概念几乎是表达的同一含义，故这本身对参考其立法的国家和地区产生了误导。于是，"以合法形式掩盖非法目的"的规定成了介于"伪装的法律行为"（原型为德国法的"虚伪行为"）与"规避法律行为"的"四不像"。导致部分学者以德国法族中的"虚伪行为"的意思表示不真实而作无效的解释，有的学者便依照"规避法律的行为"以法律行为内容的违法来宣布法律行为无效，从而形成了两种不同的解释路径。

既然我们难以通过立法目的去探寻"以合法形式掩盖非法目的"的规

---

① 主要有 1962 年《苏联民事立法纲要》、1964 年《苏俄民法典》、1978 年的《匈牙利民法典》。参见梁慧星《民法总论》，法律出版社 2011 年版，第 20—22 页。转引自朱广新《论"以合法形式掩盖非法目的"的法律行为》，《比较法研究》2016 年第 4 期。

② 即 1923 年《苏俄民法典》第 30 条规定："受禁止的法律行为的参与人，为了达到法律所禁止的结果，选择某些法律所允许的法律行为，企图藉以达到违法的目的。"参见〔苏联〕C. H. 不拉都西主编《苏维埃民法》（上），中国人民大学教研室译，中国人民大学出版社 1955 年版，第 150 页。

范功能，并且找到了造就现有混乱的原因，那么我们就应该跳过苏俄民法的传统，直接去其制度源头的德国民法中去找寻答案。即应该将"以合法形式掩盖非法目的"与其有认识上联系的"虚伪表示""脱法行为"进行对比分析，寻找其应有的制度定位。

2. "以合法形式掩盖非法目的"的理解辨正：与"虚伪表示""脱法行为"的辨析

（1）"以合法形式掩盖非法目的"与"虚伪行为"

虚伪行为，又称通谋虚伪表示（Scheingeschäft），它是立足于意思与表示是否一致的观念，来决定法律行为效力之有无的一项制度，在《德国民法典》第117条进行了规定。[①]基于意思主义的考虑，虚伪的意思表示由于本身没有真正的内在效果意思（属于故意的意思与表示不一致），故视其于当事人间自始不存在；而被虚伪表示掩盖下的被隐藏的法律行为，则被称为"隐蔽行为"（Verdecktes Geschäft）[②]。

单纯从解释的角度，我们可以将"以合法形式掩盖非法目的"行为解释为"虚伪行为"，其中"合法形式"解释为显现于外部、旨在达到欺骗目的的"虚伪表示"无效，并以《合同法》第52条第5项去对背后隐藏的"隐蔽行为"的效力进行判断。比如"名为买卖，实为赠与"的合同，作为虚伪表示的买卖合同认定无效；而赠与行为则应按照《合同法》第52条第5项去判断其效力的有无，并应考虑法律关于赠与的特别规定。在《民法通则》未规定虚伪表示的情况下，将《合同法》第52条第3项解释为包括调整虚伪行为无效的问题，有一定的漏洞填补效果。[③]但是，从体系上看，这样的解释难免存在难以弥合的矛盾。

首先，从两制度的出发点来看。虚伪表示是基于意思与表示不一致的

[①] 《德国民法典》第117条规定："（1）应当向他人作出的意思表示，在该意思表示系与他人通谋仅为虚伪地作出时，为无效。（2）以虚伪行为隐藏另外一个法律行为的，适用被隐藏之法律行为的规定。"

[②] 朱广新：《论"以合法形式掩盖非法目的"的法律行为》，《比较法研究》2016年第4期。

[③] 耿林：《强制规范与合同效力——以合同法第52条第5项为中心》，博士学位论文，清华大学，2006年。

制度设计,是意思表示瑕疵的形态之一种,该制度并不关心意思表示的真正目的是什么,更不以"非法目的"的存在为条件。但是,第52条第3项最重要的一个要素为"非法目的",因而两者内涵上并不重合。

其次,从内容上看,虚伪表示分为通谋的和单方的两种。在比较法上,通谋虚伪表示才是无效的,单方虚伪表示不一定无效,两者应有不同的制度设计。① 而《合同法》第52条第3项规定的法律后果仅无效一种,从效果上反推,第52条第3项规定难以涵盖虚伪表示的全部内容。因此就立法论而言,应当是对虚伪表示单独进行规定,而不能准用第52条第3项。②

最后,从法律效果上看,在法律行为涉及第三人时,通说认为虚伪表示采取相对无效说,不得对抗善意第三人;而根据第52条第3项,法律行为应是绝对无效的。

综上三者,两者难作同一解释。

(2)"以合法形式掩盖非法目的"与"规避法律行为"

笔者认为,我国民法上"以合法形式掩盖非法目的"行为与大陆法系民法中的规避法律的行为在行为方式上有着相似性,但两者亦难谓是同一制度。

首先,从制度调整的行为方式来看,相较于虚伪行为,两者确实更为接近。虚伪表示是当事人不希望外在的意思表示发生法律效果而希望被掩盖的真实意思发生法律效力,也即是当事人虚构了一项法律行为来掩盖其真实的目的,而其并不希望发生虚构的行为的法律后果;与之不同,"以合法形式掩盖非法目的"与"规避法律的行为"此二者都不要求当事人虚构一个虚假的法律行为,而是当事人只是实施某种形式合法的法律行为并"真诚地期待约定的结果发生"③。相对于直接违反法律禁止性规定的法律行为,其仅是通过形式合法的法律行为,以间接、迂回方式违反法律的禁止性规定。

---

① 黄乔诠:《无效合同之研究》,博士学位论文,中国人民大学,2016年。
② 黄忠:《无效法律行为制度研究》,博士学位论文,西南政法大学,2009年。
③ Palandt/Herinrichs, a. a. O. §117, Rn. 5.

第五章　原因的主观方面之民法适用

同时两者的区别又是明显的。第一，从法律后果上看，大陆法系民法中规避法律的行为并不是一律无效，而是依据合同解释和法律解释确定其效力之有无，故被认为是没有独立规范的意义而无须在实证法上加以反映。我国法上"以合法形式掩盖非法目的"的行为一概无效，与罗马法上"欺诈法律"①（In Fraudem Legis Facere）的法律后果相同，且罗马法并未将"虚伪行为"从"欺诈法律"中独立出来，这也难免造成学者"以合法形式掩盖非法目的"就是"虚伪行为"的解读。

第二，从立法技术上看，法律规避行为在大陆法上从来不是一个专门的制度规范，尽管近代德国民法学界不乏脱法行为"独立类型说"的声音，但历代主流观点仍认为独立的脱法行为理论根本不能存在，只能通过解释来明确其效力的有无。法官可以在法律基本原则的指引下，通过相关法律制度立法目的的阐释来评价法律规避行为的性质和效力。②即并不是所有的法律规避行为都会被解释为违法行为。尤其是随着时代的发展，很多民事规定可能与时代的需求不相符合，当事人选择规避法律的行为实际是现实正当需求的体现，"避法行为牵涉创新与违法、自由与强制的分界"③，如果要以法律原则或一般条款的形式对其效力问题进行统一规定，在立法技术上确实不易操作，容易出现"挂一漏万"的问题。④ 故法律规避行为不宜在实证法上进行规定。而我国"以合法形式掩盖非法目的"自《民法通则》产生，并在《合同法》中得到沿用，不可草率认定这是将大陆法都未抽象出构成要件并加以规定的"脱法行为"在我国的立法体现，故不宜认为"以合法形式掩盖非法目的"的行为等同于"规避法

---

① 古罗马中即有关于"欺诈法律"的规定，学理上认为欺诈法律与直接违反法律（contralegemfacere）的后果相同，行为均属无效。古罗马法学家保罗这样解释"欺诈法律之行为"："做法律禁止之事的人是在违反法律，而那些不触犯法律言词，却背法律精神的人则是对法律实施欺诈。"D.1, 3, 29, 乌尔比安也有类似描述。[德] 弗卢梅：《法律行为论》，迟颖译，法律出版社2013年版，第413页。
② 如法律"工具主义"（View of Instrumentalism）强调，从立法到司法的过程中，法官的任务是尽力实现法律规定的目的。See Brain Z. Tamanaha, *Law as a Mean to and End: Threat to the Rule of Law*, Cambridge: Cambridge University Press（2006）.
③ 王军：《法律规避行为及其裁判方法》，《中外法学》2015年第3期。
④ 董淳锷：《在合法与违法之间——国内法领域法律规避现象的实证考察》，中国政法大学出版社2015年版，第29页。

律行为"。

(三)《合同法》第 52 条第 3 项具有独立的规范意义：从主观方面对法律行为效力的一种否定

既然前文已述，《合同法》第 52 条第 3 项既不是大陆法上的"虚伪行为"，也不是"法律规避行为"，那么该项规定的规范意义到底为何？笔者认为，该项的"非法目的"具有重大且独立的规范意义。仅就文义来看，《合同法》第 52 条第 3 项包含三大要素："合法形式""掩盖""非法目的"。而本项规定的重点仅可能是"非法目的"，"合法形式""掩盖"等都不可能是本项的重点。笔者认为，在未明确规定大陆法系原因理论的我国民法上，该项正是为目的或动机在否定法律行为效力上的作用提供理论支撑。也即是，法律行为不仅可以是内容违法、标的物违法等客观不法，主观上的不法也应是法律调整的重点。而我们狭义上所说的"目的不法"，只能通过合法的形式进行承载，形式上即为不法的合同，直接依据第 52 条第 5 项即可否定其效力，没有必要单独规定。故"合法形式""掩盖"仅是"非法目的"的客观表现形式，是客观的存在，本项将"合法形式""掩盖"写出来也仅是对现象的描述，不是对此两者的法律构成的强调，第 52 条第 3 项的构成要件仅"非法目的"一件而已。

近代民法不但强调维护当事人的意思自治、维护个人利益，还需兼顾公共利益的周全保护。19 世纪大陆法兴起的主观原因理论即被认为较之客观原因理论更能在注重个人利益保护的同时实现对社会利益的维护。它对当事人的动机亦给以考察，当动机不法且满足相应条件时，合同无效。王伯琦曾言，吾人行为标的外，有其更重要之内容，即目的……故人之行为之目的，实为该行为整个社会价值之所系，如其目的违法，自不应使发生法律上之效力。如租赁房屋，虽其直接标的及间接标的均属合法，如其租房之目的在于经营不合法或背俗之营业，应为无效。如借款为赌博，赠与为维持姘居关系均为无效。[1]

---

[1] 王伯琦：《法律行为之标的与目的》，载王伯琦《王伯琦法学论著集》，（台北）三民书局 1988 年版，第 271 页。

第五章 原因的主观方面之民法适用

我国学界大多数学者也认为目的非法与否在法律行为效力评价上应有一席之地。如韩世远认为"民法理论上所称的合同不违反法律,不损害国家和社会公共利益,既指合同的目的,又指合同的内容……合同的内容违法,有的体现为标的违法,有的体现为标的物违法。但合同内容虽不违法,但其目的违法者,同样使合同归于无效"[①]。有学者进一步指出,就《合同法》的出台时代背景而言,很难说立法者是因为意识到《合同法》第52条第5项所针对的是合同本身的违法;《合同法》第52条第3项强调的是合同动机或目的的违法问题,故才有如此的规定。[②] 但上述学者的观点中并未明确"目的"何指。

笔者认为,当代民法较之近代民法,实现了由积极干预到消极干预的转变,即要求在充分尊重个人意志的同时实现个人利益的保护,即通过强制性规定和公序良俗来实现对不法行为效力的消极否定。而能够违背强制性规定和公序良俗的,除当事人所追求的法律目的外,还应包括符合法律评价要求的、当事人为法律行为的某些心理考虑(即动机)。正如梅迪库斯所言,只有动机才使中性无色的财货给付成为有伤风化的行为。[③] 动机存于当事人的内心,但如果通过当事人的行为表示于外可为相对人所察知的,则应成为法律行为效力的评判事由。故笔者认为,《合同法》第52条第3项所调整的是当事人的主观不法,应包括两个方面:一是尚未达成目的合意,但可通过当事人的行为(包括事实行为)表示于外,可为相对人所察知的、具有法律意义的动机违法,如为开设卖淫场所向对方租赁房屋,而出租方不知其租用动机违法。二是达成原因合意的目的违法。原因合意虽然因其典型化、普遍化而具有客观性,但其仍为当事人所追求的目

---

① 韩世远:《合同法总论》(第三版),法律出版社2011年版,第163页。此外还有谭启平、崔建远都表达了类似的观点,参见谭启平《不法原因给付及其制度构建》,《现代法学》2004年第3期。崔建远《论合同目的及其不能实现》,《吉林大学社会科学学报》2015年第3期。但也有学者持反对的态度,如陈小君认为,"民事法律行为的目的不影响行为的效力,除非该目的构成法律行为内容的一部分"。参见陈小君《民事法律行为效力之立法研究》,《法学家》2016年第5期。

② 黄忠:《无效法律行为制度研究》,博士学位论文,西南政法大学,2009年。

③ [德] 迪特尔·梅迪库斯:《德国民法总论》,邵建东译,法律出版社2001年版,第516—517页。

的范畴，虽不同于主观意义上的动机，但仍属主观方面。

（四）《合同法》第52条第3项：间接违法的司法适用

上文已言，《合同法》第52条第3项与《合同法》第52条第5项一样具有独立的规范意义。根据法律行为违法的表现形式不同，我们可以将其分为直接违法与间接违法。直接违法，又称客观不法，即通过合同本身的不法性体现其与法律价值的不适性。如标的物违法、手段违法、合同内容违法等，这些客观层面的合法性要求已经在法律行为合法成立并生效的要件中有所体现，当事人如果直接选择作出这类不法的法律行为，则发生直接违法。而间接不法又称主观不法，也即法律行为在内容、标的物等客观要件上都不违法，其违法的，是法律行为背后所体现的当事人的目的与动机。即从表面上看，法律行为形式上不违法，但实质目的上违法。诸如某些小百货买卖合同，其合同标的物是一些小百货、小部件等小商品，本身是不具有违法性的，但如果能查明当事人出卖的这些标的物是用于法律禁止的仿真枪的拆分销售，那么合同目的或动机便是非法的。

此类分类标准非笔者所独创，罗马法上自古有之。从古罗马法上看，如保罗将法律的违反分为两类：一类即是对法律的直接违背，另一类可以看作罗马法中间接地、主观上对法律精神的违背。[①] 近现代法制在注重当事人意思自治的同时，还强调社会公共利益的维护，因而主观上的不法也应是法律调整的重点，在现有的《合同法》第52条第5项的直接不法之外，确立间接、主观不法的独立规范，具有重要的意义。

对于《民法通则》与《合同法》中"以合法形式掩盖非法目的"不应将其解释为以"掩盖"为其特征的脱法行为，更不是侧重调整意思表示故意不一致的通谋虚伪行为。该项规定有其独立的法律意义，它所调整的是当事人交易实质目的与动机的不法性。解释上应认为这是独立于法律行为客观不法条款外的主观不法的调整规范，具有重大的法律意义。而对于"借名买房""名买实赠"等行为，还应确立通谋虚伪行为来揭示当事人之间的真实法律关系，并进一步用主客观两方面的无效行为制度考察背后隐

---

① 王军：《法律规避行为及其裁判方法》，《中外法学》2015年第3期。

藏着的法律行为之效力,不宜将直接其解释为比较法上的脱法行为。

四 不法原因给付的制度设计

(一) 一般处理规则——给付因"原因"违法或背俗而无效

1. 作无效处理之类型

根据前面的分析,为防止借口公共利益保护而对私法自治的侵扰,应严格把控强制性规定与公序良俗条款的适用。只有那些具有强反社会性的给与行为其效力才应被否定。那么如何确定某给与行为具有"强反社会性"呢?

笔者认为,这一问题实际上即可转化为公序良俗之适用范围问题。因为,作为无效的两种依据,因为现实中以法官自由裁量的空间并不是很大,对效力性强制性规定之认定实践中更多的只是一个"找法"的问题。而另一种依据——公序良俗,则因其抽象化程度更高、社会之变迁之迅速而更难进行判断。正因如此,大陆法系民法不再沿着对公序良俗进行完美定义的道路走下去,转而采取类型化[①]的方法。梅迪库斯、拉伦茨、史尚宽、梁慧星等国内外学者均有对公序良俗的类型化梳理。[②] 然正如于飞所言,不同的国家和地区的法律体系不同、道德习惯与社会风俗不同,因而对公序良俗的类型规定各有不同是必然的。建立在本国的道德基础上的公序良俗,才是对本国司法裁判有适用性的。我国本土学者在对公序良俗类型化的研究中,最为主要的是梁慧星的"十类型说"与其弟子于飞的"八类型说"[③],基于不法原因而发生的给付均有可能发生在上述类型之中。

[①] 所谓类型化,即从现有的判例出发,使同类相聚,一类判例针对一类现实中的问题,具体地分析此类型的要件、法律效果及判断基准,从而为法官提供操作性帮助。参见于飞《公序良俗原则研究——以基本原则的具体化为中心》,北京大学出版社 2006 年版,第 119 页。

[②] 参见于飞《公序良俗原则研究——以基本原则的具体化为中心》,北京大学出版社 2006 年版,第 122—143 页。

[③] 于飞将其归纳为如下八种类型:基本权利保护类型、危害国家公序行为类型、危害家庭关系行为类型、违反性道德行为类型、射幸行为类型、限制经济自由行为的类型、暴利行为类型、违反消费者保护行为的类型。参见于飞《公序良俗原则研究——以基本原则的具体化为中心》,北京大学出版社 2006 年版,第 134—143 页。

再者，需要明确的是，判断一个行为是否违反公序良俗，依靠的是法律共同体的价值判断，而非个人的道德判断。① 比如根据绝大多数的道德观念，约定嫖资之给付、为维护不正当性关系的给付约定都是与公序良俗相违背的，这类情形给付属于"强反社会性"是毫无疑问的。而像"泸州二奶继承案"那样，遗赠人将财产遗赠与对方，其动机是感激对方对自己的帮助、保障对方的将来生活，可以说这种给付的目的与动机并没有什么可指责性，该给付行为应该判定有效。

在涉及赌博的给付行为中，涉及强反社会性的，首先是在纯粹以营利为目的的赌博中发生的给付，因为它"浪费家财、败坏风气、扰乱治安、诱发犯罪"②。其次，常见的情形，如在赌博时，由于某人赌资耗尽欲离开，另一人在此时许诺或实际借与其金钱的行为，都可以被认为行为动机是有违公序良俗的，给与行为应予无效。

2. 无效的法律后果

（1）一般法律后果——不得要求返还

在前面的分析中，我们分析了现有的无效行为的"返还+收缴"的处理模式中"收缴"不可行的理由，同为民法之制度，在不法原因给付制度中"收缴"也是不应存在的。

那么，我国不法原因给付的处理后果应为如何呢？比较法上有不得返还、可予返还等不同的处理模式可资借鉴。笔者认为，是否应予返还，得区分不同的情形，不应一概而论。在原则上应不允许返还，尽管在双方均不法的情形下不允许返还容易产生"不法即合法"的悖论，但笔者仍然认为还是应以不返还作为主要处理原则为宜。理由是双方既然都选择以违法或背俗的目的实施法律行为，从法律制裁与警示的功能出发，应保持现有的财产归属状态，否则当事人会认为自己大可大胆地"违法"行事，反正被法律追究时声称"我可以要求返还"，做成此时得利，做不成也没什么

---

① 于飞：《公序良俗原则研究——以基本原则的具体化为中心》，北京大学出版社2006年版，第111页。

② 于飞：《公序良俗原则研究——以基本原则的具体化为中心》，北京大学出版社2006年版，第141页。

损失，何乐不为。因此，如果在此种情形下允许当事人返还，实际上是激发了当事人从事不法给付的"热情"。"一个人不能要求收回其……不体面行为……或其他为不道德行为付出的费用。"① 所以说，因违法或背俗原因而发生的给付还应以不返还为基本原则。

（2）无效的例外后果——允许返还

在基于不法原因的给付不得返还的处理原则下，是否应有例外情形？笔者持肯定见解，根据比较法的经验与做法，在下列几种情形下应该允许当事人返还已为的给付，以实现当事人间的利益平衡。

第一，若不法原因仅存在于受领人一方而给付人无过错时。这是各国法制上普遍认同可予返还的一种情形。给付人的给付动机是"善良"的，因此法律不能要求其因他人有过错而"代人受过"。

第二种情形其实就是第一种情形的延伸，即若不法原因仅存在于受领人一方，而给付人有违反管理性强制性规定或公序良俗之外的一般道德时。该种情形下，其实就是给付人具有"弱反社会性"，受领人具有"强反社会性"。根据前面的论述，"弱反社会性"应被法律"放行"而不使其影响给付行为之效力，故该种情形下也应允许当事人返还已经发生的给付。

很多学者认为，法国和英国实践中根据给付双方的"可耻"程度来决定可否返还②的处理模式应该被借鉴。笔者认为，也不应该一概而论。在给付一方仅具违反管理性强制性规定或公序良俗之外的一般道德时，我们可以说其仅具"弱反社会性"，而可允许其返还，实践上容易区分认定，也不存在太多的自由裁量空间，是可行的。但若双方的动机或目的均具"强反社会性"——违反效力性强制性规定与公序良俗时，法官很难对其程度进行定量衡量，更难说谁的程度比对方高几倍、高多少，过错程度的认定一向是定性容易定量难，如果硬要法官对此进行定量，则势必影响司法裁判的可预期性。因此，根据双方"可耻"程度判断是否可返还是有条

---

① 李先波：《原因非法不当得利返还请求权探析》，《求索》2016 年第 2 期。
② 法国有判例认为，作为不得返还的例外，在给付方行为"可耻"程度低于受领人时可要求返还。参见尹田《法国现代合同法》，法律出版社 1995 年版，第 231 页。

件的,在双方均有"强反社会性"时不应适用。

(二) 作为自然之债的"不法原因"给付

具有"强反社会性"的不法原因给付可依据效力性强制性规定与公序良俗条款否定其效力,并根据不同的情形对已经发生的给付得有返还或不得返还等处理。在此之外,那些仅违反管理性强制性规定或公序良俗之外的社会道德的给付行为(即弱反社会性的行为),那么该如何处理呢?

笔者认为,虽然在"泸州二奶继承案"这类案件中,当事人将财产遗赠给"二奶",并非为维持不道德的同居关系,也非具性交易色彩,因而动机是不具有强反社会性的,但将财产赠与婚姻关系之外的"二奶"这一行为毕竟与社会一般道德相左而具有"弱反社会性",如果法律对其完全"漠不关心"则似乎难以服众。笔者认为可以利用大陆法上存在的自然之债制度来处理这些"弱反社会性"的给付行为产生的法律效果。

自然之债,是指缺乏法定之债的债因,不产生法定义务,故不能经由诉讼获得满足的债。[1] 作为一项以社会道德义务为基础的制度[2],这类债务虽不具有法律赋予的强制执行力,但受领人是具有受领力的,在履行人自愿履行后受领人有权利保有受领给付,履行人不得请求返还。根据李永军的见解,"自然"一词表明这些债的根基存在于"公道""道德义务"之中,而不是存在于法之中。[3] 大陆法上认为罹于诉讼时效的之债、婚姻媒介的报酬支付、破产免责后的债务等类型的债务属于自然之债的范畴。与"公序良俗"一样,类型化也是自然之债制度的重要实现方式。

在有关赌债的给付中,大多数国家所遵循的"赌债非债"应为营业性的、具有"强反社会性"的赌资之给付以及其约定;对于一些娱乐性的博戏活动,如逢年过节、日常生活中家人、朋友为消遣娱乐而进行的具有一

---

[1] 李永军:《自然之债源流考评》,《中国法学》2011 年第 6 期;李永军、李伟平:《论不法原因给付的制度构造》,《政治与法律》2016 年第 10 期。

[2] 学者认为构成自然之债的要件是行为人良心上的负债感并且此"负债"乃为得到社会普遍认同的社会道德义务。参见李永军《自然之债源流考评》,《中国法学》2011 年第 6 期。

[3] 李永军:《自然之债源流考评》,《中国法学》2011 年第 6 期。

定"彩头"的活动,当事人非为营业、营利之动机,仅为消遣娱乐而作,并非违法或背俗,不否定行为与债之效力,这也是对社会现实的尊重。但这些行为本身属于广义赌博之范畴,要求法律作肯定之承认或规范,实乃"强人所难",因而最佳的处置方式即是通过自然之债制度,消极地承认其效力,交由"道德法庭"调节。

再如,与婚外同居给付有关的情形中,对于那些不伴随性交易色彩的给与行为,如为答谢生病期间的照顾①,或欲"浪子回头"而对"第三者"进行补偿以使后者答应结束这段不轨关系等情形,法律不宜正面干预,交由自然之债处理方属正途。

---

① 如"泸州二奶继承案"中曾有报道指出,遗嘱人黄某某与妻子蒋某某感情不和,妻子也没有尽到夫妻间扶养、照顾的义务,在遗嘱人患肝癌晚期住院期间都一直是被告张某某进行照顾。

第六章　原因的客观方面在物权行为与不当得利制度中的应用

第一节　原因理论与非债清偿

一　非债清偿的性质定位

(一) 明晰非债清偿定位的重要性

非债清偿,是由罗马法上的"非债清偿返还诉"演变而来,它指在债务不存在的情况下,当事人以清偿为目的而进行一定之给付①,然受领人之受领无法律上理由,因而无权保有给付,成立不当得利。因其是由给付而产生,故属给付型不当得利,是不当得利制度规范的主要对象之一。②

无论是新通过的《民法典》还是之前的《民法通则》《民法总则》,不当得利的规定都极其简单与笼统,非债清偿这一具体的不当得利类型更是未有提及,由于欠缺具体明确的规范,故在司法实践中类似的问题难有统一的见解与处理方式,因而同案不同判的现象时有发生。所以,明确其制度定位与解决方式及其解释路径,对于我国当下阶段的司法实践与学说

---

① 史尚宽:《债法总论》,中国政法大学出版社2000年版,第83页;洪学军:《非债清偿的构成及其法律效果研究》,《政法论丛》2004年第4期。
② 洪学军:《非债清偿的构成及其法律效果研究》,《政法论丛》2004年第4期。

体系尤为重要。

(二) 非债清偿的性质——基于清偿的物权行为性质

在前面的讨论中,我们基于物权行为无因性的认识,将合同的订立与合同的履行作了区分,合同的履行即债的清偿,是一种物权行为,物权行为的"给与原因"连通着给付型不当得利的"法律上原因",包括清偿目的、赠与目的、与信目的三种,含义上与合同"原因"一致,但与先前债务负担合同的"原因"是两个不同阶段的"原因",虽可含义相同但也应区分。在采取物权行为无因性理论的法制下,外在于物权行为的物权行为之"原因"成为了受让人保有所取得权益的依据,物权行为的"原因"不成立或不能实现,则受让人缺乏保有利益的正当性,因而引发不当得利请求权的追究。债的清偿,体现的是清偿目的,一旦给付行为的给付目的落空或无法实现,其行为之正当性不复存在,受领人欠缺保有给付的权能,从而引发不当得利请求权。而物权行为的给付目的实现便具有正当原因,可以排除不当得利请求权。[1]

在非债清偿的不当得利返还中,需同时满足"无债务存在""须为清偿(目的)而给付""错误地认为存在债务""相对人善意受领给付等要件。[2] 四个要件缺一不可。若债务现实存在,则不是"非债";若不是"以清偿为目的给付",如以赠与的目的而为给付,则更不可能构成非债清偿;"错误地认为存在债务"此一要件是使非债清偿发生不当得利返还的重要条件,若不存在此点,而是"明知无给付义务而给付",则在各国的规定中是排除不当得利请求权的。[3]

故而笔者认为,非债清偿的制度定位应该是物权行为的给付目的错误,即错误地认为存在债务而基于清偿目的而为清偿,只要是基于此种目的错误使得原本清偿的目的没有实现,统一适用于基于契约的履行而为的

---

[1] 赵文杰:《给付概念和不当得利返还》,《政治与法律》2012 年第 6 期。
[2] 周枏:《罗马法原论》,商务印书馆 1994 年版,第 831—832 页。
[3] 学理上认为这种明知无债务而仍然给付的行为,浪费司法资源,且违反"矛盾行为之禁止"原则,因而给付人不应被法律保护。参见 Larenz/Canaris, Lehrbuch des Schuldrechts, Band Ⅱ. Halbband 2, Besonderer Teil, 13. Aufl., München 1994, &68 Ⅲ 1a。

清偿以及没有契约要素的情况。①

二 非债清偿的立法模式——兼与不当得利之间的关系

（一）比较法上非债清偿的立法例

罗马法中，非债清偿与不当得利关系密切，非债清偿构成不当得利的典型形态。② 古罗马法学家都对于非债清偿有特别的论述。③ 正是由于非债清偿的重要性，故罗马法学家在不当得利制度之侧，特别规定了非债清偿返还诉（condictio indebiti）。

罗马法以后，大陆法系国家对于非债清偿的规定不外乎以下几种：第一，无不当得利之一般规范，仅规定非债清偿，如法国，由于法国法没有不当得利的一般规定，仅规定了非债清偿与无因管理这两种"准契约"，将非债清偿以外的不当得利交由被扩大化了的无因管理制度进行调整。面对非债清偿，法国法实际上是将其设计成"借贷"之一种，将错债清偿的返还视为准出借物（quasi-prêt）的返还，其中接受不当清偿的人被视为借用人，而清偿人视为出借人。④ 故在"准合同"一章规定："误认为自己负有债务而进行清偿者，有权请求债权人返还之"（第1377条）。

第二种模式，如德国法、台湾地区"民法"，虽没有直接规定非债清偿，但通过对《德国民法典》第812条的解读中，可以看出，"非债清偿的返还"也为该条所囊括。在包括台湾地区"民法"在内的德国法族中，基于债的清偿而发生物权行为的原因都是清偿原因，它突破了原因理论仅适用于债法的框架。例如，在买卖情形，出卖人为了履行标的物所有权移转的债务而实施移转所有权的物权行为，该原因就是清偿原因。⑤ 可以说，

---

① ［英］巴里·尼古拉斯：《罗马法概论》，法律出版社2000年版，第241页。
② 洪学军：《不当得利制度研究》，博士学位论文，西南政法大学，2003年。
③ 如保罗在其《论普拉蒂》第17编中指出"不当得利不仅是指那些根本不应清偿的情况，也是指负了这个人的债而向另外一个人清偿债务的情况……"参见［意］桑德罗·斯奇巴尼《契约之债与准契约之债》，中国政法大学出版社1998年版，第305页。
④ 参见徐涤宇《原因理论研究》，中国政法大学出版社2003年版，第151页，注119。
⑤ 参见田士永《物权行为理论研究》，中国政法大学出版社2002年版，第293页。

第六章　原因的客观方面在物权行为与不当得利制度中的应用

德国法实际上是通过将原因理论适用于不当得利制度中,并通过"清偿原因"来解释非债清偿返还的合理性的。英美法中其实也是将非债清偿放在不当得利制度之下予以考虑的。如英国普通法确立的五种不当得利类型中的"错误付款返还"（restitution of the mistaken payment）[①] 其实就是大陆法上的非债清偿。

第三种即将不当得利与非债清偿并行规定,如《意大利民法典》,将非债清偿与不当得利、无因管理做了并行的规定,未明确不当得利对非债清偿的统领地位,似乎认为两者是并行不悖的制度。

（二）对非债清偿应作的制度设计与体例安排

正如洪学军所言,非债清偿与不当得利在法典中的构造不同,主要受法典中内容的不同所影响,准确地说受不同物权变动模式的影响。[②] 笔者赞同之。《法国民法典》不承认物权行为,物权变动是债权行为的结果,债权行为无效物权即回复到变动之前的状态,仅需以所有权返还请求权要求标的物的返还即可,这也极大地限制了不当得利的适用范围。我国的立法和司法实践都是承认物权行为的,将非债清偿设计成"借贷合同"的做法更是为我国现有理念难以接受,故法国法的做法对于今天之我国不足采。《意大利民法典》《阿尔及利亚民法典》也因不承认物权行为的独立性与无因性,因而被摒弃的理由应与法国法同。

在采纳物权行为理论的《德国民法典》及我国台湾地区"民法"法制下,物权行为引发物权变动,其效力不受债权行为是否存在的影响。虽然债务不存在,但已经交付的动产（或已经变更登记的不动产）,所有权已经发生变动。受领人无合法的受领原因,构成不当得利。因而,这类非债清偿当然归入不当得利制度之中,受不当得利制度所调整。[③]

相比之下,德国法的做法应为我国所借鉴。《民法典》物权编应确立

[①] 范雪飞:《半掩于救济的债因:美国不当得利法发展简史》,《北方法学》2015 年第 1 期。

[②] 洪学军:《不当得利制度研究》,博士学位论文,西南政法大学,2003 年。

[③] 洪学军:《非债清偿的构成及其法律效果研究》,《政法论丛》2004 年第 4 期。

物权行为无因性与独立性理论,物权行为效力不受债权行为及其原因所影响。并且,根据笔者前文的分析,应正确理解这里"无法律上的原因"的"原因"是什么。正确的认识是不能再秉持过去将作为给付行为基础的负担行为(或称"基础行为""基础关系")作为不当得利法上的"法律上的原因"的错误观点,应采非统一说,区别于给付型不当得利与非给付型不当得利,前者应当以给付行为中的给付目的是否成立与实现作为是否存在不当得利法上"法律上的原因"的认定依据,不能再将负担行为或负担行为的"原因"看作不当得利法上的"原因"。即不当得利法上"法律上原因"是物权行为的"原因",不是债权行为、负担行为的"原因",虽然两者在很多情况下是重合的,但仅仅是一种巧合,两者绝不是一回事。

三 以原因理论解释非债清偿

以原因理论解释非债清偿,将非债清偿纳入以原因理论为基础的给付型不当得利制度之下,将非债清偿解释为无原因的清偿,使清偿的结果不发生效力。非债清偿构成给付型不当得利的一种样态,非债清偿是清偿人的财产通过自愿的法律行为向受偿人进行财产的事实移转,其中一人受益而另一人受损,但该移转又欠缺原因。此种解释路径不同于以"债权行为"为依据的"基础关系说",后说需要找寻第三人与债务人之间的基础关系,看双方之间是否存在债务关系等。但在现实中由于第三人经常是基于友情、亲情甚至是同情而替债务人清偿,并不一定存在基础关系,"基础关系说"对此是无适用性的。故基础关系说不能适用于所有的非债清偿的样态。而以原因理论来解释非债清偿则不存在这样的问题,不管清偿人与受领人间是否存在债务关系,都可用给付目的是否为清偿目的进行判断,进而根据给付目的发生于何者之间而进行返还。

第二节 原因理论与不当得利返还关系的确定

一 以给付目的作为不当得利返还当事人的认定依据

给付行为的"原因"在不当得利法中具有很重要的理论与实践价值。这突出表现在,实践中需要通过确定给付原因以确定三角给付关系,以更好地确定多重财产给与关系中的返还对象。① 否定"基础关系说"作为给付型不当得利"无法律上原因"的认定标准，不仅因其在未成年人为给付时对未成年人的保护显有不周、对于第三人（代债务人）的非债清偿无适用性等缺点，更主要的一点是基础关系说在解决多方关系中（尤其是给付受领人与合同当事人不一致时）确定谁是返还义务人时的弊端（前文已有提及，在此不赘）。而以给付目的为基础的原因理论相较于基础关系说，可以更好地发挥确定返还当事人的认定依据的重要作用。正如有学者所言，不当得利制度是对一方当事人得利的后果的评价，而非对得利行为的评价，它所考虑的"不是不当得利的过程，而是保有利益的正当性"②。因而这种客观正当性，不应舍近求远地交由负担行为或其"原因"来实现，而应就近地交由物权行为的"原因"来实现。我们应坚持"给付法律行为说"的观点，将"给付行为"视为一种物权行为，给付行为的落空或无法实现，将导致给付行为的正当性丧失，受领人无权保有受领之给付，引发不当得利返还请求权。"基础关系说"以基础关系为返还依据，误将应由物权行为（合同/债务履行）及其原因解决的问题交给债权行为（合同缔结）解决，以此来理解不当得利"法律上的原因"的做法是应被摒弃的。

二 以给付目的作为不当得利返还当事人认定依据③的具体展开

在给付关系中，常常不仅存在债务人与债权人，还存在各种形形色色的"第三人"，他们或基于自己之意愿（如为偿还其与债务人之间的债务），或基于债务人之意愿（如作为债务人之履行辅助人），等等，而代替债务人履行债务。在这些涉及第三人的给付关系中，当给付目的落空时，

---

① 冯洁语：《论原因理论在给付关系中的功能——以德国民法学说为蓝本》，《华东政法大学学报》2014年第3期；冯洁语：《原因理论与给付型不当得利》，硕士学位论文，华东政法大学，2013年。

② 王泽鉴：《债法原理（二）·不当得利》，中国政法大学出版社2002年版，第140页。

③ 给付概念的核心在于给付目的的指向性。根据给付目的得在三角给付关系中，确定哪些当事人之间存在给付关系。转引自冯洁语《论原因理论在给付关系中的功能——以德国民法学说为蓝本》，《华东政法大学学报》2014年第3期。

如何确定谁是返还义务人与返还受领人便是一个棘手的问题。前文已经提到,"基础关系说"在此方面有着"舍近求远"、徒增司法成本等技术性难题,而以给付目的作为不当得利返还当事人认定依据,较之基础关系说,更能解决好给付目的落空时多方当事人中谁是返还义务人的问题。因此,我们现在就来看看以原因理论为基础的"给付目的说"是如何解决多种多方给付关系情形中的返还义务人的确定这一问题的。

(一)第三人为债务人的履行辅助人或代理人

当事人一方或双方经由代理人或辅助人履行债务的,仍属当事人本人间的给付。[①] 不管是基于"给付目的说"还是"基础关系说",当给付目的落空或不能实现时,都应由债务人向债权人请求返还。可以说,在双方给付关系中,两种学说在确定给付返还关系方面是效果一致的。

(二)指示型给付关系

在三人关系给付不当得利中,指示给付型在实务上最为常见。在不当得利法上,所谓指示给付关系,包括指示证券、言词指示、银行与客户间的汇款指示、转账指示等,客体亦包括不动产、劳务等。[②] 如乙向甲购买动产A,未交付前乙又将机器卖给丙,并要求甲直接向丙交付动产A。在此交易中,有三个当事人:指示人(乙)、被指示人(甲)、受领人(丙)。此间有两个债务关系(乙与丙的对价关系、甲与乙的资金补偿关系),一个给与行为(甲对丙的给与行为)。被指示人依据指示人之指示向受领人为给付,在法律上实际上完成了两个给付行为:(1)被指示人对于指示人的给付;(2)指示人对于受领人的给付。[③]

根据"基础关系说",只允许有合同关系的当事人间返还不当得利,即只可由乙向丙、甲向乙分别主张不当得利返还。

[①] 王泽鉴:《不当得利》(第二版),北京大学出版社2015年版,第202页;洪学军:《不当得利制度研究》,博士学位论文,西南政法大学,2003年。
[②] 王泽鉴:《不当得利》(第二版),北京大学出版社2015年版,第212页。
[③] 王泽鉴:《不当得利》(第二版),北京大学出版社2015年版,第213页。

第六章　原因的客观方面在物权行为与不当得利制度中的应用

而根据"给付目的说",则应根据当事人间的给付目的去判断谁为得利人。在本例中,甲向丙为给付之目的是清偿甲欠乙之债务,其本身与丙之间不存在债权债务,甲只不过是根据第三人给付制度,通过向丙给与的方式来实现对乙债务的清偿。即甲对丙的给付构成甲对乙的清偿[1]。而丙虽然从甲处受领给付,但其也只是将甲视为乙之履行辅助人,并不将其视为有目的的给付人,故给付目的仅存在于甲与乙、乙与丙之间。因而,在给付人及受领人与合同关系当事人同一时,给付目的说与基础关系说的结果是相同的。

（三）第三人清偿

第三人清偿不同于指示给付,后者是由被指示人以使者的身份将指示人的清偿指定传达于受领指示的债权人。而在第三人清偿中,则是第三人以自己的名义向债权人为给付,出于自身的给付目的,有独立性。故两者属于截然不同的两种制度,应加以区分。第三人清偿他人之债,通常也是因为第三人与债务人之间的某种缘由,如出于情谊、同情之赠与;债务抵销;贷与信用等[2]。与"基础关系说"常常因第三人与债务人间无基础关系而无法适用不同,"给付目的说"借助给付目的,应该认定第三人对债权人的给付系其基于自身之目的而向债权人为给付,非为债务人之履行辅助人。第三人以替债务人清偿之目的向债权人给付,行为原因即清偿他人之债,当发现不存在该债务时,该清偿目的落空,第三人可向假想债权人主张返还不当得利[3]。

因此,是否构成不当得利须判断第三人为给付时是否存在给付目的、存在赠与目的还是清偿目的,以及债务是否存在。第三人代为清偿,实质上是第三人以自己之名义主动向债务人之债权人为给付,与债务人在主观上没有联系,此时,给付人是第三人而非债务人,故第三人得直接向债权

---

[1] 赵文杰:《给付不当得利返还之客观原因说批判——以德国的理论与实践为借鉴》,《私法研究》第18卷,2016年第2期。

[2] 王泽鉴:《不当得利》（第二版）,北京大学出版社2015年版,第213页。

[3] Erman/Westermann, §812, Rn 28. 转引自赵文杰《给付不当得利返还之客观原因说批判——以德国的理论与实践为借鉴》,《私法研究》第18卷,2016年第2期。

人主张不当得利的返还。① 具体分为以下几种情形：（1）若债务不存在，基于清偿目的的给付得构成非债清偿，给付人得向受领人请求返还给付；（2）若债务不存在，给与人基于赠与的目的而为给付，则不构成不当得利；（3）若债务人与债权人间存在现实的债务，但第三人没有清偿或赠与的目的，自不构成第三人清偿，第三人可向债权人主张不当得利返还。

（四）债权让与

1. 当债务人与原债权人给付关系有瑕疵时

债权让与系债权人将其对于债务人之债权转让给第三人。根据学理见解，债权让与为处分行为，其效力不受债权人与第三人原因关系的影响。债权让与以被让与的债权的有效存在为前提，若让与的债权不存在，已为给付之债务人可向谁请求返还？"基础关系说"认为，清算仅可发生在各自的合同关系内；即当被让与的债权不存在或者存在效力瑕疵时，债务人只能对原债权人主张返还不当得利，而不能直接要求债权受让人返还。②

与上述观点不同，"给付目的说"则认为，债权已经转让，债务人对受让人的给付构成对债务的清偿……债务人可以直接向债权受让人主张不当得利返还。③ 与"基础关系说"下"让当事人在各自的合同关系内清算、债务人只能对债权人主张不当得利返还"不同，笔者认为，"给付目的说"比前者更具优势，它一方面将评价的焦点集中于当事人给付时的意思表示，更符合意思自治原则的要求。况且在现实中债务人是在受让人的催促下向其作出的给付，债务人对受让人的给付不再是为了清偿其与债权人的债权，而是意欲对债权受让人清偿。即使我们认为债务人存在清偿债权人与受让人之间债务的目的，此一清偿目的也因同时兼含清偿债务人与受让人之间债务的目的，而与常见的指示给付情形所不同。

---

① 冯洁语：《论原因理论在给付关系中的功能——以德国民法学说为蓝本》，《法学论坛》2014年第3期。
② 赵文杰：《给付不当得利返还之客观原因说批判——以德国的理论与实践为借鉴》，《私法研究》第18卷，2016年第2期。
③ 赵文杰：《给付不当得利返还之客观原因说批判——以德国的理论与实践为借鉴》，《私法研究》第18卷，2016年第2期。

另一方面，在债务人与原债权人之间合同无效时，对于已对受让人所为的给付，债务人不必跨过受让人而向原债权人清偿，因为两者之间并不存在实质债务关系了。

2. 当让与关系存在瑕疵时

在另一种瑕疵情形——债权让与行为本身无效中，此时受让人未取得债权人之地位，故此时债务人对受让人的清偿构成非债清偿，按照非债清偿的相关规则确定返还不当得利，由债务人直接向受让人主张给付不当得利请求权即可。

3. 当存在双重瑕疵时

如果债权转让人和受让人、债权转让人与债务人之间的合同都无效，那么根据"基础关系说"，债务人只能向债权转让人主张不当得利返还，债权转让人只能向债权受让人主张不当得利返还；而依据"给付目的说"，债权人可以直接向债权受让人主张不当得利的返还。

(五) 债务承担

债务承担是一种通过合同方式转让债务的法律行为，从债务的转让方式上讲，它是一种债权行为，但从债务发生转移的结果来看，其是债务移转这一无因处分行为所导致的，即无论债务人与当事人之原因关系是否存在，均不影响债务承担之效力。但债务承担除好意施惠外，一般应有在承担人与债务人间特定之原因，如出于情谊、同情之赠与；债务抵销；贷与信用，等等，这点同于第三人清偿。因此，也可通过"给付目的说"判断承担人的给付是否使受领人构成不当得利并确定谁得向谁请求返还给付。具体以言，若债务人与债权人之债权关系不存在，第三人为非债清偿，第三人可向债权人主张不当得利返还；若债务承担行为无效，第三人所为给付不能发生清偿之效力，第三人可向债权人主张不当得利返还。[①]

---

① 刘言浩：《不当得利法的形成与展开》，法律出版社2013年版，第348页。

(六) 为第三人利益合同

所谓"为第三人利益合同",又称"向第三人履行的合同",是指当事人双方依照约定一方须向第三人为给付。根据第三人是否取得直接要求给付之权利,第三人利益合同被分为"真正利益第三人合同"与"非真正第三人利益合同"两种。前者是基于债务人与债权人的约定,第三人取得直接向债务人请求给付的权利(即狭义上第三人利益合同),如我国台湾地区"民法"第 269 条。而"非真正第三人利益合同"其特点在于第三人并无直接请求权(广义上第三人利益合同),如甲向乙购买 A 车,赠与丙,甲指示乙交付该车于丙。在此情形,丙并无直接向乙请求交付之权利。其实这种"非真正第三人利益契约"即我们之前所说的指示给付关系。我国《合同法》没有规定"真正第三人利益合同",从第 64 条来看,规定的应该是"非真正利益第三人契约"[1]。《民法典》第 522 条规定了这两类利益第三人合同,其中第 2 款首次规定了"真正利益第三人合同"。即我们之前所说的指示给付关系,被指示人乙对于受领人丙并无直接的给付目的,乙向丙给付是为了清偿自己对甲之债务,并根据第三人给付制度,通过向丙给与的方式来实现对乙债务的清偿。即乙对丙的给付构成乙对甲的清偿。[2] 丙尽管受领乙之给付,但其将被视为甲的履行辅助人而非独立之给付主体,故给付目的仅存在于甲与乙、甲与丙之间。乙与丙间无给付目的关系,故乙不能向丙主张不当得利返还。

而"真正利益第三人合同"中,此种类型的第三人利益契约,具有缩短给付的功能,即在通常情形系由债务人对债权人给付,再由债权人向第三人给付,当事人利用第三人利益契约,缩短其给付过程。[3] 保险合同即是这样一种"真正利益第三人合同",该合同本身即是为了第三人的利益而设立,受益人有对保险人之直接给付请求权。若保险合同不存在,

---

[1] 该条规定当债务人未向第三人履行债务或者履行债务不符合约定,应当向债权人承担违约责任。据此,第三人对于债务人无直接请求给付的权利。

[2] 赵文杰:《给付不当得利返还之客观原因说批判——以德国的理论与实践为借鉴》,《私法研究》第 18 卷,2016 年第 2 期。

[3] 王泽鉴:《不当得利》(第二版),北京大学出版社 2015 年版,第 223 页。

第六章　原因的客观方面在物权行为与不当得利制度中的应用

保险人对于已对受益人给付保险金者，受益人受有该利益无法律上的原因，应允许保险人（债务人）直接对受益人（第三人）行使不当得利返还请求权。

"真正利益第三人合同"，是债权人（甲）与债务人（乙）约定对第三人（丙）履行的合同。乙之所以向丙负担债务，实系因二重的原因关系存在之故。① 即债务人（乙）与债权人（甲）间的补偿关系与债权人（甲）与第三人（丙）间的对价关系。② 依场合之不同，甲与丙间的对价关系可以有不同的表现形式，比如甲为了清偿其对丙负担的债务，或者甲为了将买卖的标的物借给丙使用，或者甲为了向丙为赠与，等等，且该种对价关系并非以合同关系为必要。③ 因而"基础关系说"也在此有适用上的障碍。而根据"给付目的说"，通说认为在"真正利益第三人合同"中赋予第三人独立的请求权，不过是为了加强第三人的受领人地位，债务人向第三人给付之目的仍为向债权人清偿，而非排他地向第三人清偿④，故原则上应适用"非真正第三人利益契约"的原则，在合同当事人间寻求不当得利的解决。但也有例外，如人寿保险契约中，此类保险契约仅约定第三人有直接请求权，其对价关系为无偿，应认为此种情形系自始即以使第三人受有利益为其固有之目的⑤，给付目的存在于债务人与第三人间，在因补偿关系不复存在等导致给付目的不能实现时，应由债务人直接向第三人主张给付不当得利的返还。⑥

---

① ［日］我妻荣：《债权各论》（上卷），岩波书店1954年版，第115页。
② 参见胡康生《中华人民共和国合同法释义》，法律出版社1999年版，第113页。转引自韩世远《合同法总论》（第三版），法律出版社2011年版，第263页。
③ Vgl. Jauernig/Stadler, 2007, § 328 Rn. 10.
④ 赵文杰：《给付不当得利返还之客观原因说批判——以德国的理论与实践为借鉴》，《私法研究》第18卷，2016年第2期。
⑤ Canaris, Festschrift fur Larenz (1973), S. 833 ff.
⑥ 赵文杰：《给付不当得利返还之客观原因说批判——以德国的理论与实践为借鉴》，《私法研究》第18卷，2016年第2期。

结论：原因理论之于《民法典》的意义与价值

一　确立二元主义的原因理论

总结一下全书的观点：首先，通过比较法的考察我们可以发现，大陆法系国家关于原因理论存在三种模式。法国民法一方面要求合同原因是合同之债产生的前提，另一方面要求原因必须合法；同时，其法制上的原因理论与不当得利制度几乎没有关系，物权变动采债权意思主义的模式，导致法国民法的不当得利制度，在适用范围上与德国法族上的非给付型不当得利是大体一致的。而德国法上法律行为（合同）部分没有原因的身影，仅在不当得利部分规定了给付原因，并且将之适用于抽象的物权行为，原因学说在所有涉及财产变动的给与行为中皆有其适用余地。而立法对于要因行为原因的不加考察，以及过分强调原因的矫正功能，未在立法中反映学理上和实践上均已存在的原因的赋予功能，这也导致了实践与学理上只能以一种不确定的方式考虑要因行为的原因，带来诸多问题。而意大利模式虽然兼顾了原因的赋予功能和矫正功能，但这一模式对原因赋予功能的解释同样存在过分抽象的问题。

任何财产状态改变都必须存在正当理由的支撑。可以说，客观性的原因理论为包括负担行为与处分行为在内的法律行为的效力提供物化的正当性说明，因为从罗马法至今的法制传统上均不允许仅靠意志的合意完成债的产生、消灭和物权转移，必须在主观正当性外寻求客观物化的正当性支撑，赋予不具物化意志的法律行为以法律效力，保护民法主体的财产不被恣意变动，保护个人利益与意思自治。有且仅有客观原因可担此重任。而在客观原因之外，则需要主观原因来对具有不法动机的法律行为（主要是处分行为）进行救济，以实现公共利益的维护。原因就是均衡与安全、社会利益与个人利益、法律逻辑和生活逻辑的砝码。故笔者认为，应确定原因理论对《民法典》的体系串联与解释价值，一方面是因原因理论在效力赋予与矫正方面不可替代的功能，另一方面不法原因给付制度的确立需要有清晰明确的"原因"内涵作为前提与理论支撑。而这首先要避免像意大利那种过分抽象与不确定性的模式，明确化、具体化是必要的。因此，笔者主张《民法典》中的原因理论，既要规定原因的赋予功能，在考察负担行为、处分行为效力时考察原因，规定不法原因给付制度，同时也要采用原因的矫正功能，对缺乏原因的给付结果进行矫正。但需要指出的是，不法原因给付应主要涉及对当事人主观方面原因即动机的考察，通过效力性强制性规定与公序良俗条款实现对公共利益的保护。这不同于为法律行为效力提供客观正当性说明而具有效力赋予功能的"原因"，后者应为带有物化意志的客观方面的原因，侧重单纯对当事人利益的维护。因此，须采纳居于当代法国主流观点的"二元论"的原因理论，借助原因之客观方面，实现对个人利益的保护；而原因之主观方面，主要用于实现对公共利益的保护。借此两方面之"原因"，实现个人利益与公共利益的均衡保护。

二 原因客观方面的缺失与错误对负担行为的影响

原因理论的客观方面，指的是给与行为的"给与目的"，存在于负担行为与处分行为（或者说有因行为与无因行为）之中，只不过在无因行为中该客观原因并非无因行为的构成要素，客观原因的错误或缺失不影响无因行为的效力，故原因的客观方面的缺失与错误仅对负担行为的效力与调整发生作用。具体体现在以下几个方面：

第一，原因客观方面决定负担行为的法律性质。本书认为，客观原因的合意（给与目的合意）独立于效果意思的合意（给与合意），效果意思的合意只能决定产生物权法效果还是债法效果——是变动物权还是使对方取得对己的请求权。债权请求权的性质是基于买卖还是赠与而取得,则需要依靠合同目的(客观原因合意)加以确定。对"给与目的合意"的认定与识别就成为解决实践中对合同性质与当事人法律地位的认定之问题的"钥匙",即不再将合同目的的探求笼统地放在意思表示解释中,而应取道原因理论并依照一定的方法单独地对其探求,以明确当事人的合同(法律行为)的目的,进而确定当事人所为合同(法律行为)的性质与类型。一定的认定标准与考察依据在前文已有提及。

第二,原因客观方面的虚假能够影响负担行为的法律效力。这便是给付目的虚假的问题。对该问题各国都有相关制度进行调整,我国在《民法总则》之前的法律中没有正面规定这一问题,《民法典》有对这一问题的明确规范(第146条虚伪行为),以纠正过去通过《合同法》第52条第3项来处理相关问题的不当做法,应值赞同。对于第146条虚伪行为无效的依据认识,不应坚持"效果意思缺失说",而应取道客观原因理论,坚持"目的意思欠缺说",在现行物债二分的法律行为制度框架下,采用目的意思(合意)的欠缺对虚伪行为效力缺失进行解释。

第三,原因客观方面的不能实现还是合同法定解除几种情形的核心要素。尽管《民法典》第563条第1款所列举的各种合同法定解除的情形有所不同,但通过进一步分析和提炼可以发现它们背后的衡量标准是一致的,都是"不能实现合同目的"。这里的"合同目的"即原因的客观方面。可借鉴英美法根本违约制度,在合同解除方面全面规定根本违约制度,而根本违约的结果要件即这里的"不能实现合同目的",也即法典所贯彻的原因理论之客观原因不能实现。在将来法律完善的过程中,宜以根本违约作为违约解除的连接根据,以纠正当下兼采大陆法与英美法所带来的混乱立法之规定的缺陷。

三 原因主观方面的错误与不法对给与行为的影响

第一,客观原因的错误相当于"无原因",可交由客观原因缺失制度加以解决,而主观原因的错误即动机错误不可放入意思表示错误制度中解决,因为错误制度主要解决表示错误的问题,动机错误与表示错误的本质属性不同。本书认为,二元论原因理论应为《民法典》所采纳,并作为法律行为的一条主线贯穿于《民法典》法律行为制度中。动机错误即可为其中的"远因"错误所涵盖。即表示错误为意思表示错误制度所解释,而动机错误为原因理论的错误制度赋予正当性说明,这是基于对交易安全的侧重程度的不同进行的分别的制度安排。在动机(远因)错误中,纳入法律调整范围的动机错误将是应被严格限制的,至少应具备"为对方当事人所知晓""属于法律所规定的有意义的动机错误的类型"、后果要求等几个方面的限制。在类型上,应借鉴大陆法的做法,采取严格解释,将具有法律意义的单方动机错误仅限于对人或物的性质的认识错误。

第二,主观原因的不法可使给与行为无效。确立主观原因不法性对法律行为效力的否定功能,这是对公共利益周全保护、正确裁判、比较法发展趋势等多方面的必然要求。动机违法或背俗的负担行为、处分行为都应该是无效的。此外,《合同法》第52条第3项"以合法形式掩盖非法目的"不应在《民法典》中被删除,其应有独立的规范意义,即理应成为以主观原因不法为基础构建的不法原因给付制度的落脚点,在未明确规定大陆法系原因理论的我国民法上,该项正是为目的(原因客观方面)或动机(原因主观方面)在否定法律行为效力上的作用提供理论支撑。在司法适用中,应严格把控其适用要件,把握好公序良俗在否定法律行为效力的范围与限度,维护好公共利益保护与个人行为自由的各自边界,将违反效力性强制性规定与构成"强反社会性"的公序良俗之违反的法律行为宣布其无效,除此之外的违背公序良俗内涵以外的公共秩序与道德、违反管理性强制性规定的法律行为应承认其效力,并按照自然之债进行对待。

第三,在不法原因给付中,由于被法律宣布无效的,是给付行为这一物权行为,应采取有别于无原因相对无效的设计,将其设计为绝对无效,在法律后果方面,应摒弃《合同法》中确立的"返还+追缴"的处理规则①,以

---

① 我国无不法原因给付制度的规定,对于违反法律强制性规定、禁止性规定或公序良俗的行为,主要依据《民法通则》第58、61条和《合同法》第52、58、59条确立的"返还+追缴"的处理模式,即一般情况下返还给付与过错方赔偿对方损失;在双方恶意串通、损害国家的、集体的或第三人利益时予以追缴所为的给付。

不得返还为原则，允许返还为例外，对无效后的利益状态进行调整。允许返还仅限于不法原因存在于受领人一方、双方均有不法原因时，若给付人的"不法原因"仅是违反管理性强制性规定或者公序良俗之外的一般道德，而受领人违反的是狭义上的强制性规定与公序良俗两种情形。

四 原因客观方面对不当得利制度的影响

在本书第六章讨论了原因的客观方面在不当得利制度中的应用，这对在《民法典》中丰富不当得利制度的内容具有深远的意义。关于此点，主要得出两点结论：

第一，《民法典》应区分给付型不当得利和非给付型不当得利两种不当得利类型，不当得利一般条款的"法律上的原因"这一要件应以"非统一说"加以理解。对于给付型不当得利"法律上的原因"的判断基准应以客观原因理论为依据，将其解释为"给付目的"，并将"给付行为"构建为一种法律行为、物权行为，一旦给付行为的给付目的不存在、落空或无法实现，给付行为的正当性即告丧失，直接引发的法律后果是给付受领人不能保有给付，从而引发不当得利请求权。此外，在多人给付关系中，"给付目的说"还可用来作为判定不当得利返还关系当事人的依据，解决通说"基础关系说"在实践中存在的诸多问题。在给付型不当得利的举证责任方面，应使受损人负"无法律上原因"的举证责任。

第二，原因的客观方面在给付型不当得利制度中的应用还能增强对非债清偿制度的解释力。它能明晰非债清偿制度的性质定位，明确非债清偿应具体适用何种规范。非债清偿的制度定位应该是物权行为的给付目的错误，即错误地认为存在债务而基于清偿目的进行清偿，尽管清偿这一物权行为的效力不受影响，但由于给与目的的缺失，受领人欠缺保有效力，从而引发给付型不当得利的请求权。在适用中，非债清偿的不当得利返还须同时满足"无债务存在""须为清偿（目的）而给付""错误地认为存在债务""相对人善意受领给付"四个要件。

结合上述结论，笔者主张应以主客观两种"原因"作为贯穿《民法典》法律行为部分的理论基础，其中客观原因应作为有因法律行为（负担

结论：原因理论之于《民法典》的意义与价值

行为）的要件规定，并赋予客观原因缺失以行使撤销权的救济方式；同时客观原因在有因行为性质认定、情势变更与合同解除适用条件、给付型不当得利的发生依据、返还当事人认定等方面均有适用的空间。原因主观方面主要对动机错误与动机不法两方面的制度构建与司法适用产生影响。在上述具体制度中，用一个统一的原因理论作为其上位的理论依据与制度支撑，并在司法实践中借助实践之力，对相应的案例进行类型化的总结，方可实现原因理论的理论与实践意义。

参考文献

一　中文著作类

陈小君：《合同法学》（第二版），高等教育出版社 2010 年版。

陈小君主编：《私法研究》（第 18 卷），法律出版社 2015 年版。

陈光华：《法律行为要件初论——以物权变动为实证》，法律出版社 2009 年版。

陈华彬：《外国物权法》，法律出版社 2004 年版。

陈界融：《中国民法学·债法学源论》，人民法院出版社 2006 年版。

陈自强：《无因债权契约论》，中国政法大学出版社 2002 年版。

陈自强：《民法讲义Ⅱ——契约之内容与消灭》，法律出版社 2004 年版。

崔建远：《新合同法原理与案例评析》，吉林大学出版社 1999 年版。

崔建远：《物权：规范与学说——以中国物权法的解释论为中心》（上、下册），清华大学出版社 2011 年版。

崔建远：《债法总论》，法律出版社 2013 年版。

崔建远：《合同法学》，法律出版社 2015 年版。

董安生：《民事法律行为》，中国人民大学出版社 2002 年版。

董淳锷：《在合法与违法之间——国内法领域法律规避现象的实证考察》，中国政法大学出版社 2015 年版。

杜景林、卢谌：《德国民法典评注（总则·债法·物权）》，法律出版社

2011年版。

费安玲主编：《罗马私法学》，中国政法大学出版社2009年版。

傅崐成：《美国合同法精义》，厦门大学出版社2008年版。

高杉峻：《民商法实务精要》，北京大学出版社2015年版。

高杉峻：《民商法实务精要》(3)，北京大学出版社2016年版。

郭明瑞、房绍坤：《合同法学》，复旦大学出版社2009年版。

韩世远：《合同法总论》（第三版），法律出版社2011年版。

何宝玉：《英国合同法》，中国政法大学出版社1999年版。

何怀宏：《契约伦理与社会正义》，中国人民大学出版社1993年版。

何勤华、魏琼：《西方民法史》，北京大学出版社2006年版。

洪学军：《不当得利制度研究》，中国检察出版社2004年版。

黄风编著：《罗马法词典》，法律出版社2001年版。

黄立：《民法债编总论》，中国政法大学出版社2002年版。

黄茂荣：《法学方法与现代民法》（第五版），法律出版社2007年版。

黄茂荣：《债法通则之四：无因管理与不当得利》，厦门大学出版社2014年版。

黄名述、张玉敏：《罗马契约制度与现代合同法研究》，中国检察出版社2006年版。

黄显中：《公正德性论——亚里士多德公正思想研究》，商务印书馆2009年版。

胡长清：《中国民法债编总论》（第6版），商务印书馆1947年版。

江平、米健：《罗马法基础》，中国政法大学出版社2004年版。

刘承韪：《英美法对价原则研究：解读英美合同法王国中的"理论与规则之王"》，法律出版社2006年版。

刘家安：《买卖的法律结构——以所有权移转问题为中心》，中国政法大学出版社2003年版。

刘言浩：《不当得利法的形成与展开》，法律出版社2013年版。

梁慧星：《民法解释学》，中国政法大学出版社2000年版。

梁慧星主编：《中国民法典草案建议稿》，法律出版社2003年版。

梁慧星主编：《中国民法典草案建议稿附理由：总则编》，法律出版社 2004 年版。

梁慧星主编：《中国民法典草案建议稿附理由：债权总则编》，法律出版社 2006 年版。

李开国：《民法总则研究》，法律出版社 2003 年版。

李世刚：《法国合同法改革——三部草案的比较研究》，法律出版社 2014 年版。

李永军：《合同法原理》，中国人民公安大学出版社 1997 年版。

李永军：《合同法》（第三版），法律出版社 2010 年版。

林诚二：《民法债编总论——体系化解说》，中国人民大学出版社 2003 年版。

龙卫球：《民法总论》（第二版），中国法制出版社 2002 年版。

娄爱华：《大陆法系民法中原因理论的应用模式研究》，中国政法大学出版社 2012 年版。

梅伟：《意思表示错误制度研究》，法律出版社 2012 年版。

梅仲协：《民法要义》，中国政法大学出版社 1998 年版。

马俊驹、余延满：《民法原论》（第三版），法律出版社 2007 年版。

邱聪智：《新订民法债编通则》（上），中国人民大学出版社 2003 年版。

邱聪智：《新订民法债编通则》（下），中国人民大学出版社 2004 年版。

芮沐：《民法法律行为理论之全部（民总债合编）》，中国政法大学出版社 2003 年版。

沈达明、梁仁洁：《德意志法上的法律行为》，对外贸易交易出版社 1992 年版。

史尚宽：《债法总论》，中国政法大学出版社 2000 年版。

苏永钦：《私法自治中的经济理性》，中国人民大学出版社 2004 年版。

隋彭生：《合同法要义》，中国政法大学出版社 2005 年版。

孙森焱：《民法债编总论》（下册），法律出版社 2006 年版。

田士永：《物权行为理论研究》，中国政法大学出版社 2002 年版。

王家福：《民法债权》，法律出版社 1991 年版。

王华胜：《契约形成中的道德因素——以要物契约为线索》，法律出版社 2015 年版。

王利明：《合同法研究》（第二卷），中国人民大学出版社 2003 年版。

王利明主编：《中国民法典草案建议稿及说明》，中国法制出版社 2004 年版。

王利明主编：《中国民法典学者建议稿及立法理由：债法总则编·合同编》，法律出版社 2005 年版。

王利民：《改革开放中的民法疑难问题》，吉林人民出版社 1992 年版。

王琨：《积极的信赖保护——权利外观责任研究》，法律出版社 2010 年版。

王轶：《民法原理与民法学方法》，法律出版社 2009 年版。

王泽鉴：《债法原理》，中国政法大学出版社 2001 年版。

王泽鉴：《民法思维——请求权基础理论体系》，北京大学出版社 2009 年版。

王泽鉴：《民法学说与判例研究》（第三册），北京大学出版社 2009 年版。

王泽鉴：《民法学说与判例研究》（第四册），北京大学出版社 2009 年版。

王泽鉴：《民法学说与判例研究》（第八册），北京大学出版社 2009 年版。

王泽鉴：《民法概要》（第二版），北京大学出版社 2011 年版。

王泽鉴：《不当得利》（第二版），北京大学出版社 2015 年版。

吴汉东、陈小君主编：《民法学》，法律出版社 2013 年版。

邢建东：《合同法（总则）——学说与判例注释》，法律出版社 2006 年版。

徐涤宇：《原因理论研究》，中国政法大学出版社 2005 年版。

徐国栋：《民法基本原则解释》，中国政法大学出版社 2001 年版。

徐国栋主编：《绿色民法典草案》，社会科学文献出版社 2004 年版。

杨代雄：《古典私权一般理论及其对民法体系构造的影响》，北京大学出版社 2009 年版。

杨明刚：《合同转让论》，中国人民大学出版社 2006 年版。

杨良宜：《合约的解释》，法律出版社 2015 年版。

杨桢：《英美契约法论》，北京大学出版社 2007 年版。

尹田：《法国现代合同法》（第 2 版），法律出版社 2009 年版。

于飞：《公序良俗原则研究——以基本原则的具体化为中心》，北京大学出版社 2006 年版。

张定军：《连带债务研究——以德国法为主要考察对象》，中国社会科学出版社 2010 年版。

张民安：《法国民法》，清华大学出版社 2015 年版。

张康林：《物权行为无因性研究》，中国政法大学出版社 2009 年版。

赵冀涛：《负担行为与处分行为的区分——以德国法为考察对象》，法律出版社 2006 年版。

赵廉慧：《债法总论要义》，中国法制出版社 2009 年版。

詹森林：《民事法理与判决研究——民法总则、债法总论、买卖法即消费者保护法》，北京大学出版社 2005 年版。

郑成良：《法律之内的正义》，法律出版社 2002 年版。

郑玉波：《民法债则总论》，中国政法大学出版社 2004 年版。

周枏：《罗马法原论》，商务印书馆 1994 年版。

二 中文译著类

［德］迪特尔·梅迪库斯：《德国民法总论》，邵建东译，法律出版社 2001 年版。

［德］迪特尔·梅迪库斯：《德国债法总论》，杜景林、卢谌译，法律出版社 2004 年版。

［德］迪特尔·梅迪库斯：《请求权基础》，陈卫佐、田士永、王洪亮、张双根译，法律出版社 2012 年版。

［德］海因·克茨：《欧洲合同法》（上卷），周忠海等译，法律出版社 2001 年版。

［德］卡尔·拉伦茨：《法学方法论》，陈爱娥译，商务印书馆 2003 年版。

［德］卡尔·拉伦茨：《德国民法通论》（下册），王晓晔等译，法律出版社 2003 年版。

［德］K. 茨威格特、H. 克茨：《比较法总论》，潘汉典等译，法律出版社 2003 年版。

［德］亚图·考夫曼：《类推与事物本质——兼论类型理论》，吴从周译，台湾学林文化事业有限公司1999年版。

［德］维尔纳·弗卢梅：《法律行为论》，迟颖译，法律出版社2013年版。

［德］伯恩哈德·格罗斯菲尔德：《比较法的力量和弱点》，孙世彦等译，清华大学出版社2002年版。

［德］弗·恩格斯：《论封建制度的瓦解和民族国家的产生》，载《马克思恩格斯文集》第4卷，人民出版社2006年版。

［德］鲍尔/施蒂尔纳：《德国物权法》（上册），张双根译，法律出版社2004年版。

［德］海因里希·罗门：《自然法的观念史和哲学》，姚中秋译，上海三联书店2007年版。

［德］霍尔斯特·海因里希·雅科布斯：《十九世纪德国民法科学与立法》，王娜译，法律出版社2003年版。

［法］雅克·盖斯旦、吉勒·古博：《法国民法总论》，陈鹏等译，法律出版社2004年版。

费安玲等译：《意大利民法典》，中国政法大学出版社2004年版。

［古罗马］盖尤斯：《法学阶梯》，黄风译，中国政法大学出版社2008年版。

［古罗马］优士丁尼：《法学阶梯》，徐国栋译，中国政法大学出版社2005年版。

［古希腊］亚里士多德：《政治学》，吴寿彭译，商务印书馆1983年版。

［古希腊］亚里士多德：《尼各马科伦理学》，苗力田译，中国人民大学出版社2003年版。

罗结珍译：《法国民法典》，中国法制出版社1999年版。

［美］查尔斯·弗里德：《契约即允诺》，郭锐译，龙卫球校，北京大学出版社2006年版。

［美］A. L. 柯宾：《柯宾论合同》，王卫国等译，中国大百科全书出版社1998年版。

［美］戈德雷：《现代合同理论的哲学起源》，张家勇译，法律出版社2006

年版。

［日］我妻荣：《债权各论》（上卷），徐慧译，中国法制出版社 2008 年版。

［苏联］C. H. 不拉都西主编：《苏维埃民法》（上），中国人民大学教研室译，中国人民大学出版社 1955 年版。

［英］P. S. 阿蒂亚：《合同法导论》，赵旭东等译，法律出版社 2002 年版。

［英］A. G. 盖斯特：《英国合同法和判例》，张文镇等译，中国大百科全书出版社 1998 年版。

［英］巴里·尼古拉斯：《罗马法概论》（第二版），黄风译，法律出版社 2004 年版。

［英］亨利·梅因：《古代法》，沈景一译，商务印书馆 1995 年版。

［意］彼得罗·彭梵得：《罗马法教科书》，黄风译，中国政法大学出版社 2005 年版。

［意］朱塞佩·格罗索：《罗马法史》，黄风译，中国政法大学出版社 2009 年版。

三　中文期刊类

常鹏翱：《另一种物权行为理论——以瑞士法为考察对象》，《环球法律评论》2010 年第 5 期。

陈华彬：《罗马法的 traditio、stipulatio 与私法上无因性概念的形成》，《中国法学》2009 年第 5 期。

陈福民、朱瑞：《免责的债务承担应以债权人的明确同意为要件——远策公司与华纪公司、赵国明合资、合作开发房地产合同纠纷上诉案》，《法律适用》2011 年第 7 期。

陈吉生、金锦城：《公序良俗的非确定性与裁判结果的确定性探析》，《法律适用》2008 年第 5 期。

陈融：《探寻契约效力的哲理源泉——以民法法系"原因"理论为视角》，《华东师范大学学报》（哲学社会科学版）2011 年第 1 期。

陈小君：《民事法律行为效力之立法研究》，《法学家》2016 年第 5 期。

程宏：《第三人单方自愿履行的法律后果——从个案角度分析第三人代位

清偿与相关制度的区别》,《广西大学学报》(哲学社会科学版) 2007 年第 4 期。

崔建远:《论合同目的及其不能实现》,《吉林大学社会科学学报》2015 年第 3 期。

崔建远:《概念·特征·构成要件·价值判断——分析民法问题的大体思路》,载崔建远主编《民法 9 人行》,金桥文汇出版有限公司 2004 年版。

戴孟勇:《论公序良俗的判断标准》,《法制与社会发展》2006 年第 3 期。

范雪飞:《半掩于救济的债因:美国不当得利法发展简史》,《北方法学》2015 年第 1 期。

冯洁语:《原因理论在债法中的双重构造》,《经济与法》2013 年第 2 期。

冯洁语:《论原因理论在给付关系中的功能——以德国民法学说为蓝本》,《法学论坛》2014 年第 3 期。

冯洁语:《论原因在合同效力中的功能》,《华东政法大学学报》2016 年第 2 期。

冯雨:《论我国不当得利制度的去过错化——以〈房屋租赁合同司法解释〉第 9 条为视角》,《广西政法管理干部学院学报》2015 年第 4 期。

高圣平:《公司担保相关法律问题研究》,《中国法学》2013 年第 2 期。

高治:《给付型不当得利"获利没有合法根据"的举证责任分配——何宝华诉李自信、赵秀荣不当得利纠纷案》,《法律适用》2010 年第 8 期。

葛云松:《物权行为:传说中的不死鸟》,《华东政法大学学报》2007 年第 6 期。

龚兵:《免责的债务承担》,《法学杂志》2006 年第 2 期。

关枚:《法律交易中的原因与约因》,《长春理工大学学报》(社会科学版) 2007 年第 6 期。

韩强:《情势变更原则的类型化研究》,《法学研究》2010 年第 4 期。

韩世远:《由第三人履行的合同刍议》,《浙江工商大学学报》2008 年第 4 期。

韩伟、赵晓耕:《中国传统契约"原因条款"研究——兼与欧陆民法原因理论之比较》，《北方法学》2014年第6期。

洪学军、王瑞全：《论不法原因给付》，《重庆工商大学学报》（社会科学版）2004年第5期。

洪学军、张龙：《不当得利返还请求权与其它请求权的竞合研究》，《现代法学》2003年第5期。

胡启忠：《情势变更案件处理的路径与策略》，《现代法学》2003年第5期。

蒋月：《婚外同居当事人的赠与》，《法学》2010年第12期。

金锦萍：《当遗赠（遗嘱）遭遇婚外同居的时候：公序良俗与制度协调》，《北大法律评论》2004年第6卷。

金可可：《私法体系中的债权物权区分说——萨维尼的理论贡献》，《中国社会科学》2006年第2期。

季桥龙、莫殖强：《自然债务法律问题探讨——兼论和谐社会下的法律与道德》，《南京财经大学学报》2008年第1期。

柯伟才：《物权合同的发现：从尤里安到萨维尼》，《比较法研究》2016年第6期。

李先波：《原因非法不当得利返还请求权探析》，《求索》2016年第2期。

李永军：《从契约自由原则的基础看其在现代合同法上的地位》，《比较法研究》2002年第4期。

李永军、胡亚妮：《民法上的公共利益考》，《私法研究》第8卷，法律出版社2010年版。

李永军：《自然之债源流考评》，《中国法学》2011年第6期。

李永军：《论债的科学性与统一性》，《法律科学》2013年第1期。

李永军：《论债法中本土化概念对统一的债法救济体系之影响》，《中国法学》2014年第1期。

李永军：《以自然之债理论对最高法院关于民间借贷司法解释的解读》，《中国政法大学学报》2016年第1期。

李永军、李伟平：《论不法原因给付的制度构造》，《政治与法律》2016年第10期。

李永军：《自然之债在债法体系中的地位》，《比较法研究》2017年第

1 期。

李永军:《虚假意思表示之法律行为刍议——对于〈民法总则〉第 146 条及第 154 条的讨论》,《中国政法大学学报》2017 年第 4 期。

李世刚:《中国债编体系构建中若干基础关系的协调——从法国重构债法体系的经验观察》,《法学研究》2016 年第 5 期。

李世刚:《法国〈合同法改革草案〉解析》,《比较法研究》2014 年第 3 期。

李世刚:《法国新债法准合同规范研究》,《比较法研究》2016 年第 6 期。

李世刚:《法国民法现代化的进程与动因》,《北航法律评论》2012 年第 1 辑(总第 3 辑)。

李锡鹤:《应区分合同与非合同协议、伪协议》,《东方法学》2012 年第 2 期。

李先波:《原因非法不当得利返还请求权探析》,《求索》2016 年第 2 期。

李显先:《债务承担理论与审判实务》,《人民司法》2002 年第 2 期。

刘丽:《并存的债务承担与保证之司法区分——应志伟诉杨定炳、王崇兴买卖合同纠纷案》,《法律适用》2012 年第 7 期。

刘家安:《交付的法律性质》,《法学研究》2004 年第 1 期。

刘言浩:《法国不当得利法的历史与变革》,《东方法学》2011 年第 4 期。

刘言浩:《荷兰不当得利制度在近代的形成与展开》,《法学》2011 年第 5 期。

娄爱华:《不当得利"没有合法根据"之概念澄清——基于"给付"概念的中国法重释》,《法律科学》(西北政法大学学报)2012 年第 6 期。

娄爱华:《论债的发生根据体系之根源——以盖尤斯〈法学阶梯〉与 D.44,7,1pr 的矛盾为切入点》,《罗马法、中国法与民法法典化》,中国政法大学出版社 2011 年版。

娄爱华:《论正当名义》,《从罗马法走来:斯奇巴尼教授七十寿辰贺文》,中国政法大学出版社 2010 年版。

马新彦:《信赖原则指导下的规则体系在民法中的定位》,《中国法学》2011 年第 6 期。

梅夏英、邹启钊：《法律规避行为：以合法形式掩盖非法目的——解释与评析》，《中国社会科学院研究生院学报》2013年第4期。

宁红丽：《建立物权变动的新模式的思考——以有因的物权行为制度为中心》，《政治与法律》2006年第5期。

潘晓军：《债务承担类型的实践观》，《法制与社会发展》1996年第3期。

钱伯华：《合同对第三人发生效力的探讨》，《浙江学刊》1998年第3期。

秦立崴：《〈法国民法典〉合同制度改革之争》，《环球法律评论》2011年第2期。

覃远春：《民法自然债五题略议》，《河北法学》2010年第1期。

覃远春：《"中间法律行为"与民事法律行为理论的完善——从民法自然债出发思考》，《广西社会科学》2011年第1期。

覃远春：《论不法原因给付向自然债的适度转化——兼谈我国民法对二者的规定与完善》，《前沿》2011年第4期。

冉克平：《"恶意串通"与"合法形式掩盖非法目的"在民法典总则中的构造——兼评〈民法总则〉之规定》，《现代法学》2017年第4期。

邵建东、丁勇：《情妇遗嘱是否违反善良风俗——德国联邦最高法院"情妇遗嘱案"评析》，《中德法学论坛》2003年刊。

沈建峰：《罗马法上的原因理论及其对近现代法的启示——无因理论的罗马法视角》，《比较法研究》2006年第4期。

沈建峰：《论约因与原因——一个比较法的视角》，《求是学刊》2005年第6期。

施建辉：《债务加入研究》，《南京大学学报》（哲学·人文科学·社会科学）2010年第6期。

石佑启：《论私有财产权的私权属性及公、私法保护》，《江汉大学学报》（社会科学版）2007年第3期。

宋宗宇：《债的相对性原则的突破与完善》，《天津市政法管理干部学院学报》2005年第3期。

孙鹏：《民事法律行为理论之新构造——评加藤雅信教授"三层的民事法律行为论"》，《甘肃社会科学》2006年第2期。

孙鹏：《物权行为理论与不当得利》，《现代法学》2003 年第 3 期。

孙宪忠：《再谈物权行为理论》，《中国社会科学》2001 年第 5 期。

谭萍：《债务承担与第三人履行之比较》，《山西财经大学学报》2001 年 4 月增刊。

谭启平：《不法原因给付及其制度构建》，《现代法学》2004 年第 3 期。

唐晓晴：《原因理论在葡萄牙（澳门）民法中的应用》，《苏州大学学报》（法学版）2016 年第 1 期。

田士永：《〈物权法〉中物权行为理论之辨析》，《法学》2008 年第 12 期。

王伯琦：《法律行为之标的与目的》，《王伯琦法学论著集》，（台北）三民书局 1988 年版。

王德山：《论情势变更制度的适用要件》，《法学杂志》2008 年第 1 期。

王洪亮：《我国给付不能制度体系之考察》，《法律科学》（西北政法学院学报）2007 年第 5 期。

王军：《法律规避行为及其裁判方法》，《中外法学》2015 年第 3 期。

王利明：《论情势变更制度》，《民商法研究》，法律出版社 1999 年版。

王轶：《代位清偿制度论纲》，《法学评论》1995 年第 1 期。

吴丽洁：《论合同中第三人存在的几种形式》，《河北法学》2000 年第 5 期。

吴庭刚：《论合同目的的查明》，《山东社会科学》2006 年第 9 期。

吴一鸣：《物权行为无因性：逻辑的必然还是价值的衡量》，《政治与法律》2009 年第 4 期。

徐涤宇：《合同概念的历史变迁及其解释》，《法学研究》2004 年第 2 期。

徐涤宇：《法律适用中的合同解释》，《阴山学刊》2004 年第 4 期。

徐涤宇：《法国法系原因理论的形成、发展及其意义》，《环球法律评论》2004 年第 6 期。

徐涤宇：《物权行为无因性理论之目的论解释》，《中国法学》2005 年第 2 期。

徐涤宇：《无因性原则之考古》，《法律科学》（西北政法大学学报）2005 年第 3 期。

徐涤宇：《单方允诺之效力根据》，《中国社会科学》2013 年第 4 期。

徐国栋：《万民法诸含义的展开》，《罗马法与现代意识形态》，北京大学出版社 2008 年版。

徐国栋：《希腊哲学在共和晚期对罗马法之技术和内容的影响》，《罗马法与现代意识形态》，北京大学出版社 2008 年版。

徐同远：《意思表示的构造——从目的/效果意思到对目的/效果意思形成阶段的关注》，《西部法学评论》2011 年第 1 期。

薛军：《民法的两种伦理正当性的模式——读徐涤宇〈原因理论研究〉》，《比较法研究》2007 年第 3 期。

杨代雄：《恶意串通行为的立法取舍——以恶意串通、脱法行为与通谋虚伪表示的关系为视角》，《比较法研究》2014 年第 4 期。

杨明刚：《论免责债务承担》，《民法九人行》（第 2 卷），金桥文化出版社（香港）有限公司 2004 年版。

易军：《民法上公序良俗条款的政治哲学思考——以私人自治的维护为中心》，《法商研究》2005 年第 6 期。

尹田：《涉他契约》，《法学研究》2001 年第 1 期。

尹田：《法律行为分类理论之检讨》，《法商研究》2007 年第 1 期。

于海涌：《论绝对物权行为理论之建构——对萨维尼物权行为理论的矫正》，《法商研究》2006 年第 4 期。

于海涌：《侵权赔偿与不当得利请求权竞合》，《法学》2002 年第 11 期。

袁正英、曹全来：《论代为履行向合同承担的转化》，《人民司法》2011 年第 19 期。

张江莉：《不当得利中"无法律上原因"之证明》，《政法论坛》2010 年第 2 期。

张康林：《不当得利返还请求权之再定性》，《当代法学》2007 年第 9 期。

张晓梅：《第三人主动履行债务探析》，《上海交通大学学报》（哲学社会科学版）2004 年第 4 期。

张征：《论合同履行中违背债务人意思的第三人清偿》，《广西政法管理干部学院学报》2006 年第 3 期。

张红：《民法典之外的民法法源》，《法商研究》2015 年第 4 期。

张强:《有因行为、无因行为之再思考——以行为之"原因"为突破点》,《法学论坛》2007年第4期。

张晓军:《合同法上合理性术语适用之法哲学观察》,《法学家》2002年第3期。

赵宾:《合同法的内在伦理价值》,《新乡学院学报》(社会科学版)2010年第4期。

赵惠琳:《正确理解和适用合同目的及根本违约规则》,《政治与法律》2003年第5期。

赵万一、赵吟:《论商法在中国社会主义市场经济法律体系中的地位和作用》,《现代法学》2012年第4期。

赵文杰:《给付概念和不当得利返还》,《政治与法律》2012年第6期。

赵文杰:《给付不当得利返还之客观原因说批判——以德国的理论与实践为借鉴》,《私法研究》第18卷,2016年第2期。

赵文杰:《论不当得利与法定解除中的价值偿还——以〈合同法〉第58条和第97条后段为中心》,《中外法学》2015年第5期。

郑永宽:《德国私法上意思表示错误理论之分析检讨》,《政法论丛》2004年第5期。

郑永流:《道德立场与法律技术——中德情妇遗嘱案的比较和评析》,《中国法学》2008年第4期。

邹海林:《不当得利请求权与其他请求权的竞合》,《法商研究》2000年第1期。

左传卫:《论不当得利返还请求权的定性与体系安排》,《政治与法律》2011年第1期。

朱广新:《论"以合法形式掩盖非法目的"的法律行为》,《比较法研究》2016年第4期。

朱岩:《从抽象的所有权变动到处分行为》,《华东政法学院学报》2006年第4期。

朱岩:《社会基础变迁与民法双重体系建构》,《中国社会科学》2010年第6期。

朱奕奕：《并存的债务承担之认定——以其与保证之区分为讨论核心》，《东方法学》2016年第3期。

四　中文学位论文类

耿林：《强制规范与合同效力——以合同法第52条第5项为中心》，博士学位论文，清华大学，2006年。

龚甜：《论第三人单方允诺构成的债务加入》，硕士学位论文，苏州大学，2010年。

何礼：《债务承担法理分析》，硕士学位论文，华东政法大学，2011年。

韩伟：《私法自治的历史演变与民法体系的完善》，博士学位论文，复旦大学，2009年。

黄忠：《无效法律行为制度研究》，博士学位论文，西南政法大学，2009年。

洪学军：《不当得利制度研究》，博士学位论文，西南政法大学，2003年。

靳南南：《不法原因给付问题研究》，硕士学位论文，吉林大学，2013年。

江楠：《论不当得利之"无法律上原因"》，硕士学位论文，中国政法大学，2011年。

李晓钰：《合同解除制度研究》，博士学位论文，西南政法大学，2014年。

李君：《无因性原则视野下我国不当得利制度的构建》，硕士学位论文，湖南大学，2009年。

刘迎霞：《论合同法定解除事由》，硕士学位论文，华东政法大学，2015年。

刘言浩：《不当得利法的形成与展开》，博士学位论文，复旦大学，2011年。

娄加杭：《禁反言规则的比较研究》，硕士学位论文，对外经济贸易大学，2002年。

梁晓月：《论合同目的》，硕士学位论文，中国社会科学院研究生院，2012年。

梁文玉：《合同解除与违约责任》，硕士学位论文，吉林大学，2015年。

马志锰：《不法原因给付之研究》，硕士学位论文，台湾大学，1968年。

覃远春：《民法自然债研究》，博士学位论文，西南政法大学，2007年。

沈建峰：《论罗马法上的原因理论及其在德国法上的变迁》，硕士学位论文，中国政法大学，2006年。

谭和平：《意思表示瑕疵理论与立法比较研究》，博士学位论文，湖南师范大学，2012年。

王维拉：《论物权行为的无因性》，硕士学位论文，中国社会科学院研究生院，2003年。

许凯：《第三人代为清偿制度研究》，硕士学位论文，华东政法大学，2009年。

肖华杰：《原因理论和约因理论比较研究》，硕士学位论文，西南政法大学，2007年。

赵瑾：《论债务人为履行辅助人负责——兼论与雇主责任之竞合》，硕士学位论文，华东政法大学，2013年。

赵文霞：《论合同解除制度》，硕士学位论文，华东政法大学，2007年。

赵振士：《单方允诺法律制度研究》，硕士学位论文，中国政法大学，2010年。

周俊霖：《物债二分体系解读——以法律行为为切入点》，硕士学位论文，中国政法大学，2009年。

章杰超：《合同目的论》，博士学位论文，中国政法大学，2016年。

张文婷：《论德国法上情势变更制度以及对中国的借鉴意义》，硕士学位论文，中国政法大学，2010年。

张潇琪：《论有因行为与无因行为的区分》，硕士学位论文，郑州大学，2015年。

五 外文著作类

Cfr. Betti, Emilio, "Sul carattere causale della 'traditio' classico", Studi in onore di Salvatore Riccobono nel XI del suo insegnamento (4), Aalen: Scientia Verlag, 1974.

Cfr. Robin Jones, Geoffrey D. Maccormack, "Iusta Causa Traditionis", in New Perspective in Roman Law of Property, editied by Peter Birks, Clarendon Press, Oxfod, 1989.

Carbonnier, Les obligations.

Cfr. Sacco, Rodolfo. Il contratto, tomo primo(3)[M]. Torino: Utet, 2007.

Domat, Jean, The Civil Law in Its Natural Order, translated by William Strahan (1), Colorado: Fred B. Rothman & Co. Littleton, 1980.

D. Houtcieff, Le contenu du contrat, in, Pour une réforme du droit des contrats, Dalloz, 2009.

G. Ripert, The French of Contracts(2nd ed., Oxford 1992), Passim.

Gernhuber, Die Erfüllung und ihre Surrogate 2. Auflage 1994, S. 98ff.

Harold J. Berman, Law and Revolution, II: The Impact of the Protestant Reformations on the Western Legal Tradition, Harvard University Press, 2006.

James Gordley, The Philosophical Origins of Modern Contract Doctrine.

Jean Brissaud, A History of French Private Law.

Kaser/Knütel, Römische Privatrecht, C. H. Beck, 20. Aufl., 2014,

Kaser Max, Eigentum und Besitz im älteren römischen Recht, Böhlau-Verlag, 2, Auflage, 1956, Köln Graz.

Kötter, Zur Rechtsnatur der Leistungskondiktion. Acp153(1954), S. 193ff.

Looschelders, Schuldrecht Allgemeiner Teil, Vahlen 2011, 9 Auflage.

Palandt Kommentar/Grüneberg, § 362, Aufl. 67, S. 559.

Reinhard Zimmermann. The law of Obligations – Roman Foundations of the Civilian Tradition. Oxford: Oxford University Press, 1992.

Savigny, Das Obligationenrecht als Theil des heutigen Römischen Rechts, Bd. 2, Berlin 1853.

Till Bremkamp, Causa: Der Zweck als Grundpfeiler des Privatrechts, Duncker & Humblot GmbH, 2008.

V. Jhering, Der Zweck im Recht, 4. Auflage, 1904, S. 1f.

V. Henri Capitant, De la causa des obligations.